华为公司管理者培训教材

以客户为中心

华为公司业务管理纲要

CUSTOMERS FIRST

Huawei's Business Management Philosophy

黄卫伟◎主编

殷志峰　周智勇　夏忠毅　苏宝华　朱广平　王维滨◎编委

中信出版集团 | 北京

图书在版编目（CIP）数据

以客户为中心 / 黄卫伟等编著. -- 北京：中信出版社，2016.7（2025.4重印）

ISBN 978-7-5086-6271-8

I. ①以… II. ①黄… III. ①通信—邮电企业—企业管理—业务管理—经验—深圳市 IV. ①F632.765.3

中国版本图书馆CIP数据核字（2016）第118653号

以客户为中心

编　　著：黄卫伟　等
策划推广：中信出版社（China CITIC Press）
出版发行：中信出版集团股份有限公司
（北京市朝阳区东三环北路27号嘉铭中心　邮编　100020）
承 印 者：北京通州皇家印刷厂

开　　本：787mm×1092mm　1/16　　印　　张：24.75　　字　　数：297千字
版　　次：2016年7月第1版　　印　　次：2025年4月第69次印刷
书　　号：ISBN 978-7-5086-6271-8
定　　价：68.00元

如果一个公司真正强大，就要敢于批评自己，如果是摇摇欲坠的公司根本不敢揭丑。如果我们想在世界上站起来，就要敢于揭自己的丑。正所谓“惶者生存”，不断有危机感的公司才一定能生存下来。

我们要以大海一样宽广的心胸，容纳一切优秀的人才共同奋斗。要支持、理解和帮助世界上一切与我们同方向的科学家，从他们身上找到前进的方向和力量，容忍歪瓜裂枣。一杯咖啡吸收宇宙能量。

——任正非

目 录

CONTENTS

第二篇 增长

第三篇　效率

序 言
PREFACE

企业的长期战略，本质上是围绕怎么成为行业领导者、怎么做行业领导者展开的。华为从成立至今，二十几年来坚持以客户为中心，聚焦核心，不为其他利益诱惑所动，力出一孔，利出一孔，长期艰苦奋斗，终于进入了世界信息与通信技术产业领先企业的行列。本书是之前出版的《以奋斗者为本——华为公司人力资源管理纲要》一书的续集，将从业务管理方面揭示这一成长历程所遵循的理念、战略与机制。

本书分为三篇。第一篇，以客户为中心。这是贯穿华为业务管理的主线。在开宗明义地提出“为客户服务是华为存在的唯一理由”的命题的基础上，分别阐述了华为的价值主张、质量管理战略、“深淘滩、低作堰”的商业模式，以及将客户满意度作为衡量一切工作的准绳的理念。第二篇，增长。围绕长期有效增长这一价值创造主题，系统阐述了华为的业务管理战略和政策。第三篇，效率。围绕未来的竞争是管理的竞争这一命题，阐述了华为在组织设计与运行、端到端流程持续改进，以及建设数字化企业方面的政策和原则，并深入讨论了华为管理变革的指导方针。

与《以奋斗者为本——华为公司人力资源管理纲要》选取和组织材料的方式相同，《以客户为中心——华为公司业务管理纲要》的所有内容均摘自内部公开的华为公司高管的讲话、文章和经营管理团队（EMT）的文件，并一一注明了出处。同样，各章内容的编排，在每一个标题下，遵循历史的顺序，时间跨度从公司成立一直到 2015 年 12 月。这样的编排方式有助于读者研究华为业务管理理念、战略和政策的演进过程及其内在的一致性。

怎样成长为一家世界级的高科技企业，怎样管理一家世界级的高科技企业，怎样不断为客户创造价值使企业长期有效增长，这是摆在中国高科技企业面前的一个重要课题。本书的出版，将使读者了解华为是怎样应对这一挑战的，将有助于社会各界认识一个真实的华为。本书主要是用于华为公司内部的管理者培训，我们殷切地欢迎来自企业界和社会各界的批评和真知灼见，以使之进一步完善。

编写组

2016 年 3 月 23 日

第一篇　以客户为中心

从企业活下去的根本来看，企业要有利润，但利润只能从客户那里来。华为的生存本身是靠满足客户需求，提供客户所需的产品和服务并获得合理的回报来支撑；员工是要给工资的，股东是要给回报的，天底下唯一给华为钱的，只有客户。我们不为客户服务，还能为谁服务？客户是我们生存的唯一理由。

——《华为公司的核心价值观》，2007 年修改版

第一章

为客户服务是华为存在的唯一理由

讨论业务管理，首先要把业务管理为谁的问题搞清楚，这样才能明确业务管理的目的和方向，才能厘清业务管理的主线，才能从根本上排除长期困扰企业业务管理的各种干扰因素。而回答业务管理为谁的问题并非像初看上去那么简单，它实际上涉及企业是为谁而存在的这一根本问题。

企业是为谁而存在的？西方的微观经济学和企业理论有两种相互对立的观点。一种观点认为企业，更确切地说是公司，是为股东（shareholder）价值最大化而存在的。道理很简单，企业是股东投资建立的，投资人追求的是投资回报最大化，如果企业不能为股东带来更高的投资回报率，股东就会要么撤换经理人，要么撤资转投其他企业。这种观点在资本市场发达的美、英等国代表了一种主流的企业理论。另一种观点认为企业是为利益相关者（stakeholder）价值最大化而存在的，利益相关者包括客户、员工、股东、供应商、合作伙伴、社区等与企业利益攸关的社会群体。这种观点的理由也很强壮，没有客户、员工、社区等利益攸关群体利益的满足，谁来回报股东？哪来的股东利益？后一种观点代表了很多欧洲和日本企业的看法，并受到这些地区和国家相关法律的支持。

华为的观点与上述两种代表性观点有所不同。华为认为：为客户服务是华为存在的唯一理由。为什么要把客户放在第一位？为什么要强调这是唯一理由？本章将对此做出解释。其内在的道理其实很简单，因为客户满意是一个企业生存的基础，企业不是因为有了满意的股东才得以长期存在，而是因为客户对企业提供的产品和服务感到满意而付钱才得以继续生存。因此，在企业所有干部员工中牢固树立为客户服务的理念，让企业的一切业务和管理都紧紧围绕以客户为中心运转，其重要意义再怎么强调也不过分，其难度再怎么估计也不过高。

本章将从企业的灵魂、企业发展的原动力、队伍建设的宗旨、企业的生存底线和帮助客户商业成功等几个方面，围绕为客户服务是华为存在的唯一理由这一命题展开论述。

1.1 华为的成功就是长期关注客户利益

1.1.1 天底下给华为钱的只有客户

全世界只有客户对我们最好，他们给我们钱，为什么我们不对给我们钱的人好一点呢？为客户服务是华为存在的唯一理由，也是生存下去的唯一基础。（来源：《公司的发展重心要放在满足客户当前的需求上》，2002）

在这个世界上谁对我们最好？是客户，只有他们给我们钱，让我们过冬天。所以，我们要对客户好，这才是正确的。我们公司过去的成功是因为我们没有关注自己，而是长期关注客户利益的最大化，关注运营商利益最大化，千方百计地做到这一点。（来源：《静水潜流，围绕客户需求持续进行优化和改进》，2002）

公司唯有一条道路能生存下来，就是客户的价值最大化。有的公司是为股东服务，股东利益最大化，这其实是错的，看看美国，很多公司的崩溃说明这一口号未必就是对的；还有人提出员工利益最大化，但现在日本公司已经有好多年没有涨工资了。因此我们要为客户利益最大化奋斗，质量好、服务好、价格最低，那么客户利益就最大化了，客户利益大了，他有再多的钱就会再买公司的设备，我们也就活下来了。我们的组织结构、流程制度、服务方式、工作技巧一定要围绕这个主要的目的，好好地进行转变来适应这个时代的发展。（来源：任正非在技术支援部2002年一季度例会上的讲话）

为客户服务是华为存在的唯一理由，这要发自所有员工的内心，落实在行动上，而不是一句口号。（来源：《华为公司的核心价值观》，2007年修改版）

有人问我："你们的商道是什么？"我说："我们没有商道，就是为客户服务。"（来源：《坚持为世界创造价值，为价值而创新》，2015）

1.1.2 要以宗教般的虔诚对待客户

无论国内还是海外，客户让我们有了今天的一些市场。我们永远不要忘本，永远要以宗教般的虔诚对待我们的客户，这正是我们奋斗文化中的重要组成部分。（来源：《天道酬勤》，2006）

我们没有国际大公司积累了几十年的市场地位、人脉和品牌，没有什么可以依赖，只有比别人更多一点奋斗，只有在别人喝咖啡和休闲的时间努力工作，只有更虔诚地对待客户，否则我们怎么能拿到订单？（来源：《天道酬勤》，2006）

无论将来我们如何强大，我们谦虚地对待客户、对待供应商、对待竞争对手、对待社会，包括对待我们自己，这一点永远都不要变。（来源：《做谦虚的领导者》，2014）

1.2 客户永远是华为之魂

1.2.1 客户是永远存在的，以客户为中心，华为之魂就永在

充分理解、认真接受“为客户服务是公司存在的唯一理由”，要以此来确定各级机构和各流程的责任，从内到外，从头到尾，从上到下，都要以这一条标准来进行组织结构的整顿与建设。这是我们一切工作的出发点与归宿，这是华为的魂，客户是永远存在的，华为的魂就永远同在。我们只要能真正认识到这个真理，华为就可以长久生存下去，不随自然规律的变化而波动。（来源：《管理工作要点》，2002）

无为而治中必须要有灵魂。华为的魂就是客户，客户是永远存在的。我们要琢磨客户在想要什么，我们做什么东西卖给他们，怎么才能使客户的利益最大化。我们天天围着客户转，就会像长江水一样循环，川流不息，奔向大海。一切围绕着客户来运作，运作久了就忘了企业的领袖了。（来源：《静水潜流，围绕客户需求持续进行优化和改进》，2002）

我们要建立一系列以客户为中心、以生存为底线的管理体系，而不是依赖于企业家个人的决策制度。这个管理体系在进行规范运作的时候，企业之魂就不再是企业家，而变成了客户需求。牢记客户永远是企业之魂。（来源：《在理性与平实中存活》，2003）

我们坚信 5000 年后人们还要吃西瓜。不是以后西瓜没有希望了，就不要了。但 5000 年后西瓜怎么做，我也不知道。（来源：任正非在 2004 年三季度国内营销工作会议上的讲话）

没有客户的支持、信任和压力，就没有华为的今天。（来源：《天道酬勤》，2006）

我们至今仍深深感谢那些宽容我们的幼稚，接受我们的缺陷，使我们能从一个幼儿成长到今天的人们。吃水不忘挖井人，永远不要忘记客户需求是我们的发展之魂。（来源：《让青春的火花，点燃无愧无悔的人生》，2008）

1.2.2 要警惕企业强大后变成以自我为中心

所有怨天尤人、埋怨客户的观念都是不正确的。我们不可能从外部找原因，我们是无法左右客户的，唯一的办法是从内部找原因。怨天尤人、埋怨他人是没有用的，唯有改造我们自己。（来源：《我们未来的生存靠的是质量好、服务好、价格低》，2002）

Marketing（市场营销）做的客户满意度调查，结果要全面公开，我们花了这么多钱，客户有批评，为什么不公开呢？不公开就不会促进我们的改进，那有什么用呢？竞争对手知道有什么关系呢？他们攻击我们怕什么呢？主要是我们自己改了就好了。什么叫无理要求？除了客户说你这个设备给我，一分钱都不付，别的都不是无理要求，而是我们自己骄傲自大。当我们强大到一定程度就会以自我为中心。（来源：任正非在地区部向EMT[①]进行年中述职会议上的讲话，2008）

走遍全球到处都是质量事件、质量问题，我们是不是越来越不把客户当回事了？是不是有些干部富裕起来就惰怠了？问题不可怕，关键是我们面对问题的态度。我们必须要有正确的面对问题的态度，必须找到解决问题的正确方法，问题才会越来越少，才能挽回客户对我们的信任。（来源：EMT纪要［2010］029号）

前期的成功，也许会使我们的自信心膨胀。这种膨胀不合乎我们的真实情况与需求。我们还不知道未来的信息社会是什么样子，怎么知道我们能领导主潮

① EMT，Executive Management Team，经营管理团队。它是华为公司经营、客户满意度的最高责任机构。

流？我们从包着白头巾，走出青纱帐，不过十几年，知道全球化也才是近几年的事。我们要清醒地认识到，我们还担不起世界领袖的担子，任重而道远！（来源：《变革的目的就是要多产粮食和增加土地肥力》，2015）

1.3 客户需求是华为发展的原动力

1.3.1 公司的可持续发展，归根结底是满足客户需求

公司的可持续发展，归根结底是满足客户需求。（来源：《高层拜访重在“卖瓜”》，2000）

做任何事，都要因时因地改变，不能教条，关键是满足客户需求。（来源：《静水潜流，围绕客户需求持续进行优化和改进》，2002）

也许我们在很短的时间内不能找到真理，但只要抓住了客户需求，我们就会慢慢找到。（来源：《静水潜流，围绕客户需求持续进行优化和改进》，2002）

我们认为，要研究新技术，但是不能技术唯上，而是要研究客户需求，根据客户需求来做产品，技术只是工具。（来源：《静水潜流，围绕客户需求持续进行优化和改进》，2002）

满足客户需求才会有我们的生存之路。市场部在全世界刨那么多坑是好事，我们得赶紧去种树。市场需求还是要满足的，困难还是要克服的，研发不能说我们的小树没有长大，市场部也不可以说等我兵练好了再给你打仗。如果员工说我们现在年轻，还嫩，长大后再给你打仗，这是不行的。市场不相信眼泪，我们只有拼，才能冲过去。（来源：《公司的发展重心要放在满足客户当前的需求上》，2002）

我们只要始终坚持以客户需求为导向，就最有可能适应规律，顺应市场，持续长期地健康发展。（来源：《董事会工作报告》，2004）

我们认为市场最重要，只要我们顺应了客户需求，就会成功。如果没有资源和市场，自己说得再好也是没有用的。（来源：《华为公司的核心价值观》，2007 年修改版）

为客户服务是华为存在的唯一理由，客户需求是华为发展的原动力。（来源：《华为公司的核心价值观》，2007 年修改版）

1.3.2 面向客户是基础，面向未来是方向

我们产品中有些十分艰难的研究、设计、中试都做得十分漂亮，而一些基本的简单业务长期得不到解决，这是缺乏市场意识的表现。面向客户是基础，面向未来是方向。没有基础哪来的方向？土夯实了一层再撒一层，再夯，才会大幅度提高产品的市场占有率。（来源：《自强不息，荣辱与共，促进管理的进步》，1997）

面向客户是基础，面向未来是方向。如果不面向客户，我们就没有存在的基础；如果不面向未来，我们就没有牵引，就会沉淀、落后。（来源：任正非在华为北京研究所座谈会上的讲话，1997）

技术在哪一个阶段最有效、最有作用呢？我们就是要去看清客户的需求，客户需要什么我们就做什么。卖得出去的东西，或略略抢先一点点市场的产品，才是客户的真正技术需求。超前太多的技术，当然也是人类的瑰宝，但必须牺牲自己来完成。（来源：《华为公司的核心价值观》，2007 年修改版）

1.4 以服务定队伍建设的宗旨

1.4.1 服务的意识应该贯穿于公司生命的始终

华为是一个功利集团，我们一切都是围绕商业利益的。因此，我们的文化叫企业文化，而不是其他文化或政治。因此，华为文化的特征就是服务文化，因为只有服务才能换来商业利益。服务的含义是很广的，不仅仅指售后服务，还包括从产品的研究、生产到产品生命终结前的优化升级，员工的思想意识……因此，我们要以服务来定队伍建设的宗旨。我们只有用优良的服务去争取用户的信任，从而创造资源。这种信任的力量是无穷的，是我们取之不尽、用之不竭的源泉。有一天我们不用服务了，就是要关门、破产了。因此，服务贯穿于我们公司及个人生命的始终。（来源：《资源是会枯竭的，唯有文化才能生生不息》，1997）

公司将继续狠抓管理进步，提高服务意识。建立以客户价值观为导向的宏观工作计划，各部门均以客户满意度为部门工作的度量衡，无论直接的、间接的客户满意度都激励、鞭策着我们改进。下游就是上游的客户，事事、时时都有客户满意度对你进行监督。（来源：《小改进、大奖励》，1998）

我们要以服务来定队伍建设的宗旨，通过不断强化以责任结果为导向的价值评价体系和良好的激励机制，使得我们所有的目标都以客户需求为导向，通过一系列流程化的组织结构和表格化的操作规程来保证满足客户需求，由此形成了静水潜流的基于客户需求导向的高绩效企业文化。（来源：《华为公司的核心价值观》，2007 年修改版）

在企业实践中，我们不断将客户需求导向的战略层层分解并融入到所有员工的每项工作之中。不断强化“为客户服务是华为生存的唯一理由”，提升了员工的客户服务意识，并深入人心。从这个角度讲，华为文化的特征也表现为全心全意

为客户服务的文化。（来源：《华为公司的核心价值观》，2007 年修改版）

我们奋斗的目的，主观上是为自己，客观上是为国家、为人民。但主、客观的统一确实是通过为客户服务来实现的。没有为客户服务，主、客观都是空的。（来源：《逐步加深理解“以客户为中心，以奋斗者为本”的企业文化》，2008）

华为公司只有一个鲜明的价值主张，那就是为客户服务。大家不要把自己的职业通道看得太重，这样的人在华为公司一定不会成功；相反，只有不断奋斗的人、不断为客户服务的人，才可能找到自己的机会。（来源：《CFO[①]要走向流程化和职业化，支撑公司及时、准确、优质、低成本交付》，2009）

1.4.2 以客户为中心，反对以长官为中心

我不怕大家批评我，大家批评我，有人批评我是好事。员工以后最重要的不是要看我的脸色，不要看我喜欢谁、骂谁，你们的眼睛要盯着客户。客户认同你好，你回来生气了，就可以到我办公室来踢我两脚。你要是每天看着我不看着客户，哪怕你捧得我很舒服，我还是要把你踢出去，因为你是从公司吸取利益，而不是奉献。因此大家要正确理解上下级关系，各级干部要多听不同意见。公司最怕的就是听不到反对的意见，成为一言堂。如果听不到反对意见，都是乐观得不得了，那么一旦摔下去就是死亡。（来源：《加强道德素养教育，提高人均效益，满怀信心迎接未来》，2002）

吃水不忘挖井人，永远不要忘记客户需求是我们的发展之魂。没有他们也就没有我们的今天。我们要永远尊重客户，尊重他们的需求，别把自己的主管行政长官看得太重。（来源：《让青春的火花，点燃无愧无悔的人生》，2008）

---

① CFO，chief financial officer，首席财务官。

我们公司里以长官为导向的情况实际上已经很严重了。下级看领导脸色行事，在事情的判断上，不是以客户需求为导向，而是看主管是否认可，只要按主管的意见做，即使错了，也是主管的责任，自己不用承担责任。这是公司存在的大问题。长官导向不扭转，公司就会偏离客户导向，就会衰退。（来源：EMT学习《让青春的火花，点燃无愧无悔的人生》的纪要，2008）

要将客户的满意放在第一位，不要总担心主管是否会不满意，更不能因为怕主管骂，而做出违背客户利益的行为。（来源：EMT学习《让青春的火花，点燃无愧无悔的人生》的纪要，2008）

华为公司是以客户为中心，不是以老板为中心。如果以老板为中心，从上到下阿谀、逢迎、吹牛，拍马之风、假话之风就盛行。只要说几句假话，老板高兴，我就有希望；这个风气就是以老板为中心，我天天就要让老板舒服，老板舒服了，我就可以提拔，这个风气就是阿谀奉承之风。（来源：《对“三个胜利原则”的简单解释》，2010）

1.5 以客户为中心，以生存为底线

1.5.1 以客户为中心就是要帮助客户商业成功

坚持以为客户服好务作为我们一切工作的指导方针。20年来，我们由于生存压力，在工作中自觉不自觉地建立了以客户为中心的价值观。应客户的需求开发一些产品，如接入服务器、商业网、校园网……因为那时客户需要一些独特的业务来提升他们的竞争力。不以客户需求为中心，他们就不买我们小公司的货，我们就无米下锅，我们被迫接近了真理。但我们并没有真正认识它的重要性，没有认识它是唯一的原则，因而对真理的追求是不坚定的、漂移的。在20世纪90年

代后期，公司摆脱困境后，自我价值开始膨胀，曾以自我为中心过。我们那时常常对客户说：你们应该做什么，不做什么……我们有什么好东西，你们应该怎么用。例如，在NGN[①]的推介过程中，我们曾以自己的技术路标，反复去说服运营商，而听不进运营商的需求，最后导致在中国选型，我们被淘汰出局，连一次试验机会都不给。历经千难万苦，我们苦苦请求以坂田的基地为试验局，都不得批准。我们知道我们错了，我们从自我批判中整改，大力倡导“从泥坑中爬起来的人就是圣人”的自我批判文化。我们聚集了优势资源，争分夺秒地追赶。我们赶上来了，现在软交换占世界市场40%，为世界第一。（来源：《逐步加深理解“以客户为中心，以奋斗者为本”的企业文化》，2008）

正确理解“以客户为中心”，以客户为中心就是要帮助客户商业成功。商业活动的基本规律是等价交换，华为为客户提供及时、准确、优质的服务，同时获取相应的合理回报。我们赚了客户的钱，就要努力为客户服务，进一步提高服务质量，客户就不会抛弃我们。（来源：EMT决议[2015]010号）

1.5.2 华为的最低纲领是活下去

我们首先得生存下去，生存下去的充分且必要条件是拥有市场。没有市场就没有规模，没有规模就没有低成本。没有低成本、没有高质量，就难以参与竞争，必然衰落。（来源：《再论反骄破满，在思想上艰苦奋斗》，1996）

华为公司的最低纲领是要活下去。（来源：《学习IPD[②]内涵，保证变革成功》，1999）

---

① NGN，next generation network，下一代网络，一种业务驱动型的分组网络。

② IPD，integrated product development，集成产品开发。它是一套产品开发的模式、理念与方法，是创新技术研究和产品开发到生命周期管理端到端业务运作的研发管理体系。

活下去，永远是企业的硬道理。（来源：《活下去，是企业的硬道理》，2000）

企业要一直活下去，不要死掉。作为一个自然人，受自然规律制约，有其自然生命终结的时间；作为一个法人，虽然不受自然规律的约束，但同样受到社会逻辑的约束。一个人再没本事也可以活60岁，但企业如果没能力，可能连6天也活不下去。如果一个企业的发展能够顺应符合自然法则和社会法则，其生命可能达到600岁，甚至更长时间。（来源：《活下去，是企业的硬道理》，2000）

企业能否活下去，取决于自己，而不是别人，活不下去，也不是因为别人不让活，而是自己没法活。活下去，不是苟且偷生，不是简单地活下去。活下去并非容易之事，要始终健康地活下去更难。因为它每时每刻都面对外部变化莫测的环境和激烈的市场竞争，面对内部复杂的人际关系。企业只有在不断地改进和提高的过程中才能活下去。（来源：《活下去，是企业的硬道理》，2000）

对华为公司来讲，长期要研究的问题是如何活下去，积极寻找活下去的理由和活下去的价值。活下去的基础是不断提升核心竞争力，核心竞争力提升的必然结果是企业的发展壮大。（来源：《活下去，是企业的硬道理》，2000）

企业的目的十分明确，是使自己具有竞争力，能赢得客户的信任，在市场上能存活下来。（来源：《逐步加深理解“以客户为中心，以奋斗者为本”的企业文化》，2008）

我们一切工作的出发点，就是为了客户，最后的收益是我们获得生存。（来源：《干部要担负起公司价值观的传承》，2010）

保证公司生存下来应该是多方面的，但我认为最主要的，就是要内心盯住有

效的增长及优质的服务。（来源：任正非在惠州运营商网络BG[①]战略务虚会上的讲话及主要讨论发言，2012）

商业活动的基本规律是等价交换。如果我们能够为客户提供及时、准确、优质、低成本的服务，我们也必然获取合理的回报，这些回报有些表现为当期商业利益，有些表现为中长期商业利益，但最终都必须体现在公司的收入、利润、现金流等经营结果上。那些持续亏损的商业活动，是偏离和曲解了以客户为中心的。（来源：《变革的目的就是要多产粮食和增加土地肥力》，2015）

1.5.3 公司的最终目标是商业成功

华为是一个功利集团，它的一切都是为了实现目标而努力的，企业文化是围绕一种目标来实现的，这种目标就是要具有商业的价值和利益。（来源：《珍惜机会，扎根实践，解放自己，蓄势待发》，1997）

我们是商业集团，只求商业集团的社会责任和利益，不要又是商人又要千古流芳，这才是一个公司的灾难。（来源：任正非在上海研究所的讲话，2007）

我认为成功的标准只有一个，就是实现商业目的。其他都不是目的。这一点一定要搞清楚。我们一定要有一个导向，就是商业成功才是成功。（来源：任正非在上海研究所的讲话，2007）

活不下去就没有未来！我们的价值评价体系要改变过去仅以技术为导向的评价，大家都要以商业成功为导向。（来源：《在大机会时代，千万不要机会主义》，2014）

① BG，business group，是华为公司2011年组织改革中按客户群维度建立的业务集团。

第二章

华为的价值主张

价值主张是描述客户期望从企业的产品和服务中获得的利益，它通常是一个或一组命题，其中明确阐述了企业专注于满足的客户需要并由此获得生存和发展的因果关系。价值主张最基本的着眼点，过去是，将来也是：质量好、服务好、价格合理、快速响应需求变化。这是客户朴素的诉求，永远不会改变。同时，价值主张必须对准客户的痛点，这样的价值主张才会真正受到客户关注，才会对企业的经营具有指导意义。

企业的价值主张来自客户的价值主张。价值主张是企业差异化竞争优势的来源，是企业竞争战略的出发点和落脚点，是企业商业模式的核心。所谓商业模式，实际就是实现价值主张并获得相应经济回报的方式。

客户的价值主张决定了华为的价值主张，它首先体现在华为的核心价值观中；在主张更好地满足客户日益增长的基本需求的同时，强调以客户痛点为切入点，帮助他们解决面向未来的问题；强调改善普遍客户关系，拒绝机会主义和急功近利。这是华为价值主张的一大特色。本章将从多个角度对此进行阐述。

2.1 以客户为中心、以奋斗者为本、长期艰苦奋斗，是公司的核心价值观。坚持自我批判，是自我纠偏的机制

2.1.1 核心价值观是我们的胜利之本

我们在经历长期艰难曲折的历程中，悟出了“以客户为中心，以奋斗者为本”的文化，这是我们一切工作的魂。我们要深刻地认识它，理解它。（来源：《逐步加深理解“以客户为中心，以奋斗者为本”的企业文化》，2008）

“以客户为中心，以奋斗者为本，长期艰苦奋斗”，这是我们20多年悟出的道理，是华为文化的本质。我们所有的一切行为都归结为为客户提供及时、准确、优质、低成本的服务。（来源：《干部要担负起公司价值观的传承》，2010）

以客户为中心、以奋斗者为本、长期坚持艰苦奋斗是我们的胜利之本。（来源：《对“三个胜利原则”的简单解释》，2010）

其实我们的文化就只有那么一点，以客户为中心、以奋斗者为本。世界上对

我们最好的是客户，我们就要全心全意为客户服务。我们想从客户口袋里赚到钱，就要对客户好，让客户心甘情愿把口袋里的钱拿给我们，这样我们和客户就建立起良好的关系。怎么去服务好客户呢？那就得多吃点苦啊。要合理地激励奋斗的员工，资本与劳动的分配也应保持一个合理比例。（来源：《与任正非的一次花园谈话》，2015）

华为文化不是具体的东西，不是数学公式，也不是方程式，它没有边界。也不能说华为文化的定义是什么，它是模糊的。“以客户为中心”的提法，与东方的“童叟无欺”、西方的“解决方案”，不都是一回事吗？他们不是也以客户为中心吗？我们反复强调之后，大家都接受这个价值观。这些价值观就落实到考核激励机制上，流程运作上……员工的行为就牵引到正确的方向上了。我们盯着的是为客户服务，也就忘了周边有哪个人。不同时期有不同的人冲上来，最后就看谁能完成这个结果，谁能接过这个重担，将来就谁来挑。我们还是一种为社会做贡献的理想，支撑着这个情结。因此接班人不是为权力、金钱来接班，而是为理想接班。只要是为了理想接班的人，就一定能领导好，就不用担心他。如果他没有这种理想，当他捞钱的时候，他下面的人很快也是利用各种手段捞钱，这公司很快就崩溃了。（来源：《与任正非的一次花园谈话》，2015）

2.1.2 围绕以客户为中心长期艰苦奋斗

繁荣的背后都充满着危机。这个危机不是繁荣本身的必然特性，而是处在繁荣包围中的人的意识。艰苦奋斗必然带来繁荣，繁荣以后不再艰苦奋斗，必然丢失繁荣。千古兴亡多少事，悠悠，不尽长江滚滚流。历史是一面镜子，它给了我们多么深刻的启示。忘却过去的艰苦奋斗，就意味着背弃了华为文化。（来源：《再论反骄破满，在思想上艰苦奋斗》，1996）

世界上我最佩服的勇士是蜘蛛，不管狂风暴雨，不畏艰难困苦，不管网破碎多少次，它仍孜孜不倦地用它纤细的丝织补。数千年来没有人去赞美蜘蛛，它们仍然勤奋，不屈不挠，生生不息。我最欣赏的是蜜蜂，由于它给人们蜂蜜，尽管它螫人，人们都对它赞不绝口。不管您如何称赞，蜜蜂仍孜孜不倦地酿蜜，天天埋头苦干，并不因为赞美就产蜜少一些。胜不骄，败不馁，从它们身上完全反射出来。在荣誉与失败面前，平静得像一湖水，这就是华为应具有的心胸与内涵。（来源：《再论反骄破满，在思想上艰苦奋斗》，1996）

世间管理比较复杂困难的是工业，而工业中最难管理的是电子工业。电子工业有别于传统产业的发展规律，它技术更替、产业变化迅速，同时，没有太多可以制约它的自然因素。正是这一规律，使得信息产业的竞争要比传统产业更激烈，淘汰更无情，后退就意味着消亡。要在这个产业中生存，只有不断创新和艰苦奋斗。而创新也是奋斗，是思想上的艰苦奋斗。华为由于幼稚不幸地进入了信息产业，我们又不幸学习了电子工程，随着潮流的波逐，被逼上了不归路。创业者和继承者都在销蚀着自己，为企业生存与发展顽强奋斗，丝毫不敢懈怠！一天不进步，就可能出局；三天不学习，就赶不上思科、爱立信、阿尔卡特，这不是一句玩笑，而是严酷的事实。（来源：《天道酬勤》，2006）

一个没有艰苦奋斗精神做支撑的企业，是难以长久生存的。而我们现在有些干部、员工，沾染了娇骄二气，开始乐道于享受生活，放松了自我要求，怕苦怕累，对工作不再兢兢业业，对待遇斤斤计较，这些现象大家必须防微杜渐。（来源：《天道酬勤》，2006）

什么叫奋斗？为客户创造价值的任何微小活动，以及在劳动的准备过程中，为充实提高自己而做的努力，均叫奋斗，否则，再苦再累也不叫奋斗。（来源：《逐步加深理解“以客户为中心，以奋斗者为本”的企业文化》，2008）

为客户创造价值才是奋斗。我们把煤炭洗得白白的，但对客户没产生价值，再辛苦也不叫奋斗。两个小时可以干完的活儿，为什么要加班加点拖到 14 个小时来干？不仅没有为客户产生价值，还增加了照明的成本、空调的成本，还吃了夜宵，这些钱都是客户出的，却没有为客户产生价值。（来源：任正非与肯尼亚代表处员工座谈，2008）

以客户为中心、以奋斗者为本是两个矛盾的对立体，它们构成了企业的平衡。难以掌握的灰度，妥协，考验所有的管理者。（来源：《逐步加深理解“以客户为中心，以奋斗者为本”的企业文化》，2008）

我们过去从落后到赶上，靠的是奋斗；持续的追赶靠的也是奋斗；超越更要靠奋斗；为了安享晚年，还是要靠奋斗。什么时候不需要奋斗了呢？你退休的时候，安享奋斗给你积累的幸福，无论心理上的，还是物质上的。我们要逐步建立起以奋斗者为本的文化体系，并使这个文化血脉相传。这个文化不是在大喊大叫中建立起来的，它要落实到若干考核细节中去，只要每个环节的制度制定者，每天抬头看一眼“奋斗”，校正一下我们的任何动作是否能为客户有贡献，三五年时间也许就会有初步的轮廓。我们要继续发扬以客户为中心的“胜则举杯相庆，败则拼死相救”的光荣传统。（来源：《让青春的火花，点燃无愧无悔的人生》，2008）

以奋斗者为本，其实也是以客户为中心。把为客户服务好的员工，作为企业的中坚力量，以及一起分享贡献的喜悦，就是促进亲客户的力量成长。（来源：《干部要担负起公司价值观的传承》，2010）

长期艰苦奋斗，也是以客户为中心。你消耗的一切都是从客户那里来的，你无益的消耗就增加了客户的成本，客户是不接受的。你害怕去艰苦地区工作、害怕在艰苦的岗位工作，不以客户为中心，那么客户就不会接受、承认你，你的生活反而是艰苦的。当然，我说的长期艰苦奋斗是指思想上的，并非物质上的。我们还是坚持员工通过优质的劳动和贡献富起来，我们要警惕的是富起来以后的惰怠。但我也不同意商鞅的做法，财富集中，民众以饥饿来驱使，这样的强大是不长久的。（来源：《干部要担负起公司价值观的传承》，2010）

我们在主航道进攻，这是代表人类社会在突破，厚积还不一定能薄发，舒舒服服的怎么可能突破？其艰难性可想而知。不眠的硅谷，不是也彰显了美国人的奋斗精神吗？这个突破就像奥运会金牌。我们现在跟奥运会竞技没有什么区别。在主航道，美国公司的很多企业领袖也是很辛苦的。真正成为大人物，付出的辛劳代价，美国人不比我们少。我和美国、欧洲公司的创始人在一起聊天，发现他们领导人的文化也是艰苦的，真正想做将军的人，是要历经千辛万苦的。当然，美国多数人也有快乐度过平凡一生的权利。（来源：《与任正非的一次花园谈话》，2015）

2.1.3 成功不是引导我们走向未来的可靠向导

成功是一个讨厌的教员，它诱使聪明人认为他们不会失败，它不是一位引导我们走向未来的可靠的向导。华为已处在一个上升时期，它往往会使我们以为8年的艰苦奋战已经胜利。这是十分可怕的，我们与国内外企业的差距还较大，只有在思想上继续艰苦奋斗，长期保持进取、不甘落后的态势，才可能不会灭亡。繁荣的背后，处处充满危机。（来源：《反骄破满，在思想上艰苦奋斗》，1996）

只要长期坚持剖析自己、寻找自己的不足与弱点，不断地改良。避免重大决策的独断专行，实行委员会制的高层民主决策，华为的星星之火一定可以燃烧成熊熊大火。（来源：《我们向美国人民学习什么》，1998）

我们正处在IT① 业变化极快的10倍速时代，这个世界上唯一不变的就是变化。

---

① IT，information technology，信息技术。

我们稍有迟疑，就会失之千里。如果故步自封，拒绝批评，忸忸怩怩，就不只是失之千里了。我们是为了面子而走向失败，走向死亡，还是丢掉面子，丢掉错误，迎头赶上呢？要活下去，就只有超越。要超越，首先必须超越自我。超越自我的必要条件，就是及时去除一切错误。要去除一切错误，就要敢于自我批判。（来源：《为什么要自我批判》，2000）

如果没有长期持续的自我批判，我们的制造平台，就不会把质量提升到20PPM[①]。中国人一向散漫、自由、富于幻想、不安分、喜欢浅尝辄止的创新，不愿从事枯燥无味、日复一日重复的枯燥工作，不愿接受流程和规章的约束，难以真正职业化地对待流程与质量，不能像尼姑面对青灯一样，冷静而严肃地面对流水线，每天重复数千次，次次一样的枯燥动作。没有自我批判，克服中国人的不良习气，我们怎么能把产品造到与国际一样的高水平，甚至超过同行？他们这种与自身斗争，使自己适应如日本人、德国人一样的工作方法，为公司占有市场打下了良好基础。如果没有这种与国际接轨的高质量，我们就不会生存到今天。（来源：《为什么要自我批判》，2000）

20多年的奋斗实践，使我们领悟了自我批判对一个公司的发展有多么的重要。如果我们没有坚持这条原则，华为绝不会有今天。没有自我批判，我们就不会认真听清客户的需求，就不会密切关注并学习同行的优点，就会陷入以自我为中心，必将被快速多变、竞争激烈的市场环境所淘汰。（来源：《从泥坑里爬起来的人就是圣人》，2008）

---

① PPM，part per million，定义为百万分之一，常用在衡量生产品质上。

2.2 客户的价值主张决定了华为的价值主张

2.2.1 质量好、服务好、价格低、快速响应客户需求，是客户朴素的诉求

未来企业的竞争有三个要素：产品的质量好，服务好，价格低。除了抓住这三个要素没有别的生存办法。华为的产品好，可以卖高价的时代我想也永远不存在了。我们未来生存的要点就是这三个基本点。（来源：《我们未来的生存靠的是质量好、服务好、价格低》，2002）

客户的要求就是质量好、服务好、价格低，且要快速响应需求，这就是客户朴素的价值观，这也决定了华为的价值观。但是质量好、服务好、快速响应客户需求往往意味着高成本，意味着高价格，客户又不能接受高价格，所以华为必须做到质量好、服务好、价格低，优先满足客户需求，才能达到和符合客户要求，才能生存下去。客户只有获得质量好、服务好、价格低的产品和解决方案，同时合作伙伴又能快速响应其需求，才能提升其竞争力和盈利能力。（来源：《华为公司的核心价值观》，2007 年修改版）

我们的目标是要成为网络设备的业界最佳。“质量好、服务好、内部运作成本低、优先满足客户需求”是我们达到这一目标的四大策略。（来源：任正非 2008 年新年祝词）

2.2.2 为客户提供及时、准确、优质、低成本的服务，是我们生存下去的唯一出路

我们生存下去的唯一出路是提高质量，降低成本，改善服务，否则十分容易被竞争对手一棒打垮。（来源：《从两则空难事故看员工培训的重要性》，1994）

客户的本能就是选择质量好、服务好、价格低的产品。而这个世界又存在众多竞争对手，我们质量不好，服务不好，就不讨论了，必是死亡一条路。如果质量好、服务好，但成本比别人高，我们可以忍受以同样的价格卖一段时间，但不能持久。因为长期消耗会使我们消耗殆尽，肝硬化了，如何前进？（来源:《逐步加深理解“以客户为中心，以奋斗者为本”的企业文化》，2008）

及时、准确、优质、低成本交付，只有四个要素同时满足，才是真正的以客户为中心。（来源:《CFO要走向流程化和职业化，支撑公司及时、准确、优质、低成本交付》，2009）

2.3 华为在市场竞争中，不靠低价取胜，而是靠优质的产品和服务取胜

2.3.1 以优质的产品和服务打动客户，恶战、低价是没有出路的

冬天真的要来了，谁能取胜？无非是质量与成本取胜，谁的质量最优、成本更低，谁的响应最快捷，谁就能度过这个冬天。所以研发一、二把手最重要的问题就是抓质量、抓成本，之后才能再在技术创新方向上探索。支撑技术创新的基础支柱是：质量、成本、时间。如果离开质量、成本、时间，就没有技术创新的价值了，绝不能为了创新而创新。科研的胆大与谨慎要并存，在花钱上要胆大，在质量与技术认证上要谨慎。抓质量问题，“板凳要坐十年冷”。质量第一、功能第二、技术第三，一定要注重客户需求。客户的评价标准是觉得质量很稳定，功能很好，技术还先进，这就是好。（来源：任正非在华为技术、安圣电气研发体系干部座谈会上的讲话，2001）

华为将来在市场上的竞争不靠低价取胜，而是靠优质的服务取胜，这就需

要依靠服务职业化来保证。这些年来，我们能够在竞争中生存，也是因为我们有“服务好”这一条。哈佛写的华为案例中，总结华为公司之所以能够在国际竞争中取得胜利，最重要的一点是“通过非常贴近客户需求的、真诚的服务取得了客户的信任”，这就是整个华为公司的职业化精神。（来源：《加强职业化和本地化的建设》，2005）

我的长远看法，就是从内部来提高服务质量，不要把价格降得太低。不提高服务质量，客户没的比较，比较就只是比价格。我们服务质量没有提高，然后我们价格还很低，实际上竞争力差距是没有拉开的。我们通过提高产品的质量来进行竞争，避免把西方公司逼到死路上去。（来源：任正非在 2010 年 7 月 EMT 办公例会上的讲话）

终端也没有格局问题，要以盈利为基础稳健发展。在这种市场上，不能动不动就搞什么恶战，别老是想低价竞争的问题，这是历史了，这是过去华为公司的错路，要终止，否则我们就会破坏这个世界，破坏社会秩序了。我们还是要以优质的产品和服务打动客户，恶战、低价是没有出路的。（来源：任正非和广州代表处座谈纪要，2013）

将来战争越来越复杂，特别是服务，也会越来越复杂。我们通过研发提供全世界最优质的产品，通过制造生产出最高质量的产品，还必须要有优质的交付，从合同获取到交付、售后服务。我们赚了客户的钱，就要提高服务质量，如果服务做不好，最终就要被客户边缘化。（来源：任正非在解决方案重装旅第一期学员座谈会上的讲话，2014）

2.3.2 从客户中来，到客户中去，端到端为客户提供服务

从客户端进来到客户端出去，端到端提供服务。这个端到端非常快捷，非常

有效，中间没有水库，没有三峡，流程很顺畅。这么快速的服务，降低了人工成本，降低了财务成本，降低了管理成本，于是我们的成本可以返回给客户，继续再降价，这就是我们的生存空间。（来源：《我们未来的生存靠的是质量好、服务好、价格低》，2002）

IPD、ISC[①]的真谛就是从客户中来到客户中去，实现端到端的服务。市场围绕客户转，用服围绕客户转，研发围绕市场和用服转，公司实现无为而治，就安全了。（来源：《公司的发展重心要放在满足客户当前的需求上》，2002）

管理的目的就是从端到端以最简单、最有效的方式，来实现流程贯通。这个端到端，就是从客户的需求端来，到准确及时地满足客户需求端去。这是我们的生命线，只要我们能认识到这个真理，华为就可以长久生存下去。内部管理是为及时、准确实现客户需求服务的，这是我们内部管理改革的宗旨和基础。背离这个宗旨和基础，就有可能陷入烦琐哲学。（来源：《管理工作要点》，2003—2005）

2.4 以客户痛点为切入点，帮助他们解决面向未来的问题

2.4.1 要让客户看到华为能引领这个社会如何变化

这次改革不是简单的形象改革，更是组织改革和运作方法的改革，是对公司的整个展示系统，从定位到表达的形象、内容、方式方法，到组织的运作和考核机制等进行的深层次、系统性的改革。F1 展厅展示模式要改变，展示方式和定位要从面向现在转变到面向未来。我们要解决客户面向未来的问题，让客户看

① ISC，integrated supply chain，集成供应链。它是由原材料、零部件的厂家和供应商等集成起来组成的网络，通过计划、采购、制造、订单履行等业务运作，为客户提供产品和服务的供应链管理体系。

完之后认为未来的战略合作伙伴就是华为，华为有能力帮助他解决面向未来的问题。要全流程地展示公司的现实能力与远景目标，例如：服务、制造、交付、财务……不仅仅是技术。要把展厅展示的内容、宣讲内容以基于云的技术方式面向全球展示。（来源：《面向未来，以客户痛点为切入点，全球化展示》，2012）

你们知道世界上对男人的最佳表达是什么吗？电影《泰坦尼克号》告诉我们，在生死存亡的时候让女人先走，自己死掉，这就是对男人的最佳表达。我们公司的最佳表达是什么？我们的展示应该从哪个地方切入？我认为应该是从客户的痛点去切入。我们要搞清楚客户的痛点在哪里，我们怎么帮助客户解决他的痛点。抓住客户的痛点进行表达，才能打动客户，让客户认可我们。我们要让客户认识到华为才是他真正的盟友。当然除了技术，未来的商业模式等也是我们要表达的内容。（来源：《面向未来，以客户痛点为切入点，全球化展示》，2012）

我们从一开始和客户的沟通，就是共同去探讨我们共同痛苦的点，探讨未来会是什么样子。一上来就要让客户感知到这个就是他想找的，让客户看到他的未来，认同这个未来，然后和我们一起去找解，看我们能给客户提供什么服务，帮助他走向未来。这样的沟通和探讨才能引人入胜，客户才会关注我们解决这一问题的措施和方案。只有当客户深刻地认识和理解了我们，他才知道我们这个战略伙伴和别人有什么不一样，才知道我们能提供给他的是什么样的未来，才会买我们的设备，我们才能活下来。（来源：《面向未来，以客户痛点为切入点，全球化展示》，2012）

我们的战略宣传，一面是对自己，一面是对社会，两者是融合的。我们对内的牵引要敢于理直气壮，对外的宣传要血脉相连一体化。第一点是架构，我们总是要找到一个系统性的结构来向客户和社会传递，让客户看到华为是怎么样的，让社会看到华为有什么东西，华为能引领这个社会如何变化。第二点是方法，你们把全球战略宣传的方法拿出来。全球哪里不能体验呢？我们要把体验中心通过网络扩展出去，把我们公司的展示和体验全球化。而且我认为，你们品牌战略和现在的展厅也会逐步走向融合的。（来源：《紧紧围绕客户，在战略层面宣传公司》，2013）

2.4.2 致力于提供面向未来的客户体验

品牌部正在把展厅体验全球化，客户在不同时间都可以体验。你们可以和品牌部走一个管道，一个是面向客户，一个是面向员工。传播要从推介，走向体验。（来源：任正非在华为大学教育学院工作汇报会上的讲话，2013）

围绕品牌战略与宣传务虚。我考虑的是怎么紧紧围绕以客户的需求（远期的、近期的）为中心形成我们的宣传主线。怎么把我们对这种需求的解决方案做成体验，在全球可以体验。我认为我们的战略宣传要坚决地以客户为中心。现在我们的宣传有一点文不对题，为什么呢？我们太科普化，太重视对政府、对领导的宣传，结果是客户CTO[①]看不懂，政治家也看不懂。我们的宣传一定要让客户CTO看得懂，对政治家我们给他讲故事，让他能听得懂。（来源：《紧紧围绕客户，在战略层面宣传公司》，2013）

研发要做到最好。不是指研发心中感觉最好，而是让客户感知最好。以前大家说做到最好，其实就是搞复杂点，是研发人员的自我感觉。（来源：《第一次就把事情做对》，2014）

在“体验云”中，代表处是一个小体量的体验中心，要实现标准化、简单化，可先用集装箱将模块拉到一线去，快速在一线构建起来。客户提前预约希望体验的内容，就可以从全球体验中心或区域体验中心的服务器推送过去。这样一

① CTO，chief technology officer，首席技术官。

方面可以用于内部的培训，一方面是客户的体验得到了保障。要实现客户体验前移，要展示在未来的大数据管道时代，我们自己的路在哪里。（来源：《打造运营商BG“三朵云”，将一线武装到牙齿》，2015）

2.5 在客户面前，我们要永远保持谦虚

2.5.1 加强与客户的沟通，倾听客户的心声

坚持与客户进行交流，听一听客户的心声，我们就能了解客户的好多想法。我们今天之所以有进步，就是客户教我们的嘛。不断地与客户进行沟通，就是让客户不断帮助我们进步。如果嘴上讲365天都想着产品、想着市场，实际上连市场人员、客户的名字和电话号码都记不住，还有什么用？（来源：《认识驾驭客观规律，发挥核心团队的作用，不断提高人均效益，共同努力度过困难》，2002）

我们的队伍建设就是要加强与客户的沟通，认真听取理解客户需求。生产要上去，干部要下去，可以多配车及其他工具，要全力支持海外市场的发展，研发的产品一定要满足客户的需求。表面上看，我们不去做客户关系，停下来还能省几个亿的费用，动起来还要多花汽油费，但不能这样算成本。军队如果这样算成本，战时就毫无战斗力，都会不堪一击的。（来源：《认识驾驭客观规律，发挥核心团队的作用，不断提高人均效益，共同努力度过困难》，2002）

作为一个产品经理、客户经理，不能装一肚子学问却见不得客人，必须要通过交流来巩固加深客户对我们的认识。（来源：《认识驾驭客观规律，发挥核心团队的作用，不断提高人均效益，共同努力度过困难》，2002）

公司的高级干部是怎么进步的？就是天天与客户在一起，通过与客户的接触

过程产生了思想上的火花，也为后来的发展奠定了扎实基础。（来源：《公司的发展重心要放在满足客户当前的需求上》，2002）

在客户面前，我们要永远保持谦虚，洞察未来，认真倾听客户的需求，从客户视角定义解决方案的价值主张，帮助客户解决他们所关心的问题，为客户创造价值，帮助客户实现商业的成功，客户才有可能把华为当作“问计的对象”。（来源：电邮通知[2015]108号）

2.5.2 重视普遍客户关系

技术服务部在与客户的合作中，要注重与其各个层面相关人员的普遍的友好交往，要注重普遍的良好客户关系，要百尺竿头更进一步，提高客户满意度。（来源：《扩充队伍，准备大仗》，2000）

公司要重视普遍客户关系的建立，要有长远眼光。我们一再告诫大家，要重视普遍客户关系，这也是我们的一个竞争优势。普遍客户关系这个问题，是对所有部门的要求。坚持普遍客户原则就是见谁都好，不要认为对方仅是局方的一个运维工程师就不做客户关系维护、不介绍产品，这也是一票呀。（来源：《认识驾驭客观规律，发挥核心团队的作用，不断提高人均效益，共同努力度过困难》，2002）

普遍客户关系是公司的战略导向，不要急功近利，不要把宝押在一两个客户身上，那样风险太大；我们应该把客户关系一层层地垒实。（来源：EMT纪要[2006]009号）

今后要避免各产品割裂地分别做客户工作，面对客户要综合完整，回来后再讨论内部工作分工和利益分配。（来源：EMT纪要[2008]014号）

代表处系统部建设，我们就是要改善客户关系。“普遍客户关系”这个名词是我们公司率先提出来的。我们应该要有普遍客户关系，不要老是盯着一个人。铁三角实际上真正起到的作用就是改善普遍客户关系，从这个过程中他们一定能发现机会，他们要抓住这个机会，然后才开始呼唤炮火。（来源：《对“三个胜利原则”的简单解释》，2010）

现在我们是做厚客户界面，加强普遍客户关系的改善，大量的资源力量向一线集中。将来我们要提高专业化队伍的支持能力，从而可以减少一线直接作战部队的人数。例如，发射导弹是少数几个人，一按按钮就行了。但为了按这一下，有几十、几百人在平台上服务，我们加强了专业化的支持能力建设，就可以逐步使直接作战部队更加精干，更加高效。我们与军队不一样的是，他们为了取得胜利，不计较成本，而我们对成本必须有综合考虑。（来源：《以客户为中心，以奋斗者为本，长期坚持艰苦奋斗是我们胜利之本》，2010）

2.5.3 优质资源向优质客户倾斜，构筑战略伙伴关系

华为公司不是天生就是高水平，因此要认识到不好的地方，然后进行改正。一定要在战争中学会战争，一定要在游泳中学会游泳。在很多地区，我们和客户是生死相依的关系，那是因为我们已经和客户形成了战略性伙伴关系。机会不是公司给的，机会是客户给的。机会在前方，不在后方。我们要有战略地位，如果没有战略地位我们就无法站住。（来源：《将军如果不知道自己错在哪里，就永远不会成为将军》，2007）

我们要明确，我们在什么地区，谁是我们的优先级战略伙伴。战略合作伙伴跟我们是什么关系？就是优先为它配置资源，将公司的优势配置给它，把最好的服务经理配给它，把最好的销售经理配给它，什么都是最好的配给它。（来源：EMT 纪要[2008]009 号）

在构筑与客户的战略合作伙伴关系上，除了销售和交付以外，还应开放思路，深入思考我们能给客户带来什么价值，让客户充分感受到，作为战略合作伙伴，我司与其在共同发展过程中战略上的协同性及价值创造。（来源：EMT 纪要[2008]014 号）

只有真正抓住客户的痛点，帮助客户解决问题，才能真正建立起伙伴关系。（来源：任正非在 2009 年 5 月 EMT 办公例会上的讲话）

我们会多派出一大批“少将”，提高对优质客户的服务质量，也增强了客户的竞争力。敢于把优质资源向优质客户倾斜，最终与客户建立战略合作伙伴关系。他们没有其他生存之路了，我们也没有，只有合在一起才能成功，包括改善与供应商的关系。（来源：《做谦虚的领导者》，2014）

服务好优质客户，就是对优质客户最大的回报。要敢于把优质资源向优质客户倾斜，切实改善服务。要优化资源配置策略，不以投诉为由来驱动资源的投入，资源的投入应该基于合同契约。（来源：EMT 决议 [2015]010 号）

第三章

质量是华为的生命

质量是一组固有特性满足要求的程度。它是一个企业生存的基础，是国际市场竞争的入场券。客户是依据产品和服务的质量决定是否接受和信赖一家企业的。在过去100多年中，从最初的生产过程质量管理，到产品生命周期质量管理，到公司范围的全面质量管理，到今天的复杂系统、全连接网络、大数据大流量的质量管理，质量管理的概念和内涵不断扩展。今天，华为的质量管理概念已经从以产品、工程为中心的质量管理，扩展到涵盖公司各个方面、贯穿端到端的全流程、分布全球的质量能力中心和服务于世界几十亿用户的大质量体系阶段。

在质量与成本、质量与速度，产品可靠性与技术先进性的矛盾中，质量永远都是第一位的。公司面向未来确定了“让HUAWEI成为ICT[①]行业高质量的代名词”的质量目标和“以质取胜”的质量方针，绝不走低价格、低成本、低质量的路子。

质量是一种文化特征。持之以恒地改进，不断满足客户要求的高质量、惊喜体验，需要公司加强质量文化的建设。纵观西方诸位质量管理大师，他们不仅是质量管理方法的集大成者，更是质量文化的布道者。不养成一种精益求精、一丝不苟的质量文化，就不可能有好产品、好服务。

本章讨论华为的质量管理文化，并在此基础上阐述华为的品牌理念。

---

① ICT，information and communications technology，信息和通信技术。

3.1 质量是我们的生命

3.1.1 千古传唱的歌才是好歌

产品就是要精益求精、再求精。（来源:《调整心态，尽快找到自己的位置》，1997）

如果我们的产品好，可以减少大量的售后服务等损失和潜在用户需要的机会损失。我们认为企业的最根本利益是要追求不断的成本改进，不断的质量提高，然后在此基础上才能谈到产品是否具有先进性。（来源:《一个人要有自我批判能力》，1998）

西方管理哲学的内涵有很多非常好的地方是值得我们学习的。比如西门子，它的机器虽比我们落后但比我们稳定，所以很好卖。我们一定要努力地去认识这一点——什么叫伟大的科研成果？一定要认识！就比如唱歌，我想不管是什么歌曲，不管其作者是多么伟大的作曲家、歌唱家，只有那些流传下来被人们广为传唱的歌才是真正的好歌，至于那些得奖却未能流传下来的根本不是什么好歌。我讲的道理很清楚，产品最终只有长久地被人们承认，才能算是真正的商品，否则不是。（来源：《一个人要有自我批判能力》，1998）

什么是好产品？好产品犹如好歌，只有千古传唱的歌，才是好歌。都江堰就是一个例子。几千年过去了，都江堰的设计、结构、思想，现在都没有人提出来说要改变它。这才是真正的科研成果，真正的好产品。（来源：《自我批判和反幼稚是公司持之以恒的方针》，1999）

我认为，快速响应客户需求和保证质量并不矛盾。首先必须保证质量，没有质量肯定不能占领市场。我们一直讲要贴近客户，但是客户说别人的东西不坏，不愿意让我们贴近，这说明什么？说明只有东西不坏才能取得市场。（来源：《公司的发展重心要放在满足客户当前的需求上》，2002）

3.1.2 质量不好、服务不好，必是死亡一条路

我们的目标是以优异的产品、可靠的质量、优越的终生效能费用比和有效的服务，满足顾客日益增长的需要。质量是我们的自尊心。（来源：《华为公司基本法》，1998）

在设计中构建质量、成本和维护优势，是我们竞争力的基础。一定要使我们的产品，成本低于日本，稳定性优于德国，先进性超过美国。（来源：《华为公司基本法》，1998）

我想问问大家，人能不能把脑袋放在第二位？不能！产品质量其实就是我们的脑袋！如果没有了质量，我们公司就没有了生命，所以质量永远都是第一位的。但在质量改进的过程中，不能靠通过增加维修人员来解决质量问题，而是要从经理开始重视质量问题。产品线、资源线的人员都需要在质量工作上下功夫，质量

管理体系的人最主要的是把质量管理的方针、措施、验收的目标，分解到产品线、资源线上去。产品线和资源线就是要交给你们满意的答卷，否则产品线和资源线就不应该得到很好的评价。所以必须全民皆兵地抓质量，光是少部分人抓质量是不行的。（来源：《加强道德素养教育，提高人均效益，满怀信心迎接未来》，2002）

公司长远的战略方针，是要通过不断地提高产品和服务质量，提高交付能力，来提高我司的市场竞争力，并解决我司和西方竞争对手的平衡问题。（来源：EMT纪要[2010]019号）

我们一定要重视质量。去年我们在某个国家出了40多次事故，如果事故少一些，我们和客户以后合作的机会应该会更多一些，但质量不好，就会丧失与客户合作的机会。我希望大家重视质量，提升质量，寻找事故发生的原因，分析是技术原因还是管理原因。在质量方面我们要向一些友商学习，它们在可靠性方面是做得不错的。（来源：《以客户为中心，加大平台投入，开放合作，实现共赢》，2010）

我认为我们工程师更重要的工作是把产品做稳定，高质量，满足客户需求。（来源：任正非在GTS①网规网优业务座谈会上的讲话，2013）

我们在执行合同过程中要确保合同质量。不能像过去一样完全不顾一切、拼死牺牲的精神，这种精神不值得提倡。如果没有这一两年我们提高合同质量，不准做烂合同、低价合同，今年的利润不可能这样好，就不可能有钱拿出来给大家涨工资、改进办公环境的卫生质量、绿化等。（来源：任正非在IP②交付保障团队座谈会上的讲话，2013）

---

① GTS，Global Technical Service，全球技术服务部。

② IP，internet protocol，互联网协议。

未来网络容量越来越大，安全稳定越来越困难，质量是我们的生命。（来源：《变革的目的就是要多产粮食和增加土地肥力》，2015）

3.2 绝不走低价格、低成本、低质量的道路

3.2.1 以质取胜

在交付合作伙伴的选择上，要把质量作为重要的评价要素，要在追求高质量的基础上，关注成本，不准一味地追求低价。（来源：EMT纪要[2010]022号）

从战略方针来看，我们是要提高质量，提高交付能力。交付能力不要就是GTS，还包括研发、后方平台等，总体的交付能力要提升，交付速度、交付质量都要提升。我总的主张，我们在应对整个世界的平衡过程中，还是加大一些投入，增加一些人力物力，来解决我们和西方竞争对手的不平衡问题。因为我们把很多东西都挤压了，挤压以后，我们的成本就变低了，变低以后，我们的优势也没有突显出来。就是说，我们的产品质量、服务水平等各方面都没达到高标准，我们只是价格低了。如果说价格不低，但是我们的服务质量很优秀，我认为在这个竞争市场上是没人说的。所以我认为在这个问题上要改变一下，我们过去在投入问题上太谨慎了。（来源：任正非在2010年7月EMT办公例会上的讲话）

公司面向未来确定了“让HUAWEI成为ICT行业高质量的代名词”的质量目标和“以质取胜”的质量方针，因此持续高质量和可持续发展能力表现优秀的供应商将会获得更多与华为合作的商业机会，同时华为会付出合理溢价来购买持续高质量的器件和服务。用高质量的器件来制造我们的产品，用高质量的服务来交付我们的产品及改进我们的管理。通过整个产业链提高质量的共同努力，使华为

能更好地向客户提供高质量的产品和服务。（来源：EMT决议[2015]011号）

在短缺经济时代，只要把生产的量放大，满足需求就可以赚很多钱；现在是过剩经济时代，生产量超过了实际需求，要么是降价这样的残酷竞争，要么就是生产地沟油这样的恶劣行为，最后把自己搞死了。这样烧钱的最终目的不是为客户服务，是想把竞争对手烧死以后赚客户大钱。华为公司的价值观是坚持以客户为中心。要把自己的质量做好，让运营商通过与我们合作得到好处，从而运营商就会坚定不移地选择我们。我们也不卖低价，卖低价发低工资，那样我们的人都跑光了。我们要真正地提高质量，竞争最本质的问题是提高质量。（来源：任正非在第四季度区域总裁会上的讲话，2015）

我们的一切工作，要以质量为优先，研发、采购、制造、供应、交付……都要以质量为优先。我们对客户负责，首先是质量；我们与供应商分享，首先也是质量。所以我们所有采购策略中，还是质量是第一位的，不管是技术评分，还是商务权重等，就是以质量为中心。没有质量就没有谈下去的可能性。这些年我们公司总体还是坚持以质量为中心的，包括终端，这些年坚持质量第一的道路，就走正确了，慢慢就追上来了。（来源：任正非在2015年9月24日EMT办公会议上的讲话）

3.2.2 我们的价值观要从“低成本”走向“高质量”

接入网的小型化、多样化，十分灵活使用的高质量产品，将会在网络进化中，逐步取代以前作为接点式的接入设备，而这些产品同时要求高质量，因为装在家里，楼道里……你总不能像在接点机房一样，为维修天天出入别人的家庭。（来源：《让青春的生命放射光芒》，2008）

质量安全是第一位，先进性第二位。在高端领域，我们一定要保障产品的安全稳定运行，这是华为公司最主要的责任。不能完全保证，那么要加强服务体系的建设。在中低端产品上，硬件要做到像德国和日本的消费电器一样，在使用寿命内永不需要维修；软件升级向互联网学习，在网上能自助升级，这样使公司内部管理得到很大简化。目前我们已经处于稍微领先的状态，一定要将稳定性做强。现阶段我们的容差设计还做不到这么好，在核心大流量产品中，确保质量要认真对待。……如果产品具备先进性，还是要实行优质优价策略，别卖那么低的价格，用赚的钱建立一个更可靠的质量保障体系。（来源：任正非在IP交付保障团队座谈会上的讲话，2013）

中低端产品一定要保证高质量、低成本，要把山口山腰围起来形成规模市场，而且质量要做到终身不维修。……高端研发不能急功近利，要扎扎实实的。若做出来的产品架构不是很合理，还要推倒重来，花费时间更长。（来源：任正非在重装旅集训营座谈会上的讲话，2014）

尽管有一些产品不能形成技术优势，但要在标准化、简单化、免维护化上下功夫。也要在商业模式上，管理模式上，人的奋斗精神、能力与责任心上，构建合理的优势，形成差别，以获取胜利的喜悦。我们决不走低价格、低成本、低质量的道路。如果那样，将会摧毁我们20年后的战略竞争力。（来源：《变革的目的就是要多产粮食和增加土地肥力》，2015）

我们的价值观要从“低成本”走向“高质量”。要让器件厂家有合理利润，采用高质量的器件做高质量的产品；要给客户提供高质量的服务和高品质的体验。高质量可能会提高成本，但是能够产出更多的价值。我们做得实实在在一些，抗风险能力就强一些，我们在国际竞争和经济起伏中就平稳一些。（来源：董事会常委会纪要[2015]023号）

3.3 建立大流量的大质量体系

3.3.1 大数据流量时代，要高度关注大质量体系的建设

华为的品质工作曾经走过很大弯路，最早非常重视品管，给了品管很高的地位。但是，由于没有建立完善的流程管理和规章制度，各方面工作都没有规范化，造成生产部与品管部一直协调不好，关系没有理清、理顺，越理越乱，以致行动不了了之，所以又合并成了一个机构。到了今天，在围绕实现一个总的质量目标的共同努力下，对ISO 9000已初步进行了贯彻和执行，因此，品质部门作为支持制造系统的支柱，独立出来的可能性已经客观存在。下一阶段在公司的整个体制改革中，要将品质、计划和文件作为三个支柱来支持制造系统。循序渐进地建立独立的品质体系，再进行全面质量管理，不能急于求成。否则，既没搞好全面质量管理，也可能没搞好产品制造，也没有建设好干部队伍。如果想长期把工作做好，不管做哪一个行业，品质管理都是基础的、重要的信念。（来源：《做好基础工作逐步实现全面质量管理》，1996）

建立全球统一的基于客户需求和客户服务体验导向的可量化的服务质量体系，实现客户、华为和合作伙伴流程的衔接，“更专业、更快速、更热忱”的优质服务将成为华为全球市场拓展的有力保障。（来源：《公司董事会工作报告》，2004）

一定要实现高质量的海量及时交付。要实行质量一票否决制，要一手抓销售额，一手抓销售质量、服务质量、合同质量。（来源：《认清形势，加快组织建设和后备干部培养，迎接公司新发展》，2005）

我总担心若瘫掉几个局点，在世界上如何交代？你们今天讲服务，我也很担忧。服务就像黄继光在前面堵枪眼，如果枪眼太多，哪一天将你们胸脯都打穿了，还能堵得住吗？我们现在一路高歌猛进，扛着红旗往前冲，若忽视反思薄弱环节，

别人若在峰腰位置一拦断，将全军覆没。所以我们既要迅猛前进，也要高度重视质量、重视服务，进而各个体系的建设。（来源：任正非在IP交付保障团队座谈会上的讲话，2013）

以客户需求为导向的产品开发，我希望高端产品要做得既先进又可靠。我这里讲的“安全”与西方所说的“网络安全”不一样，我说的网络安全是要能稳定运行。往往一瞬间的失误，就可能引爆一个“原子弹”，然后就粉身碎骨了。运营商电子技术是世界上最复杂、最尖端的技术。我们要购买全世界最先进的工具，组织最优秀的人才，做全世界最好的产品。（来源：任正非在IP交付保障团队座谈会上的讲话，2013）

华为公司最重要的基础就是质量。我们要从以产品、工程为中心的质量管理，扩展到涵盖公司各个方面的大质量管理体系。（来源：任正非在公司质量工作汇报会上的讲话，2015）

3.3.2 对大质量体系的认识，要有一个全球视野的大的构架

大数据流量时代的到来，对质量的要求越来越高，制造要确保公司的出货质量。（来源：任正非巡视松山湖制造现场的讲话纪要，2014）

我们不仅仅要在技术、市场、服务等方面取得优势，更要关注质量体系的建设，未来网络容量越来越大，安全稳定越来越困难，质量是我们的生命。我们要高度关注大流量的大质量体系建设，过去我们的质量建设大多是关注产品、工程等的。我说的大质量体系，是个系统工程，要确保我们在未来大流量时代的及时、准确，传送大的数据流量的安全、稳定、可靠，对大质量体系的认识，要有一个大的构架。这涉及文化、哲学等众多领域，我们要充分利用世界各国的优势，首先形成以中、德、日为基础的大质量能力中心。（来源：《变革的目的就是要多产粮

食和增加土地肥力》，2015）

我们要建立起大质量体系架构，在中国、德国、日本建立大质量体系的能力中心。日本的材料科学非常发达；德国人很严谨，工艺、管理非常优秀；中国人善于胡思乱想，构架思维问题。我们把三者结合起来，就能支持华为全局性的质量。而且我们用工具、手段来代替人，购买世界上最好的工具，做出别人不可替代的产品，做到无敌，最后就能世界领先。（来源：任正非在公司质量工作汇报会上的讲话，2015）

在质量问题上，要永远记得“七个反对”，而且要坚决反对。我们讲的是端到端的质量管理，要反对局部优化影响了全局优化。现在每个部门都在讲自己的优化，但如果妨碍了全局优化就不是优化。（来源：任正非在公司质量工作汇报会上的讲话，2015）

3.3.3 借鉴日本和德国的先进文化，最终形成华为的质量文化

20年前我去阿联酋，当飞机降落时，商务部西亚非洲司司长告诉我，下去就是中东的香港。当时我不相信，下去一看，然后就写了一篇文章《资源是会枯竭的，唯有文化才能生生不息》。迪拜是没有一滴油的沙漠，现在比阿联酋还出名，这就是文化造就沙漠上的井喷。华为公司也要加强质量文化的建设。目前公司在质量问题上的认识，仍然聚焦在产品、技术、工程质量等领域，而我认为质量应该是一个更广泛的概念。我们沿着现在的这条路，要走向新领域的研究，建立起大质量管理体系。（来源：任正非在公司质量工作汇报会上的讲话，2015）

大质量管理体系需要介入到公司的思想建设、哲学建设、管理理论建设等方面，形成华为的质量文化。你们讲了很多“术”，我想讲讲“道”。你们看，法国波尔多产区只有名质红酒，从种子、土壤、种植等各个方面形成了一整套完整的文化。这就是产品文化，没有这种文化就不可能有好产品。瑞士的钟表为什么能

做到世界第一？法国大革命时要杀掉那些有钱人和能干的人，这些人都跑去了瑞士，所以瑞士的钟表主要是在法语区，其中很多精密机件是德语区的。我再讲一个例子。德国斯图加特工程院院长带我去参观一个德国工学院，大学一年级入学的学生都在车间里面对着图纸做零件，把这些零件装到汽车上去跑，跑完回来再评价多少分。经过这一轮，再开始学习几何、理论力学、结构力学等学科，所以德国制造的汽车永远是无敌天下。每个人都愿意兢兢业业地做一些小事，这就是德国、日本的质量文化，没有这种文化就不可能有德国、日本这样的精密制造。我们为什么不能有这种文化？我们要借鉴德国和日本的先进文化，最终形成华为的质量文化。如果公司从上到下没有建立这种大质量体系，你们所提出的严格要求则是不可靠的城墙，最终都会被推倒。（来源：任正非在公司质量工作汇报会上的讲话，2015）

3.4 品牌的核心是诚信，诚信的保证是质量

3.4.1 用诚信换取客户对我们的满意、信任和忠诚

公司对利润看得不重，我们以长远的眼光来经营公司，以诚实面对客户，诚实地经营，诚实地发展公司，依靠诚实换取客户对我们的满意、信任和忠诚。正因为我们把利润看得不重，所以我们不去包装、炒作和投机，而把全部精力用在脚踏实地、实事求是地经营公司上。当然，诚实又没有包装，客户有时会看低了公司，但终究会认识公司的。（来源：《华为的机会与挑战》，2000）

华为公司经过10年的奋斗，同步了时代的机遇，抢在前面完成了这个循环。这个循环的中央只有两个字“诚信”。华为这十几年来铸造的就是这两个字：诚信——对客户的诚信，对社会、政府的诚信，对员工的诚信。只要我们坚持下去，这种诚信创造的价值是取之不尽、用之不竭的，要认识到我们花掉的很多钱是要

形成未来的财富。我们经过10年的时间，花大量的金钱和精力，在市场上塑造了两个字“诚信”，这是我们的立身之本，是我们的核心竞争力，是华为公司对外的所有形象，这个无形资产是会给我们源源不断带来财富的。（来源：《认识驾驭客观规律，发挥核心团队的作用，不断提高人均效益，共同努力度过困难》，2002）

诚信是生存之本、发展之源，诚信文化是公司最重要的无形资产。（来源：《致新员工书》，2005）

3.4.2 品牌就是承诺

我们要在全中国乃至全世界树立起自己的形象，是每一点、每一滴、每时、每刻、每个人、每件事都在塑造这个品牌。这个品牌不要理解成电源，也不要理解为C&C08[①]，它是一种更深层次的东西，是一种企业形象。只有把自己销售出去，才有可能销售产品。点点滴滴销售自己的形象，每个人销售自己的一点形象，都是在销售这个企业。（来源：《要树立服务意识、品牌意识、群体意识》，1996）

我认为这个品牌意识就是我们的服务导向，我们的服务围绕什么抓，要围绕塑造华为来抓，点点滴滴塑造华为，否则，我们怎么可能产生一个长远、深刻的社会影响呢？（来源：《要树立服务意识、品牌意识、群体意识》，1996）

我们要不惜任何代价，维护品牌的效应。品牌是什么？说穿了，品牌就是承诺。在这个问题上，绝不能松懈。（来源：《加强管理，整顿作风，提高服务意识》，1997）

品牌不是宣传出来的，品牌是打出来的。认为品牌是宣传出来的是错误的观点。你们在俄罗斯还没有站起来。你们做事情要抓住灵魂。你们抓的有些是枝节，

① C&C08，是华为公司20世纪90年代推出的数字程控交换机的产品型号。

并不是主要矛盾，更不是矛盾的主要方面。客户关系是要建立起你在这个地方的竞争力，起到了地区性的引导作用，你才能在这个地区站起来。俄罗斯地区部的品牌现在就没有树起来，零零散散的到处都是事情，到处都是机会，没有形成一个规模。你们管理团队要通过自我批判好好地认识这些问题，而不是一些不痛不痒的皮毛的东西。（来源:《将军如果不知道自己错在哪里，就永远不会成为将军》，2007）

品牌的根本是诚信。今天，运营商客户问我，华为成功的秘诀是什么？我的回答是诚信。没有诚信就没有品牌，你这个东西就是要做好，然后你就桃李不言下自成蹊。关键是我们的产品与服务要做好。我们和三星是不能比的，三星不是今天手机才这么厉害，三星是从几代的产品走过来的，它已经是有很多渠道、很多积累的。有人说我们的手机已经有超过苹果的东西了，他说的是技术。我们不仅要重视产品的技术能力，更要重视用户体验与服务。（来源：任正非和广州代表处座谈纪要，2013）

品牌的核心就是诚信，脚踏实地做好每一个点，然后口口相传把品牌建立起来。真正的品牌是通过员工的行为来实现的。（来源：任正非在重装旅集训营座谈会上的讲话》，2013）

品牌的核心是诚信，是我们为客户提供的质量、服务与竞争力的提升。（来源：《紧紧围绕客户，在战略层面宣传公司》，2013）

第四章

深淘滩，低作堰

信息经济的特征是，信息供给的无限性和信息消费能力的有限性的矛盾，这一基本矛盾决定了信息产业的平均利润率一定是朝向传统产业的方向演变。创新可能局部地、短暂地改变一下这个方向，但大的趋势是改变不了的。所以企业的长期战略和商业模式，必须适应这一规律，否则难以长期生存。

商业模式是赚钱的关键要素和逻辑。华为一贯主张赚小钱不赚大钱，不追求利润最大化，只追求合理的利润，这一商业模式的生动写照，就是都江堰生生不息的六字诀窍："深淘滩，低作堰"。李冰父子留下的这条治水准则，其中蕴含的智慧和道理，远远超出了治水本身。

企业和市场是两种相互替代的经济组织，谁替代谁，取决于谁的交易成本更低。企业要长期保持更低的交易成本，就要不断加大对未来的投入，不断改进管理，提高运营效率，改善商业环境。这其中的道理看似简单，但能把简单的道理做到极致就不简单。

本章的阐述就是围绕华为的商业模式展开的。

4.1 “深淘滩，低作堰”是华为商业模式的生动写照

4.1.1 节制自己对利润的贪欲，赚小钱不赚大钱

“深淘滩，低作堰”，是李冰父子 2000 多年前留给我们的深刻管理理念。同时代的巴比伦空中花园和罗马水渠、澡堂，已荡然无存，而都江堰仍然在灌溉造福于成都平原。为什么？李冰留下“深淘滩，低作堰”的治水准则，是都江堰长生不衰的主要“诀窍”。其中蕴含的智慧和道理，远远超出了治水本身。华为公司若想长存，这些准则也是适用于我们的。（来源：《深淘滩，低作堰》，2009）

深淘滩，就是确保增强核心竞争力的投入，确保对未来的投入，即使在金融危机时期也不动摇；同时不断地挖掘内部潜力，降低运作成本，为客户提供更有价值的服务……低作堰，就是节制对利润的贪欲，不要因短期目标而牺牲长期目标，自己留存的利润少一些，多一些让利给客户，以及善待上游供应商。（来源：任正非在运作与交付体系奋斗表彰大会上的讲话，2009）

我们一切出发点都是为了客户，其实最后得益的还是我们自己。有人说，我

们对客户那么好，客户把属于我们的钱拿走了。我们一定要理解“深淘滩，低作堰”中还有个低作堰。我们不要太多钱，只留着必要的利润，只要利润能保证我们生存下去。把多的钱让出去，让给客户，让给合作伙伴，让给竞争对手，这样我们才会越来越强大，这就是“深淘滩，低作堰”。大家一定要理解这句话。这样大家的生活都有保障，就永远不会死亡。（来源：《以客户为中心，加大平台投入，开放合作，实现共赢》，2010）

为什么我一贯主张赚小钱不赚大钱？这就是商业模式。因为电信网络不太挣钱了，有些设备供应商减少了有些方面的投资，才让我们赶上来了。如果当我们在这个行业称霸时，我们继续赚小钱，谁想进这个行业赚大钱是不可能的。他要赚小钱，他能不能耐得住这个寂寞？耐不住寂寞他就不干了，还是我们占着这个位置。如果我们长期保持饥饿状态，不谋求赚大钱，最终我们能持久赚钱。赚小钱，如果分配不是很差，还过得去，大家不散掉就行了。如果我们想垒起短期利益，想赚大钱，就是在自己埋葬自己。（来源：任正非在惠州运营商网络BG战略务虚会上的讲话及主要讨论发言，2012）

华为公司也曾多次动摇过。人生还是要咬定自己的优势特长持续去做。刚才那个同事说我们做芯片不挣钱，人家做半导体的挣大钱，但是挣大钱的死得快，因为大家眼红，拼命进入。我们挣小钱怎么死呢？我们这么努力，比不上一个房地产公司，上帝先让我们死，就有点不公平。我和欧盟副主席聊天，他问我：全世界的经济都这么困难，你怎么敢大发展？我说第一点，我们的消费是小额消费，经济危机和小额消费没关系，比如你欠我的钱，我还是要打电话找你要钱，打电话就是小额消费。第二点，我们的盈利能力还不如餐馆的毛利率高，也不如房地产公司高，还能让我们垮到哪儿去，我们垮不了。所以当全世界都在摇摆，都人心惶惶的时候，华为公司除了下面的人瞎惶惶以外，我们没有慌，我们还在改革。至少这些年你们还在涨工资，而且有的人可能涨得很厉害。我们为什么能稳定？就是我们长期挣小钱。（来源：任正非与2012实验室座谈会纪要，2012）

4.1.2 华为要成为世界主流电信设备供应商，价格一定是低重心的

我们能不能熬过这个5年的困难时期？首先要分析清楚我们该如何活过去。如果我们还是说，我们的设备有多好，应该多卖点钱，我就要给大家再讲讲王小二卖豆腐的故事。大家知道，超稳定的情况下，所有产品都是薄利，靠规模来取胜。现在我们有信心说，信息产业的方向是朝向传统产业发展，我们组织结构的改革，方向是对的。很多员工会问薄利怎么能养活高工资，其实我们的交换机就卖得很便宜，卖得多、量大，利润就起来了。（来源：《认清形势，坚定信心，以开放的心胸和高昂的斗志和公司一起渡过难关》，2002）

我司要成为世界主流电信设备供应商，价格一定是低重心的。运营商之间的并购整合，造成我们全球价格透明，利润壁垒被打开，对此我们要有充分的思想准备。我们要积极应对这种变化，要在变化中生存，关键是要提高运营效率。（来源：EMT纪要[2008]014号）

4.1.3 华为只赚取合理的利润，让利于客户、供应商和合作伙伴

我们要追求合理的利润，不能太高价，过高的价格就会有人进来。也不能太低价，太低价会破坏产业环境，自己也会生存不下去。任何一种产品都可能经历不盈利到盈利的过程，我们要用产品长期的盈利战略支持短期的不盈利战略，关键是要设置一个边际成本点，超过了这个规模量的点之后就能够盈利。（来源：《高质量，低成本，构建末端接入产品的竞争能力》，2009）

我们公司经营目标不能追求利润最大化，我们所有薪酬、经营的指导方针不能追求利润最大化。利润最大化实际上就是榨干未来，伤害了战略地位。“深淘滩，低作堰”，大家要深刻理解它的广泛及深刻的含义。我们要从丰田事件中接受教训。（来源：任正非在2010年4月EMT办公例会上的讲话）

我们还是深淘滩，低作堰，就是我们不想赚很多的钱，但是我们也不能老是亏钱。低作堰嘛，我们有薄薄的利润，多余的水留给客户与供应商。这样我就能保持生存能力。你只要活到最后你一定是最厉害的，因为你每次合作的时候都要跟强手竞争，留着活下来的都是蛟龙。（来源：《开放、合作、自我批判，做容千万家的天下英雄》，2010）

我们要保持“深淘滩，低作堰”的态度，多把困难留给自己，多把利益让给别人；多栽花少栽刺，多些朋友，少些“敌人”。团结越来越多的人一起做事，实现共赢，而不是一家独秀。（来源：《五彩云霞，飞遍天涯》，2010）

4.2 不断挖掘内部潜力，确保对未来的投入

4.2.1 不断挖掘内部潜力，消除不给客户创造价值的环节

要提高我们的内部运作质量，降低运作成本，必须建立一个非常优质的管理体系，包括考核、激励等一系列高度有效的管理平台，把无效的成分剔除出去。（来源：任正非在自我批判指导委员会座谈会上的讲话，2006）

价格低就意味着只有做到内部运作成本低一条路，不仅在各个运作环节寻找优化，而且在人的工资薪酬上，要理智合理地控制，不然客户是不会接受你的员工的舒适的工作与生活，以及员工的高工资高成本凌驾在他们头上的。（来源：《华为公司的核心价值观》，2007 年修改版）

所有的运作都要考虑内部运作成本，一定要避免庞大的非作战高成本。（来源：任正非在行政采购及信息安全问题座谈会上的讲话，2007）

当前在预算考核中，我们压缩的是内部运作成本，而不是客户及供应商界面的管理费用，各个部门要真正地理解。压缩内部运作成本，才有利于机关组织的大部门制与联席化，流程优化及简化。（来源：《聚焦战略，简化管理》，2012）

4.2.2 降低内外交易成本，紧紧抓住大地

要研究历代封建王朝是怎么覆灭的。当新一代皇帝取代旧主时，他成本是比较低的，因为前朝的皇子、皇孙形成的庞大的食利家族，已把国家拖得民不聊生。但新的皇帝又生了十几个儿子、女儿，每个子女都有一个王府，都要供养王府。他们的子女又继续繁衍，经过几十代以后，这个庞大的食利家族大到一个国家都不能承受。人民不堪忍受，就又推翻了它，它又重复了前朝的命运。华为如果积累了这种病，不要几年就会破产。秦人不暇自哀而后人哀之，后人哀之而不鉴之，亦使后人而复哀后人也。（来源：《关于人力资源管理变革的指导意见》，2006）

单靠技术壁垒取胜的时代很快就要转变成为靠管理取胜的时代。如果在我们领先的几年中，有可能占据了非常大的市场，从而将成本摊薄，并持续把成本也能控制得住，这个市场就可能继续是我们的。我说的这个成本并非单指产品技术成本。如果我们控制不住市场规模，别人通过技术突破也是可以很快追上来的。（来源：EMT纪要[2008]28号）

新技术对商业成功的决定作用将有所淡化，经营低成本将成为竞争的关键要素，我们未来的生存发展靠的是管理进步。我们要坚定不移地保持低重心，紧紧抓住土地。首先要抢地盘，抢到地盘后再生根开花。（来源：EMT纪要[2009]017号）

我们要背靠大地，大地是母亲，力量无穷，要坚定高质量、低成本的战略。（来源：《高质量，低成本，构建末端接入产品的竞争能力》，2009）

将来互联网产生的价值，可能既不是管道公司赚钱，也不是互联网公司赚钱，而是其他实体公司挖掘应用这些信息赚了钱。管道公司和互联网公司都是为了未来的世界。华为商业模式应该是保证持续盈利，不一定比别人赚得多，能活下去就是最后胜利。（来源：任正非在2013运营商网络BG战略务虚会上的讲话及主要讨论发言）

4.2.3 确保对未来的投入，增强核心竞争力

我们使员工充分认识到长远利益与短期利益的关系，认识到了长远投入的重大意义，避免了杀鸡取卵的短期行为。公司成立之初，选择了通信产品，是十分幼稚的，当时没有想到我们面对的竞争对手是世界著名公司。在这种危机感的驱使下，公司在95%的员工没有房子住的情况下，每年不惜投巨资用于研究开发、市场拓展和人才培养。也正是由于这种巨大的压力，形成了内部的高度团结、高度统一；大庆人“先生产后生活”的精神在华为得到了全体员工的理解。（来源：《华为发展的几个特点》，1996）

未来的信息管道像太平洋那么粗。华为进行投资的目的不是为了换取资本收益，而是要用赚的钱扩充这个管道的直径和能力，促进未来的成长，使得我们做的管道像太平洋那么粗，以巩固公司在这个领域的地位。（来源：EMT纪要[2010]021号）

大投入的滞后效应，一定会使我们过一段紧日子的。不过只要有饭吃就行，有饭吃队伍就存在，没饭吃规模再大也不行。（来源：《力出一孔，要集中优势资源投入在主航道上，敢于去争取更大的机会与拉开更大的差距》，2011）

要舍得打炮弹，用现代化的方法做现代化的东西，抢占制高点。我们现在打仗要重视武器，要用武器打仗。以前因为穷，所以我们强调自力更生，强调一次

投片成功，强调自己开发测试工具，现在看来都是落后的方法。我们要用最先进的工具做最先进的产品，要敢于投入。把天下打下来，就可以赚更多的钱。我们要舍得打炮弹，把山头打下来，下面的矿藏就都是你的了。在功放上要敢于用陶瓷芯片，要敢于投资，为未来做准备。（来源：《最好的防御就是进攻》，2013）

我们现在要保持一定的投资强度，投资要聚焦到战略制高点上来，抢了战略制高点，产品不卖得那么便宜，盈利的钱去做先进性的研究。（来源：任正非在企业业务座谈会上的讲话，2014）

| 第五章 |

客户满意是衡量一切工作的准绳

企业是否以客户为中心，最终要通过客户满意来检验。企业的一切经营活动，都应以客户满意度作为最终评价标准。所以，企业各部门以及业务流程各个岗位的绩效指标，不应是仅从财务指标分解下来的，而应当首先是从客户满意度指标倒推出来的。

如何才能做到使客户真正满意呢？除了提供优质的产品和服务以及令客户惊喜的体验，更重要的是帮助客户取得商业成功。只有帮助客户实现他们的利益，华为才能在产业价值链中找到自己的位置。成就客户就是成就自己。所以，生意之道，不是用利己的方式达到利己的目的，而是用利他的方式达到利己的目的。

本章要阐述的就是这个道理。

5.1 客户满意是华为生存的基础

5.1.1 客户的利益所在，就是我们生存发展最根本的利益所在

新的产品研究体系的特点是：一要保持持续领先；二要以客户的价值观为导向，强化客户服务，追求客户满意度。（来源：《狭路相逢勇者生》，1998）

客户的利益所在，就是我们生存与发展最根本的利益所在。我们要以服务来定队伍建设的宗旨，以客户满意度作为衡量一切工作的准绳。（来源：《华为公司基本法》，1998）

我们认为：客户的利益就是我们的利益。别的公司追求产品的性能价格比，我们追求产品的终生效能费用比。为了达到这个目标，我们宁肯在产品研制阶段多增加一些投入。只有帮助客户实现他们的利益，只有他们有利益，在利益链条上才有我们的位置。（来源：《华为的红旗到底能打多久》，1998）

必须坚持以客户价值观为导向，持续不断地提高客户满意度。客户100%的满

意，企业就没有了竞争对手，当然这是永远不可能的。企业唯一可以做到的，就是不断提高客户满意度。提升客户满意度是十分综合的和复杂的，要针对不同的客户群需求，提供实现其业务需要的解决方案，并根据这种解决方案，开发出相应的优质产品和提供良好的售后服务。只有客户的价值观，通过我们提供的低成本、高增值的解决方案得以实现，客户才会源源不断购买我们的产品。归结起来，是企业必须管理与服务不断改进。（来源：《创新是华为发展的不竭动力》，2000）

5.1.2 让客户满意，我们才有明天

只要我们时时、处处坚持把客户利益作为最高的准则，我们又善于改正自己存在的问题，那么客户满意度就会大大地提高。没有自我批判，认识不到自己的不足，何来客户满意度的提高？（来源：《为什么要自我批判》，2000）

办企业一定要使客户满意，这是生存基础；也要使股东满意，这是投资的目的；同时，也要使贡献者满意，我们绝不让雷锋吃亏，这是持续发展的推动力。（来源：《关于人力资源管理变革的指导意见》，2005）

我们提以客户为中心，不断提高客户满意度，是因为只有客户不断地给我们合同，我们才能产生生存必需的利润。（来源：任正非在2010全球行政人员年度表彰暨经验交流大会座谈会上的讲话纪要）

我们还要进一步地让贴近客户的团队更有权力，只有这种灵活机动的战略战术，才有利于提高客户满意度，有利于成功，有利于干部成长，有利于效益的增加。（来源：《要培养一支能打仗、打胜仗的队伍》，2013）

我们赚了客户的钱，无论多辛苦，也要把客户的事情做好，客户是永远存在的，让客户满意，我们才有明天。我们建立全生命周期管理，把服务做好，客户

怎么会抛弃我们呢？（来源：《第一次就把事情做对》，2014）

5.2　公司的一切行为都是以客户的满意程度作为评价依据

5.2.1　以提高客户满意度为目标，建立以责任结果为导向的价值评价体系

我们必须以客户的价值主张为导向，以客户满意度为标准，公司的一切行为都是以客户的满意程度作为评价依据。客户的价值主张是通过统计、归纳、分析得出的，并通过与客户交流，最后得出确认结果，成为公司努力的方向。沿着这个方向我们就不会有大的错误，不会栽大的跟头。（来源：《华为的红旗到底能打多久》，1998）

我们要以提高客户满意度为目标，建立以责任结果为导向的价值评价体系。企业是功利性组织，我们必须拿出让客户满意的商品。因此整个华为公司的价值评价体系，包括对高中级干部的评价都要倒回来重新描述，一定要以责任结果为导向。（来源：《坚定地实行以责任结果为导向的价值评价体系》，1998）

要想让客户满意，要有良好的客户关系，没有别的诀窍，只有一个，那就是坚持优质服务。华为只有靠优质服务才能活下去。什么叫作优质服务？我们收到了货款，客户还说我们很好，就叫作优质服务。（来源：《扩充队伍，准备大仗》，2000）

公司正在迈向新的管理高度，以什么来确定我们的组织、流程、干部的发展方向呢？以什么作为工作成绩的标尺呢？我们要以为客户提供有效服务，作为我们工作的方向，作为价值评价的标尺。（来源：《逐步加深理解"以客户为中心，以奋斗者为本"的企业文化》，2008）

5.2.2 成就客户的成功，从而成就华为的成功

经历过这些年以后，我们已经开始明确了要以客户需求为方向，以解决方案为我们的手段。我们充分满足客户低成本、高增值的服务要求，促进客户的盈利，客户盈利才会买我们的产品。（来源：《贴近客户，奔赴一线，到公司最需要的地方去》，2001）

只有帮助客户实现他们的利益，华为才能在利益链条上找到自己的位置。只有真正了解客户需求，了解客户的压力与挑战，并为其提升竞争力提供满意的服务，客户才能与你企业长期共同成长与合作，你才能活得更久。所以需要聚焦客户关注的挑战和压力，提供有竞争力的通信解决方案及服务。（来源：《华为公司的核心价值观》，2007年修改版）

我们坚持以客户为中心，快速响应客户需求，持续为客户创造长期价值进而成就客户。为客户提供有效服务，是我们工作的方向和价值评价的标尺，成就客户就是成就我们自己。（来源：EMT纪要[2008]041号）

以客户为中心实际上是一个辩证的关系，就是要挤出公司内部最后一滴多余的成本，成就客户的成功，从而成就公司的成功。（来源：《CFO要走向流程化和职业化，支撑公司及时、准确、优质、低成本交付》，2009）

第二篇 增长

持续有效增长，当期看财务指标，中期看财务指标背后的能力提升，长期看格局以及商业生态环境的健康、产业的可持续发展等。管理要权衡的基本问题是现在和未来、短期和长期。如果眼前的利益是以损害企业的长期利益，甚至危及企业的生存为代价而获得的，那就不能认为管理决策做出了正确的权衡和取舍，这种管理决策就是不负责任的。

——任正非

| 第六章 |

追求长期有效增长

企业必须保持合理的增长速度。企业不发展，什么问题都来了；企业的各种难题，也只有在发展中才能得到解决。我们必须达到和保持高于行业平均的增长速度和行业中主要竞争对手的增长速度，以增强公司的活力，吸引最优秀的人才，和实现公司各种经营资源的最佳配置。在信息与通信技术产业中，要么成为领先者，要么被淘汰，没有第三条路可走。

追求利润还是追求增长？这是企业成长面对的一对基本矛盾。尽管在这对矛盾中，增长始终处于优先地位，为了提高市场占有率，甚至短期内不惜牺牲很多利润，但从长期来看，没有合理的利润、没有自身创造的现金流支撑的增长是不可持续的。我们追求在一定利润率水平上的成长的最大化。

解决增长与利润的矛盾，就要追求有效增长，而要实现有效增长，就要专注，要紧紧围绕企业核心竞争力进行经营管理，在一些与企业核心竞争力不相关的利益前，必须经得住诱惑。核心竞争力的不断增强必然是企业生存和发展能力的提升。

要实现长期有效增长，还要能够对增长的质量进行正确度量。长期有效增长，当期看财务指标，中期看财务指标背后的能力提升，长期看产业格局以及商业生态环境的健康。

本章将阐述华为关于增长以及增长所面临的基本矛盾的优先次序和主张。

6.1 发展是硬道理

6.1.1 华为必须保持合理的增长速度

参观这次展览，我们才体会到什么是技术危机与市场危机。王安公司三年前还年销售35亿美元，现在宣布破产保护。日本三菱这么强大的集团，退出了电脑生产。这种强烈的危机，推动整个世界的前进。华为被历史摆在了一个不进则退的地位，科海无边，回头无岸，错过了发展的机遇，将会全军覆没。（来源：《赴美考察散记》，1994）

华为公司发展到目前的规模，面临的挑战只会更大。要么停滞不前，逐渐消沉，要么励精图治，更上一层楼，在世界一流企业之林占一席之地。正所谓不进则退，成功不是走向未来的可靠向导，我们需要将危机意识更广、更深地传播到每一个华为人身上。（来源：《胜则举杯相庆，败则拼死相救》，1997）

华为必须保持合理的成长速度。首先，没有合理的成长速度就没有足够的利润来支撑企业的发展。我们的企业生存在信息社会里，由于信息的广泛传播，人们的智力得到更大的开发和更大的解放，能够创造出更多的新产品和新技术来服务于这个世界。信息网络的加速庞大，使得所有新产品和新技术的生命周期越来越短。不能紧紧抓住机会窗开启的短短时间，获得规模效益，那么企业的发展会越来越困难。没有全球范围的巨大服务网络，没有推动和支撑这种网络的规模化的管理体系，就不能获得足够利润来支撑它的存在和快速发展。因此失去机会窗的原因对华为来说，主要是服务和管理，这是华为的战略转折点。其次，没有合理的成长速度，就没有足够的能力给员工提供更多的发展机会，从而吸引更多企业所需的优秀人才。人才的发展是马太效应，当我们企业有很好的经济效益时，就能更多地支撑人才加入，有了更多的优秀人才进入华为，由于我们有较高的管理水平，就会使人才尽快地成长起来，创造更多的财富。以更多的财富进一步支撑更多的人才加入，使我们的企业管理更加优化，我们的企业就有了持续发展的基础。最后，没有合理的成长速度，就会落后于竞争对手，最终将导致公司的死亡。那么，怎样才能使发展速度更快？只有靠管理，靠服务。没有管理就形不成力量，没有服务就失去方向。（来源：《不做昙花一现的英雄》，1998）

我们的发展必须高于行业平均增长速度和行业主要竞争对手的增长速度。过去每年以100%的增长速度发展，以后基数大了，肯定速度会放慢，那么以怎样的速度保持在业界的较高水平，这对我们来说是个很大的挑战。我们通过保持增长速度，给员工提供了发展的机会，公司利润的增长，给员工提供了合理的报酬，这就吸引了众多的优秀人才加盟到我们公司来，然后才能实现资源的最佳配置。只有保持合理的增长速度，才能永葆活力。（来源：《华为的红旗到底能打多久》，1998）

我们的目标方向是很清晰的，就是必须要发展，不发展就是死亡。（来源：《人力资源工作要为业务发展服务，不能走向僵化》，2008）

公司要稳健发展，保持合适的速度前进，不顾安全的快速发展不是我们的追求。（来源：董事会常委会纪要[2015]023号）

6.1.2 在前进中调整，在扩张中消化内部矛盾

华为十分重视企业的内部管理与潜力的增长，企业的发展有十分强大的推动力与牵引力，因此充满扩张的机会，使内部的矛盾在扩张中消化。（来源：《我们向美国人民学习什么》，1998）

要建立一个扩张机制，不能建立一个停下来的机制。整个公司必须在前进中调整，在前进中交接班，决不允许停下来整顿，停下来交接班。（来源：任正非2009年3月25日在后备干部总队例会上的讲话）

6.2 不为短期利益所动，紧紧围绕企业的核心竞争力发展

6.2.1 在一些与企业核心竞争力不相关的利益前，要经得住诱惑

大家知道，深圳经历了两个泡沫经济时代，一个是房地产，一个是股票。而华为公司在这两个领域中一点都没有卷进去，倒不是什么出淤泥而不染，而是我们始终认认真真地搞技术。房地产和股票起来的时候，我们也有机会，但我们认为未来的世界是知识的世界，不可能是这种泡沫的世界，所以我们不为所动。（来源：《华为的红旗到底能打多久》，1998）

公司不为短期的利益所动，紧紧地围绕着企业核心竞争力进行经营管理，一些不利于提升企业核心竞争力的事华为坚决不做，在一些与企业核心竞争力不相关的利益前，华为是经得住诱惑的。可以说，为了核心竞争力华为失去了很多机会与利益，但如果没有核心竞争力，我们将永久地失去发展的机会。对于华为来讲，我们现在可选择的机会确实很多，但只有无所为，才能有所为，我们所为的标准只有一条，这就是不断地提升公司的核心竞争力。有了核心竞争力，我们还

可以干许许多多的事情，失去了核心竞争力，我们将一事无成。所以，我们一直在减少自己的多余动作。（来源：《华为的机会与挑战》，2000）

6.2.2 以核心竞争力的提升，支持持续增长

谈到发展观，我们只要核心竞争力在不断提升就行了，就意味着市场增大，就比别人好，就是扩大；然后我们再前进，再提升，再扩大，终有一天会超越别人。（来源：《把握机遇，脚踏实地，迎接大发展》，2000）

华为矢志不渝地追求企业核心竞争力的不断提升，从未把利润最大化作为目标。核心竞争力不断提升的必然结果就是生存和发展能力不断被提升。（来源：《创新是华为发展的不竭动力》，2000）

公司赚钱越多，投入未来越多，战略竞争力越强，就赚得越多，就能吸引世界各国的优秀"蜂子"进来，然后我们就会有更强的竞争力，赚更多的钱，引进更多的"蜂子"，战略竞争力更强！（来源：任正非在日本研究所工作汇报会上的讲话，2014）

6.3 从以规模为中心，转向有效益的增长

6.3.1 对于有效增长的考核，不能光看销售额，还要看大客户销售比例的提升

要提高合同质量，压缩合同风险，逐步使我们从农民的广种薄收，转向有效益的扩张。（来源：任正非与市场融资小组的座谈纪要，2005）

我们公司在前面20年是以规模为中心，是因为那个时候的市场潜在空间很

大，利润还比较丰厚，只要抢到规模就一定会有利润。但是现在我们正在发生改变。我们强调每个代表处，每个地区部，每条产品线，都必须以正的现金流、正的利润和正的人的效益增长为中心做进一步考核，我想三年内会发生比较大的变化。如果继续以规模为中心，公司会陷入疯狂。以利润为中心一定是我们最后的目标。（来源：任正非与PMS[①]高端项目经理的座谈纪要，2009）

对于有效增长的考核，不能光看销售额，还要看大运营商、主流运营商的销售额及销售额比例的提升。优质客户和非优质客户要有考核权重的牵引，主流运营商销售额权重要提升，非主流运营商销售额的权重要稍下降一点，两个统计指标要有差别，否则就老做不进大客户。（来源：任正非在2010年4月EMT办公例会上的讲话）

一定要坚持有效收益为主线，不要盲目铺大。（来源：任正非和广州代表处座谈纪要，2013）

我们的经营，也要从过往的盲目追求规模，转向注重效益、效率和质量上来，真正实现有效增长。（来源：《要培养一支能打仗、打胜仗的队伍》，2013）

6.3.2 持续有效增长要从短期、中期和长期三个方面来衡量

一个企业必须要有自己的发展潜力，一定要在保持一定效益的基础上，全力扩张速度，只有一系列内部问题得到解决后，我们对外的扩张才是科学的。（来源：任正非与财务系统座谈纪要，1997）

持续有效增长，当期看财务指标，中期看财务指标背后的能力提升，长期看

① PMS，Project Management Summit，全球高端项目经理研讨会。

格局以及商业生态环境的健康、产业的可持续发展等。商业成功永远是我们生命全流程应研究的问题。管理要权衡的基本问题是现在和未来、短期和长期。如果眼前的利益是以损害企业的长期利益，甚至危及企业的生存为代价而获得的，那就不能认为管理决策做出了正确的权衡和取舍，这种管理决策就是不负责任的。（来源：《变革的目的就是要多产粮食和增加土地肥力》，2015）

6.4 追求一定利润率水平上的成长

6.4.1 要在增长和利润之间取得合理的均衡

高科技产业的扩张，机会和市场占有率永远是最重要的，为了市场占有率，有可能牺牲很多利润。（来源：任正非与财务系统座谈纪要，1997）

产品的覆盖率、占有率、增长率是考核企业发展的总体经济指标。产品最后体现出来的经济指标是产品的市场覆盖率、占有率、增长率。这是考察我们的管理是否有效的三个重要指标。因此我们现在制定的KPI① 指标要围绕公司的总目标来分解和贯彻，不能各部门孤立地去建立KPI指标。每个部门与产品的覆盖率、占有率、增长率都有一定的关系。在总目标引导下的管理与服务目标分解，才会起到综合治理的作用，就如长江防洪，不能沿江七省各搞各的一样。（来源：《不做昙花一现的英雄》，1998）

我们追求在一定利润率水平上的成长的最大化。我们必须达到和保持高于行业平均的增长速度和行业中主要竞争对手的增长速度，以增强公司的活力，吸引最优秀的人才，和实现公司各种经营资源的最佳配置。在电子信息产业中，要么

① KPI，key performance indicator，关键绩效指标。

成为领先者，要么被淘汰，没有第三条路可走。（来源：《华为公司基本法》，1998）

我们将按照我们的事业可持续成长的要求，设立每个时期的足够高的合理的利润率和利润目标，而不单纯追求利润的最大化。（来源：《华为公司基本法》，1998）

公司对于整个研发流程的考核，一是考潜力的增长，二是考对公司的贡献。潜力的增长是对未来的贡献，现在的贡献就是收益，对整个大团队的考核必须兼顾到这两方面。我们要均衡发展，今天不赚钱的项目也要加大投入，今天赚钱的项目要加大贡献。我们希望长远地生存下去，短期生存下去对我们来说是没有问题的，因此，评价要从长远角度来考虑。（来源：《认识驾驭客观规律，发挥核心团队的作用，不断提高人均效益，共同努力度过困难》，2002）

6.4.2 人均效益提高的基础还是有效增长

事实上我们公司也存在泡沫化，如果当年我们不去跟随泡沫当时就会死掉，跟随了泡沫未来可能会死掉。我们消灭泡沫化的措施是什么？就是提高人均效益。……我认为冬天对我们来说不一定是坏事，因为我们没有走到恶性化的边缘。正好，这使我们冷静下来，好好调整我们的队伍，调整我们的结构，抓住这个提高人均效益的好机会，确保冬天过去，春天到来时，我们的组织结构和战略队形保持不乱。（来源：《认识驾驭客观规律，发挥核心团队的作用，不断提高人均效益，共同努力度过困难》，2002）

保持业务增长是提高人均效益的重要手段，提升人均效益的措施必须能够有效地支撑业务发展，要在前进过程中不断提升组织效率，盘活现有人力资源，而不是简单地裁减人员。（来源：EMT决议[2009]002号）

我们这次组织整改还是强调市场机会第一，然后才是人均效益。如果片面强调人均效益第一，那么按照华为公司今年的效益，只要不招人，人均效益就提高了，但我们的增长不够。因此，人均效益提高的基础还是有效增长，还是要形成以有效增长为中心、以自我协调为中心的机制。我们的眼睛不能只盯着人均效益，否则我们一定会失败。没有战略思维是不行的，所以要盯到我们的增长上，盯到我们创造的总效益上，然后再考核人均效益。（来源：任正非 2009 年 3 月 25 日在后备干部总队例会上的讲话）

第七章

产品发展的路标是客户需求导向

一个企业怎么在从事研发的工程师和科学家中牢固树立客户需求导向，在产品决策中坚持客户需求导向优先于技术导向，在研发人员的价值评价中贯彻市场结果导向和商业成功导向，是一项关系企业兴衰的常抓不懈的任务。把客户需求导向当作真理来信奉，这是华为在总结了一些世界级大公司失败的教训，在自身成长过程中为技术导向屡屡付出沉重代价后，才得出的深刻认识。技术领先不能摆在一个最高的位置，技术只是一个工具。超前太多的技术，当然也是人类瑰宝，但必须牺牲自己来实现。

需求是发明之母。客户需求是产品和服务创新的源泉和动力。怎么洞察客户需求，怎么区分客户真正的需求和机会主义的需求，这需要利用各种渠道贴近客户，与客户深度沟通，并对所获取的大量客户需求信息，进行“去粗取精、去伪存真、由此及彼、由表及里”的归纳、分析、综合，从个别到一般，从现象到本质。这是一个包含直觉在内的科学的认识过程，其中的思维规律与指挥员的战役部署过程、科学发现过程和工程设计过程是相通的。研究客户需求也是一种研究。

面对未来大数据的洪流，技术的进步赶不上需求的增长是可能的，我们一定要走在需求增长的前头，敢于创造和引导需求，取得“机会窗”的利润。

本章将结合华为成长过程中的经验和教训，阐述对技术导向和客户需求导向关系的认识。

7.1　以客户需求为导向

7.1.1　要认识客户需求导向这个真理

我们以前做产品时，只管自己做，做完了向客户推销，说产品如何的好。这种我们做什么客户就买什么的模式在需求旺盛的时候是可行的，我们也习惯于这种模式。但是现在形势发生了变化，如果我们埋头做出“好东西”，然后再推销给客户，那东西就卖不出去。因此，我们要真正认识到客户需求导向是一个企业生存发展的一条非常正确的道路。（来源：任正非在PIRB[①]产品路标规划评审会议上的讲话，2003）

我们一定要真正理解客户需求导向，在客户需求导向上坚定不移。枪声就是命令，我们说，需求就是命令，我们一定要重视客户需求。（来源：任正非在PIRB产品路标规划评审会议上的讲话，2003）

---

① PIRB，Product Investment Review Board，产品投资评审委员会，现简称IRB，Investment Review Board，投资评审委员会。它是华为公司负责产业的产品与解决方案的投资组合管理、决策和端到端协同的委员会。

在任何时候都不要忘记客户需求导向。我们在NGN上走过一段弯路。在3G产品上，我也提出，只有能让一个外行随随便便打通手机，那才说明我们的系统是好的。我们要真正认识到客户需求导向这个问题，大家不要因为我批评了某个人而不高兴。我们都是为了客户需求而进行自我批判的，要认识客户需求导向这个真理。（来源：《产品发展的路标是客户需求导向，企业管理的目标是流程化的组织建设》，2003）

公司将来要以客户需求为导向而不是技术为导向，这就是市场驱动原则。西方一些大企业的失败就在于过分强调了技术驱动。要以客户需求为导向，利用新技术，把产品做到最好的质量，最低的成本。（来源：任正非与阿联酋代表处座谈纪要，2004）

7.1.2 产品路标不是自己画的，而是来自于客户

波音公司在777客机上是成功的。波音在设计777时，不是说自己先去设计一架飞机，而是把各大航空公司的采购主管纳入PDT[①]中，由各采购主管讨论下一代飞机是怎样的，有什么需求，多少个座位，有什么设置，他们所有的思想就全部体现在设计中了。这就是产品路标，就是客户需求导向。产品路标不是自己画的，而是来自客户的。（来源：任正非在PIRB产品路标规划评审会议上的讲话，2003）

我们将来的发展目标是以客户需求为导向，充分满足客户需求。客户需求导向与以前的技术导向有什么区别？就是先发制人和后发制人的区别。对我们公司来说，技术驱动公司前进的速度开始减慢，响应客户需求开始加快。这是合乎社会发展规律的。（来源：任正非在2004年三季度国内营销工作会议上的讲话）

---

① PDT，product development team，产品开发团队。它是一个跨功能部门的团队，负责对产品从立项、开发，到推向市场的整个过程管理，保证产品在财务和市场上取得成功。

我们强调，要坚持客户需求导向。这个客户需求导向，是指理性的、没有歧变、没有压力的导向，代表着市场的真理。有压力、有歧变、有政策行为导致的需求，就不是真正的需求。我们一定要区分真正的需求和机会主义的需求。……我们要永远抱着理性的客户需求导向不动摇，不排除在不同时间内采用不同的策略。（来源：任正非在PIRB产品路标规划评审会议上的讲话，2003）

公司紧紧抓住客户需求导向不放松，使研发自上而下逐渐认识到客户是我们的衣食父母。客户需要的不再只是产品和技术，而是能给他们带来商业成功的解决方案。现在我们已经从技术导向转变为客户需求导向，从单纯关注产品转变为提供整套解决方案，以客户的成功来引领产品开发。（来源：《董事会工作报告》，2004）

7.1.3　聚焦客户关注的痛点、挑战和压力

有客户给我们压力，我们应该感到高兴，因为他们想买我们的东西才来刁难我们，骂我们，才来与我们扯皮。我一直说，希望员工围绕着客户转，而不是围着我转，客户是我们的第一目标，我们要努力去满足客户的需求。（来源：《加强道德素养教育，提高人均效益，满怀信心迎接未来》，2002）

每个区域不同客户群的网络建设竞争情况不一样，客户关注点不同，如何真正关心客户需求，介绍对该客户有价值的内容，如何针对各客户群不同需求和关注点，挖掘出客户的感觉来，再将这种感觉用产品、技术语言描述出来，把我司产品的卖点和客户的需求结合起来，找出新的市场机会点，只有这样才能激活这块盐碱地，把“瓜”更好地种下去。（来源：《高层拜访重在“卖瓜”》，2000）

很多知识智慧在客户手中，我们要多与客户打交道，乐意听取客户意见。客户骂你的时候就是客户痛得最厉害的地方，客户的困难就是需求。（来源：任正非

在PIRB产品路标规划评审会议上的讲话，2003）

7.2 深刻理解客户需求

7.2.1 首先要搞清楚客户是谁，客户需要的是什么

在这个思想创造时代，什么是创造的原动力？我们的观点是反过来，市场需要什么，我们就研究创造什么。市场的需求理应是创造的动力。市场不需要的东西，生产出来也不会有人买。（来源：任正非在北京研究部座谈纪要，1996）

研发首先要搞清楚客户的需求是什么，用什么样的解决方案去解决客户的需求？这个解决方案还必须是低成本高增值，还要时间快。不管如何干，紧扣客户需求的时间表，是我们的奋斗目标。（来源：任正非与员工座谈会纪要，2000）

客户需要的是一个综合解决方案，它可以是华为做得好的东西，也可以包括华为从外面买进来的东西，只要满足其需求。（来源：《以客户为中心，加大平台投入，开发合作，实现共赢》，2010）

未来的流量不全是流在运营商的管道里面，我们要重新认识管道，站在客户的角度考虑问题。谁是我们的客户？我们的客户不仅仅包括运营商，老百姓也是我们的客户。（来源：《最好的防御就是进攻》，2013）

我们已经不是完全以运营商为中心了，以前盯着运营商，是因为我们唯有靠运营商才能生存下来。现在我们继续向前走，运营商是我们近距离的客户需求，远距离的最终客户才是牵引我们客户需求的源头。这样的话，我们把握住最终用户的感觉，做出来的东西就会受到欢迎。（来源：任正非在企业业务座谈会上的

讲话，2013）

我们的客户应该是最终客户，而不仅仅是运营商。运营商的需求只是一个中间环节，我们真正要把握的是最终客户的需求。最终客户需求到底是什么？怎么引导市场的需求，怎么创造需求？不管企业市场还是个人市场，把握住真实需求就是你的希望。（来源：《一杯咖啡吸收宇宙的能量》，2014）

7.2.2 去粗取精、去伪存真、由此及彼、由表及里

历史上很多统计方法都是科学的统计，可以借鉴。现在没有搞清楚什么是客户真正的需求，如何去理解需求调查的结果？为了确定需求是否在中心线附近及其重要程度，要求我们到市场前线去进行调研，一定要基于市场而不是技术去判断。第一，要做调查模板，再根据数学模型做分布图，从而抓住最重要的点进行管理；第二，要有统计方法，要有权重，确定到底发给哪些人，哪些人的意见比较重要；第三，调查应有一定的广度，并不仅仅在运营商，客户的客户的意见也很重要，功夫往往在诗外。模板法、权重法、覆盖法，依此统计出来的规律才有参考价值。没有分析清楚，没有良好的模板进行客户需求调查，没有分类、综合的分析方法，没有数学模型，找不到正态分布的中心和重点在哪，最后结果就是在不重要的地方投入很大力量，然后重要的地方出现问题。（来源：任正非在华为技术、安圣电气研发体系干部座谈会上的讲话，2001）

要把与客户合作的联合实验室转成客户需求研究中心。这类研究所不要都是研究产品、研究技术的，研究客户需求也是一种研究。对大量的客户需求，经过“去粗取精、去伪存真、由此及彼、由表及里”的归纳、分析、综合，其实就是我们的新标准。而不是哪一个客户说了什么我们都去做，由合同牵着鼻子走。（来源：《只有开放，才有出路》，2001）

华为的投资决策是建立在对客户多渠道收集的大量市场需求的去粗取精、去伪存真、由此及彼、由表及里的分析理解基础上的，并以此来确定是否投资及投资的节奏。已立项的产品在开发过程的各阶段，要基于客户需求来决定是否继续开发或停止或加快或放缓。（来源：《华为公司的核心价值观》，2007年修改版）

以客户需求为导向是一种理念，不是一种形式。如果认为出差就能找到客户需求，在家就不知道客户需求，这个逻辑好像有问题。客户需求不是一个或者几个客户说的话。真的客户需求是去粗取精，去伪存真，由此及彼，由表及里，然后归纳出来的，绝对不是简单地听了客户几句话就匆忙做出的判断。（来源：任正非在PSST① 体系干部大会上的讲话，2008）

对客户需求要有正确理解，现在打着客户需求的幌子，卖狗皮膏药的事情太多。合同质量那么差怎么变成了客户需求呢？合同的低质量会像一个杠杆一样，被放大了几十倍甚至几百倍地撬动公司，这样公司一定会灭亡，所以要正确理解客户的合同需求，不要打着合同的幌子对公司施压。在客户需求的问题上，如果没有正确认识客户需求，就会把公司拖向死亡。（来源：任正非与华为大学第10期干部高级管理研讨班学员座谈纪要，2011）

我们要掌握“去粗取精、去伪存真、由此及彼、由表及里”的方法。对客户需求识别和筛选，满足对客户和华为都有价值的需求，帮助客户解决商业问题，成为客户的战略合作伙伴；针对未来业务发展，要能够引领产业的方向，成为客户可以问计的对象。我们综合了对全世界400多个客户需求的理解，若不能引领一个客户的需求，还只能跟着他的屁股后面走，其实就是没有加工所拥有的资源。（来源：任正非在2013运营商网络BG战略务虚会上的讲话及主要讨论发言）

---

① PSST，Products & Solutions Staff Team，产品和解决方案实体组织办公会议，是研发实体组织进行日常业务决策与运营管理的平台。

我们以客户为中心，帮助客户商业成功，但也不能无条件去满足客户需求。第一，不能满足客户不合理的需求，内控建设是公司建立长久的安全系统，和业务建设一样，也要瞄准未来多产粮食，但是不会容忍你们用非法手段增产。审计不能干预到流程中去，你做你的事，他查他的，只要你本人没有做错事，总是能讲清楚的。如果使用不法手段产的粮食，给公司带来的是不安全，欲速而不达。第二，客户需求是合理的，但要求急单优先发货，那就多付钱。因为整个公司流程都改变了，多收飞机运费还不够，生产线也进行了调整，加班加点，这个钱也要付。因此在满足客户需求中，我们强调合同场景、概算、项目的计划性和可行性。（来源：任正非在销售项目经理资源池第一期学员座谈会上的讲话，2014）

7.2.3 要研究客户的基本需求，把握住关键要素

客户的基本需求是什么？客户的想法是什么？如果把客户的想法未经科学归纳就变成了产品，而对客户的基本需求不予理会，产品自然做不稳定。（来源：任正非对QCC[①]改进工作的历次指示》，1998）

这个世界需要的不一定是多么先进的技术，而是真正满足客户需求的产品和服务，而且客户需求中大多是最简单的功能。（来源：任正非对QCC改进工作的历次指示》，1998）

我们研发员工确实能干，很多东西一逼就逼出来了。你们把很多复杂的功能都做得很好，但却有时对最基本的功能反而做得不好，因为大家都不愿意做基本功能，认为不难。但是，那些花里胡哨的功能，用户可能五百年不用一次。因此，我们一定要转变观念。我们回家吃饭，主要吃白菜大米饭，有没有高级的东西不重要。客户也一样，高级的功能做得很好，基本功能不行，那不能解决问题。因

① QCC，Quality Control Circle，质量控制圈，又叫品管圈，是由基层员工组成、自主管理的质量改进小组。

此，我们一定要搞清楚客户的基本需求是什么，做好规划，先把基本的、主要的使用功能开发好，开发得非常优秀，将有些挑战性的功能暂时封住，留下口子，以后再开发，这样不手忙脚乱了，客户也满意了。（来源：《静水潜流，围绕客户需求持续进行优化和改进》，2002）

未来从极大容量的高质量传输，到极小容量的低成本的IP（网络之间互连的协议）传输，都是极富挑战的。随着网络的宽带化，传输的要求发生了很大的变化，而且越来越要求在骨干传输中，使用超大容量的优质产品。随着光纤到户，光纤到桌面，体积越来越小、成本越来越低、使用越来越方便、维护越来越容易，并满足一定带宽的低端IP设备，会呈爆炸式增长。我们要研究适应客户的各种需求，要把握住关键的要素。（来源：《让青春的生命放射光芒》，2008）

我们要充分理解世界的真正需求，西方公司在消费品销售中已经有几十年、几百年的经验，其中很多经验是值得我们学习的。现在世界是过剩经济，不是短缺经济。当年美国之所以高速发展，是因为它所发展的时代是短缺经济时代，用经济杠杆一撬，放大了量，充分满足社会需求，从而从量中提取利润。现在到处都饱和了，杠杆一撬，撬大了，卖不动，然后就跌价了。没有利润，就不能用密集投资法（范弗里特弹药量）攻击、前进。这个时代人们已转向对质量的需求，所以大家不要总认为爱马仕会灭亡，其实会灭亡的是地沟油。（来源：任正非在消费者BG 2015年中沟通大会上的讲话）

7.2.4　市场营销的定位是“两只耳朵，一双眼睛”

要有对市场的灵敏嗅觉，这种嗅觉就是对客户需求的感觉。那么，这种嗅觉能力来自哪里？来自于客户。我们的接入网、商业网、接入服务器等概念都来自与客户的交流，实际上就是客户的发明。（来源：任正非在PIRB产品路标规划评审会议上的讲话，2003）

客户是我们的第一目标，我们要努力去满足客户的需求。我们一定要认真聆听客户的需求，好好地听，不要孤立地看待需求。我们要认真地听清楚，认真地理解，要把个别的客户需求变成普遍的需求，那我们就胜利了。（来源：《加强道德素养教育，提高人均效益，满怀信心迎接未来》，2002）

Marketing（市场营销）定位为“两只耳朵，一双眼睛”，一只耳朵倾听客户需求，一只耳朵听行业、技术发展趋势；一双眼睛紧盯竞争对手。通过对“两只耳朵，一双眼睛”作为输入，进行去粗存精、去伪存真、由此及彼、由表及里的分析，牵引和推动公司的商业成功。（来源：《关于解决方案讨论要点》，2008）

7.2.5 要多与客户交流，不能关起门来搞研发

我们要不断地去研究客户的需求是什么。我们从来都没有说要关起门来搞改进，如果我们改进完了，客户都丢光了，这种改进有什么用呢？我们不能背离客户需求，关起门来搞改进。但是也不能让客户的需求不断牵引我们，让我们忙得喘不过气来，无法考虑我们的改进。所以我们需要的是，在有客户需求的不断牵引下，善于利用先进的技术不断改进。（来源：《只有开放，才有出路》，2001）

要开放，必须加强合作与外部资源的利用，不断研究客户需求。（来源：《只有开放，才有出路》，2001）

了解客户需求可以有两个办法，一是通过制度建设，二是人与人之间的交流。IPD（集成产品开发）、ISC（集成供应链管理）等就是通过制度来保证客户需求问题，但是在没有解决之前，要多用一些土办法来解决。研发系统有个缺点，就是大家不太愿意交流。研发体系内部之间一定要加强相互交流。譬如说，某个人做完补丁之后可以发个简报，说一下是怎么做的，发现什么问题了，其他人就知道了。大家互相之间也要多吃点饭，华为有吃文化，公司的成功也离不开吃文化。

你们也可以适当请市场吃饭，请客户吃饭。通过吃饭，有了交流，交流之后就成了朋友。我们要向市场人员学习，他们一直在与人交流，他们不光关心自己也关心别人。所以互相交流还是很重要的，研发人员也要建立自己的人际关系。有一句话：一个好汉三个帮。研发人员要进步，就要主动，要改变方法，要与市场人员多交朋友，但不能期望他们主动，他们的眼睛是盯着客户。我们也要盯着客户，盯着市场和用服。你们要主动出击，要去调查研究。（来源：《静水潜流，围绕客户需求持续进行优化和改进》，2002）

产品经理更要多和客户交流。我们过去的产品经理为什么进步很快？就是因为大量和客户交流。不和客户交流就会落后。所以我认为产品经理要勇敢地走到前线去，经常地和客户吃吃饭，多和客户沟通，了解客户的需求是什么。如果你不清楚客户的需求是什么，你花了很多精力，辛辛苦苦把系统做好，人家却不需要，你就加班加点地修改，浪费了时间。就好比你烧了黄金珍珠饭给客户送过去，人家不吃，他们需要的是大米饭，你回过头又重新烧了大米饭，时间就浪费了！所以还是要重视客户需求，真正了解客户需求。（来源：《静水潜流，围绕客户需求持续进行优化和改进》，2002）

在了解客户需求方面，研发人员可以主动一点，要向市场人员学习，多与市场人员交朋友。市场部有一句名言，就是“喜群居，吃杂食”，一出差就住同一宾馆，出去一同吃大排档，在吃饭交流过程中就补充了大量知识。俗话说“一个好汉三个帮”，产品经理也要多请用服和市场经理吃饭，要跟他们交朋友，要牢记他们的电话，没事就打电话给他们，请他们吃饭，在这种环境和氛围中可以学到很多东西。此外，要多与下面的员工一起吃饭，现在大家的经济条件应该足够吃得起大排档。我认为这是个人调节的一种方式，如果不善于做这些事情，关起门来冥思苦想客户需求，就浪费了时间和精力，而且方向不正确。（来源：《公司的发展重心要放在满足客户当前的需求上》，2002）

7.3 客户需求导向优先于技术导向

7.3.1 技术领先不能摆在一个最高的位置

对技术的崇拜不要走到宗教的程度。我曾经分析过华为技术、Lucent（朗讯）可能失败的原因，得出的结论是不能走产品技术发展的道路，而要走客户需求发展的道路。去年我开始对华为技术进行结构性调整，现在看来是正确的。华为技术在前几年卖产品的时候，我们进行了大量的宣传，七八个月后，当盐碱地洗得差不多的时候，对手的产品也出来了。对手说他们的产品与华为的一样，价格便宜 10%。这 10%就是我们超前铺路的钱。这说明技术过分领先并未给我们带来效益，带来的是为人们铺路，去洗盐碱地。网络社会技术传播速度增加了，新技术涌出的速度会非常快，但新技术并没有转化为客户需求，在你费大力做了大量宣传之后，反而给别人得了好处。所以我们不能把技术领先摆在一个最高的位置，要关注客户需求。（来源：与安圣电气座谈纪要，2001）

我有一次问大家肚子饿时最需要什么，他们说需要吃饭。我问吃什么饭？他们说大米饭。我说，把你关在一个屋子里，给你吃比大米高级得多的用珍珠黄金做的大米，你要不要？肯定不要，因为你需要的是真正的大米饭。从这里，大家可以看出先进的技术与客户需求之间的矛盾了。客户需要吃大米饭，我们就只能给大米饭，给他们珍珠、玛瑙都是没用的。所以我们认为，要研究新技术，但是不能技术唯上，而是要研究客户需求，根据客户需求来做产品，技术只是工具。（来源：《静水潜流，围绕客户需求持续进行优化和改进》，2002）

客观上说，技术是一个重要的手段但不是唯一手段，更重要的手段是满足客户需求。当今的客户需求是由多种环节、多种技术组成的，比如刚才说的小盒子并不是每人都能做出来的，它并不简单。因此从这个角度讲，大家要慢慢认识到，技术是很重要，但崇拜技术不能像崇拜宗教一样，因为宗教已经被神化了，会为

它而视死如归，我们对待技术不能有这样的想法。（来源：《公司的发展重心要放在满足客户当前的需求上》，2002）

华为一再强调产品的发展路标是客户需求导向。以客户的需求为目标，以新的技术手段去实现客户的需求，技术只是一个工具。新技术一定是能促进质量好、服务好、成本低，非此是没有商业意义的。世界将来不会缺少高科技，缺少的是自然资源，这也许会成为真理。我们要真正理解客户需求，把客户需求看作真理。（来源：《产品发展的路标是客户需求导向，企业管理的目标是流程化的组织建设》，2003）

7.3.2 产品发展要防止技术导向

坚持不断提高企业的核心竞争力，由技术导向移向客户导向，根据客户需求，提供全套解决方案，开发低成本高增值的产品，提供良好的全面的服务体系和管理体系，建立公司长远的客户反应度（来源：任正非在“2001 年应届毕业生招聘动员暨培训会议”上的讲话纪要）

我们产品开发中最大的问题是简单的功能做不好，而复杂的东西做得很好。为什么呢？简单的东西大家不喜欢，这就是因为技术导向，而不是客户需求导向。我认为在相当长一段时间内，不可能再有技术导向了。在牛顿所处的时代，一个科学家可以把一个时代所有的自然现象都解释清楚，一项新技术出现会带来商机。但现在的新技术突破，只能作为一个参考，不一定会带来很好的商机。曾经看到过一句话，崇高是崇高者自己的墓志铭。这多少说明了我们在产品研发上，不能技术导向，一味追求技术领先。在公司的运作发展上，也要把握好自己的节奏。（来源：《产品发展的路标是客户需求导向，企业管理的目标是流程化的组织建设》，2003）

为什么不能技术导向？技术创新到今天来说，所有人都已经伤痕累累了，为什么？由于互联网及芯片的发明，使人的等效当量大脑容量成千倍地增长。……这样的大脑一起运作，产生新的技术、新的知识和新的文化，它会大大超越人类真实需求。因为人类的需求是随生理和心理进步而进步的，人的生理和心理进步是缓慢的。因此过去一味像崇拜宗教一样崇拜技术，导致了很多公司全面破产。……过去公司长期是技术导向，我们做了一个产品，就对客户说多好多好你来用，但是我们又是以多少次失败而告终。现在我们一定要记住客户需求就是我们产品发展导向，我们发展企业的目的是什么，就是为客户服务。为什么要为客户服务，只有客户给我们钱，因此对客户要最好。所以，产品的技术导向应当是导向充分满足客户需求。（来源:《在理性与平实中存活》，2003）

回顾NGN、软交换、核心网，都是走过错路的，过分技术导向。因为走错了路，运营商不准我们入网。后来经过努力，纠正了错误，才勉强获得一些机会。因此，我们不能以技术为导向，要以客户需求为导向。虽然在核心网上，我们摔了大跟头，但我们从泥坑中爬了起来，现在核心网在全世界的市场份额是40%，移动软交换也是40%。但回过头来说，如果我们故步自封，死不改变错误，我们就会落后。（来源：任正非在PSST体系干部大会上的讲话，2008）

华为在创业初期是十分重视客户需求的。当时，客户要什么我们就赶快做什么，这帮助我们实现从农村走向城市。但当我们壮大后，就想把自己的意志强加给客户。客户需求量大但技术简单的东西，我们不去认真做到最好，反而客户不怎么用但技术很尖端的东西，我们却耗费很大的精力和成本做到最好，这就是工程师，就是以技术为中心。（来源:《以客户为中心，加大平台投入，开发合作，实现共赢》，2010）

目前在我们国家，很多人认为最重要的是技术。因此，在国内，重技术轻管理，重技术轻客户需求，还是比较普遍的。但主宰世界的是客户需求。我希望大家改变思维方式，要做工程商人，多一些商人味道，不仅仅是工程师。要完成从“以技术为中心”向“以客户为中心”转移的伟大变革。（来源：《以客户为中心，加大平台投入，开发合作，实现共赢》，2010）

7.3.3 反对孤芳自赏，要做工程商人

华为公司不是要培养教授的群体，我们是要培养一批商品专家，培养一批对商品、客户有高度认识的商人。片面地追求新颖性、片面地追求超前，就不可能成长为一代真正的商人。（来源：《加强思想文化建设，狠抓人的管理》，1997）

我们不会进行基础研究，但是我们要支持教授、学者进行基础研究。为什么？如果你做出了世界上最先进的电子显微镜出来，怎么办？不用吧，觉得挺可惜的，以前的投资就浪费了，你这个世界上水平最高的科学家也浪费了。用吧，又不是我们的方向。我们做什么？我们要紧紧围绕我们的方向，资助、管理这些基础研究，高校的合作不要老想拿来就用，还是要撒些胡椒面，但要是方向性的投资。博士、教授的论文拿回来，可以给我们的开发人员做参考，说不定就对哪位年轻人有了大的帮助，用到了我们的产品上去，做出了好产品。因此，对合作我们要看得远些。要关注高校中的年轻学者，给他们提供资助，10年后他们成长起来了，我们已经与他们建立了很好的合作伙伴关系。和他们合作，我们不要名，我们要的是商业利益，我们的博士要改变思维方式，要走商品道路，我们公司不培养科学家。（来源：任正非关于预研工作的谈话，2000）

我们要真正理解客户需求，要积极地服务市场，特别要反对“孤芳自赏”。我们研发系统现在有相当多的是“孤芳自赏”，自己对自己欣赏得不得了，实际上到市场上并不是如此。我们要积极地跟住市场，客户需求就是金钱，技术本身不转换为客户需求就不是金钱。（来源：研发管理委员会会议纪要，2001）

我们一定要做工程商人。科学家可以什么都不管，一辈子只研究蜘蛛腿上的一根毛。对科学家来说，这是可以的。但是对我们呢？如果我们只研究蜘蛛腿，谁给我们饭吃？因此，不能光研究蜘蛛腿，要研究客户需求。（来源：《静水潜流，围绕客户需求持续进行优化和改进》，2002）

我们不能为了做基础研究而做基础研究。一些业界公司进行了大量基础研究，但没有保证自身的成功，因此我们就要认识到，我们要做些基础研究，但哪些应该在大学里做，哪些应该在国家基础研究部门做，哪些应该我们自己做，这都要好好研究，好好分析。不能盲目地说我们只要培养几个诺贝尔奖的获得者或者几个院士级的科学家，公司就多光荣。商人和学术还是有一定的区别的。我们要做工程商人，不要在工程商人的道路上发展不必要的基础理论研究。（来源：《加强道德素养教育，提高人均效益，满怀信心迎接未来》，2002）

华为公司不是为了追求名誉，而要的是实在，希望大家对待老产品、常规产品有正确的心态，不要老想着搞最先进的设备，搞最新的技术。我们不是做院士，而是工程商人。工程商人就是做的东西有人买，有钱赚。（来源：《公司的发展重心要放在满足客户当前的需求上》，2002）

什么是小盒子？日本的数字相机就是小盒子，他们的小盒子把全世界都打败了。这个小盒子看起来没有最新的技术，但真的没有技术吗？技术不是理论，不是功能，而是包括工艺、材料、多种科学在内的综合技术。我们华为也需要能做这种小盒子的工程商人，而不是仅仅做出功能来的科学家。（来源：《公司的发展重心要放在满足客户当前的需求上》，2002）

研发体系大多数人都是工程师，渴望把技术做得很好，认为把技术做好才能体现自己的价值。简简单单地把东西做好，在研发中也许评价是不高的，而把事情做得复杂，显得难度很大，反而评价很高。这就不是以客户为中心，客户需要实现同样目的的服务，越简单越好。我们要使那些能把功能简简单单做好的工程商人得到认可，才能鼓励以客户为中心在研发中成长。因此我希望大家不仅仅做工程师，还要做商人，多一些商人的味道。（来源：《以客户为中心，加大平台投入，开发合作，实现共赢》，2010）

科学家要为成就公司的战略而奋斗，而不是公司为成就科学家的梦想而分散投入力量。（来源：任正非在网络能源产品线汇报会上的讲话，2012）

7.4　客户需求导向对战略选择的意义

7.4.1　围绕最终客户来考虑做什么、怎么做、如何持续发展

我们进入新的成长领域，应当有利于提升公司的核心技术水平，有利于发挥公司资源的综合优势，有利于带动公司的整体扩张。只有当我们看准了时机和有了新的构想，确信能够在该领域中对顾客做出与众不同的贡献时，才进入新的市场广阔的相关领域。（来源：《华为公司基本法》，1998）

在客户服务中，一定要重视小问题。不重视小问题、不重视小订单，将来就不会有大订单，大订单一定是由小订单发展而来的。（来源：任正非在华为技术、安圣电气研发体系干部座谈会上的讲话，2001）

在公司整体业务架构设计方面，以客户为导向，不以技术为导向。总体原则是以一大类客户（最终客户，不是签约客户）为中心，以客户需求为导向，提供解决方案，围绕最终客户来考虑做什么、怎么做、如何持续发展。（来源：《华为未来业务架构讨论》，2010 征求意见稿）

华为未来要发展的多元化产业，主要考虑聚焦在电子信息相关产业方面，优先选择能够发挥华为R&D（研发）实力强、全球网络优势及技术门槛高、市场海量、市场运作规范的产业。要利用华为的独特优势进入新领域，而不是站在和别人一样的起点去做。（来源：《华为未来业务架构讨论》，2010征求意见稿）

华为发展任何一块新产业单元，最基本的底线，就是在中国市场，能够养活自己，能够有利润。中国市场是大市场，有些业务也许就在中国市场做，就是最好的商业模式。（来源：《华为未来业务架构讨论》，2010征求意见稿）

7.4.2 在市场布局上要聚焦价值客户与价值国家

我们在市场布局上要聚焦价值客户与价值国家。价值客户不仅指规模大，成长快的也是价值客户。每个国家都有数一数二的运营商。只有进入这些运营商，才能获得未来的增长空间，也才能得到这个国家的认可；不能进入这些运营商，枉谈成为世界主流电信设备供应商，这方面各地区部都要向欧洲地区部学习。（来源：EMT纪要[2008]014号）

价值客户、价值国家、主流产品的格局是实现持续增长的最重要要素，各产品线、各片区、各地区部要合理调配人力资源，一方面把资源优先配置到价值客户、价值国家和主流产品，另一方面对于明显增长乏力的产品和区域，要把资源调整到聚焦价值客户、价值国家和主流产品上来。改变在价值客户、价值国家和主流产品上的竞争格局，以支持持续增长。（来源：EMT决议[2009]002号）

坚持向价值客户转移。要制定大T的评判标准，主要门槛为运营商自身的业务规模、发展空间，以及我司已实现的累计销售规模。（来源：EMT纪要[2009]031号）

对市场的排序必须坚持现实主义的原则和工作方法，要田忌赛马，把我司的战略优势和已获机会作为排序的原则，要按现实可行性来配置资源。不要按全球市场的理想规模来排序；但并不表示我们放弃那些市场空间，我们也要去争取潜在机会。（来源：EMT纪要[2010]006号）

优质资源向优质客户倾斜，聚焦战略客户。我们要把力量聚焦在高价值领域，未来华为要有主动选择客户的权力，我们不会去敲诈勒索客户，但有这么多客户需求，我们也不可能全都服务。（来源：任正非在2013运营商网络BG战略务虚会上的讲话及主要讨论发言）

我们优质资源要向有限的有价值客户倾斜，帮助这些客户赢市场。市场是由最终客户决定的，我们只要把这件事情做好，这些客户市场抢占得多，赚的钱多，也会多买我们的，我们就成功了。（来源：任正非与巴西代表处及巴供中心座谈纪要，2014）

我们是能力有限的公司，只能重点选择对我们有价值的客户为战略伙伴，重点满足客户一部分有价值的需求，这不能算是不谦虚。（来源：《做谦虚的领导者》，2014）

7.4.3 向端到端解决方案供应商转型是对我们很大的挑战和变革

顾客价值观的演变趋势引导着我们的产品方向。（来源：《华为公司基本法》，1998）

网络营销部首要的职责是网络解决方案，然后才是市场驱动研发。产品部的首要业务应做竞争对手、客户需求和市场分析，看优秀的竞争对手在做什么、市场的需求是什么，以此为牵引。围绕着这个来做品牌营销、销售支持。做分析的目的一是驱动研发，二是赢得胜利。（来源：任正非在产品部组织工作汇报会上的讲话，2000）

现在产品的生命周期越来越短，对满足客户的需求，该怎样做取舍，一定要站在用户的角度，而不是强行让用户接受；研发、产品部、系统部等都要跳出部门的利益，去思考我们的产品组合和产品策略。客户一旦决定了，我们就要快速响应。不能为眼前而活，否则我们就没有未来。（来源：《分层授权，大胆创新，快速响应客户需求》，2001）

解决方案定位是面向客户，而不是面向技术，要围绕客户来提供满足其需求的解决方案，也即满足客户商业成功的解决方案。（来源：《关于解决方案讨论要点》，2008）

客户需求已越来越多地从买设备转向了关注解决方案。要满足客户需求，并跟上行业潮流，我司就必须从电信设备盒子供应商转向电信端到端解决方案供应商，这是我们面临的一个很大的挑战和变革。建议这项转型工作要按照公司级变革项目来开展管理，制订项目计划，每个阶段都要充分组织研讨，要多听取一线的意见，要借鉴行业领先厂商的成熟做法。（来源：EMT 纪要 [2009]035 号）

我们的营销仍然倾向于单产品模式，各个产品只关心自己，各自为政，都不对综合客户需求负责；客户宣讲千人一面，缺乏针对性。目前越高层越广泛的战略合作就越是关注解决方案，不是关注具体的产品。要向客户提供针对性的综合解决方案。今后要避免各产品割裂地分别做客户工作，面对客户要综合完整，回来后再讨论内部工作分工和利益分配。（来源：EMT 纪要 [2008]014 号）

7.5 满足需求与引领需求

7.5.1 既要关注客户的现实要求，也要关注他们的长远需求

我们既要关注客户的现实要求，也要关注他们的长远需求。真正理解最终客户的真正需求是什么，帮助客户去适应发展。（来源：《做谦虚的领导者》，2014）

我不主张产品线和区域结合得太紧密，结合太紧密的结果，就是满足了低端客户的需求。因为区域所反映上来的不是未来需求，而是眼前的小需求，会牵制华为公司的战略方向。（来源：任正非在战略务虚会上的讲话，2015）

7.5.2 要敢于创造和引导需求

什么叫业务为主导？就是要敢于创造和引导需求，取得“机会窗”的利润。也要善于抓住机会，缩小差距，使公司同步于世界而得以生存。（来源：《管理工作要点》，2001）

面对未来大数据流量的潮流，技术的进步赶不上需求的增长是可能的，我们一定要走在需求增长的前头。除了力量聚焦外，我们没有别的出路。（来源：《变革的目的就是要多产粮食和增加土地肥力》，2015）

第八章

创新是华为发展的不竭动力

世界上唯一不变的就是变化。适者生存。历史上很多创始者最后变成了失败者。这些巨头的倒下，说穿了是舍不得放弃既得利益，没有勇气革自己的命。要在极速变化的信息与通信技术产业中生存，就要不断创新。创新虽然有风险，但不创新才是最大的风险。华为要运用自我批判的工具，勇敢地去拥抱颠覆性创新，不要怕颠覆性创新砸了自己的金饭碗。

要加大以技术为中心的战略性投入，以领先时代。我们以客户为中心讲多了以后，可能会从一个极端走到另一个极端，会忽略以技术为中心的超前战略。将来我们以技术为中心和以客户为中心两者是“拧麻花”一样的。满足客户需求的技术创新和积极响应世界科学进步的不懈探索，以这两个轮子，来推动公司的进步。

创新一定要开放，一定要站在前人的肩膀上。一个不开放的文化，就不会努力地吸取别人的优点。“一杯咖啡吸收宇宙能量”，华为的高级干部与专家要多参加国际会议，多“喝咖啡”，与人碰撞，不知道什么时候就擦出火花。既竞争又合作，是21世纪的潮流，竞争迫使所有人不停地创新，而合作使创新更加快速有效。

要继承前人成功的经验。只有继承，才能进一步发展，而不是还没有继承，就想发展。华为长期坚持的战略，是基于“鲜花插在牛粪上”的战略，从不离开传统去盲目创新。即便有了长远的战略思想，也是在今天的思想上逐步演变，逐步改进。

在创新问题上，要更多地宽容失败。宽容失败也要有具体的评价机制，不是所有的领域都允许大规模地宽容失败。公司要宽容“歪瓜裂枣”的奇思异想，要肯定反对者的价值和作用，允许反对者的存在。

本章将围绕创新这一主题阐述华为的观点，使读者认识一个真实的华为。

8.1 只有创新才能在竞争激烈的市场中生存

8.1.1 世界上唯一不变的就是变化

世界上唯一不变的就是变化，这是英特尔公司总裁的名言。不站在一定高度去看市场，不努力学习，不努力思考、分析，怎么可能在变化的市场上获得成功？（来源：《创松二次创业的土壤》，1998）

世界范围内的竞争者的进步和发展咄咄逼人，稍有松懈，差距就可能再次拉开；而且国内同行的紧紧追赶，使我们不敢有半点惰怠。在我们拼死拼活往前赶的过程中，公司就不可能出现太胖的羊、太懒的羊。一个充满危机感，又有敏感性，又无懒羊拖累的公司是一定能生存下来的。要达到这样的境界，不仅技术上要不断创新，更要管理上不断创新。（来源：《创新是华为发展的不竭动力》，2000）

历史和现实都告诉我们，全球市场竞争实质上就是和平时期的战争。在激烈竞争中任何企业都不可能常胜，行业变迁也常常是翻云覆雨，多少世界级公司为了活下去不得不忍痛裁员，有些已途中消失在历史风雨中。华为没有任何可依赖的外部资源，唯有靠全体员工勤奋努力与持续艰苦奋斗，不断清除影响我们内部保持活力和创新机制的东西，才能在激烈的国际化竞争中存活下去。（来源：关于近期公司人力资源变革的情况通告，2007）

整个商业生态环境发生了很大的变化，这个时候我们不能不考虑适应，我们必须要以此推动变革。包括技术环节也发生了很大的变化，从话音时代走向宽带时代，从宽带时代走向信息时代。这些变化未来带动的空间是不可想象的。就像云计算一样，云计算到底有多么广阔，又有多么深刻，我们根本就不知道，也难以预测。未来的信息社会会是什么样子？根本不可能设计出一个完美的商业模型。但是有一件事情我知道，就是信息流量越来越大，又越来越不赚钱，但只要这个流量基础在，我们总有一天能找到赚钱的商业模式。这个方向是什么呢？就是以客户为中心，以奋斗者为本。产品的设计、市场、交付、供应、服务、财经、公共关系都要随着文化的变化而变化。（来源：《成功不是未来前进的可靠向导》，2011）

8.1.2 创新虽然有风险，但不创新才是最大的风险

知识经济时代，企业生存和发展的方式也发生了根本的变化，过去是靠正确地做事，现在更重要的是做正确的事。过去人们把创新看作是冒风险，现在不创新才是最大的风险。（来源：《华为的红旗到底能打多久》，1998）

回顾华为 10 年的发展历程，我们体会到，没有创新，要在高科技行业中生存下去几乎是不可能的。在这个领域，没有喘息的机会，哪怕只落后一点点，就意味着逐渐死亡。（来源：《创新是华为发展的不竭动力》，2000）

有创新就有风险，但绝不能因为有风险，就不敢创新。回想起来，若不冒险，跟在别人后面，长期处于二流、三流，我们将无法与跨国公司竞争，也无法获得

活下去的权利。若因循守旧，也不会取得这么快的发展速度。（来源：《创新是华为发展的不竭动力》，2000）

华为自始至终以实现客户的价值为经营管理的理念，围绕这个中心，为提升企业核心竞争力，进行不懈的技术创新与管理创新。在实践中我们体会到，不冒风险才是企业最大的风险。只有不断地创新，才能持续提高企业的核心竞争力，只有提高核心竞争力，才能在技术日新月异、竞争日趋激烈的社会中生存下去。（来源：《创新是华为发展的不竭动力》，2000）

一个公司无论大小，都要敢于去创新，不冒险才是当今最大的风险，但并不是必须自己亲为。（来源：产品线管理办公室工作汇报会议纪要，2000）

马克思说过，在科学的入口处正像在地狱的入口处，这是那些把有限的生命投身于无限的事业中，历经磨难的人，才能真正感受到的。创新虽然艰难，但它是唯一的生存之路，是成功的必经之路。（来源：《创新是华为发展的不竭动力》，2000）

8.1.3 鼓励创新，反对盲目创新

“神奇化易是坦途，易化神奇不足提。”数学家华罗庚这一名言告诫我们不要把简单的东西复杂化，而要把复杂的东西简单化。那种刻意为创新而创新，为标新立异而创新，是我们幼稚病的表现。我们公司大力倡导创新，但创新的目的是什么呢？创新的目的在于所创新的产品的高技术、高质量、高效率、高效益。从事新产品研发未必就是创新，从事老产品优化未必不能创新，关键在于我们一定要从对科研成果负责转变为对产品的商业成功负责。（来源：《全心全意对产品负责》，1998）

创新只是手段，创新不是目的，一定要搞清楚。胡乱创新，增加自己的困难，也增加了别人的困难。千万不要盲目创新，更不要强调自主。凡自主就会有狭隘之嫌，就会造成我们这个部门、这个产品线不去和别的部门和产品线共享。（来源：《学习〈天道酬勤〉重点在于认清形势、深入反思和改进工作》，2006）

我们反对盲目创新。我们公司以前也是盲目创新的公司，也是非常崇拜技术的公司，我们从来不管客户需求，研究出好东西就反复给客户介绍，客户说的话根本听不进去，所以在NGN交换机上犯了主观主义的严重错误，曾在中国电信市场上被赶出局。后来，我们认识到自己错了，及时调整追赶，现在已经追赶上了，在国内外得到了大量使用，在中国重新获得了机会，例如中国移动的汇接网全部是我们承建的，也是世界上最大的NGN网。（来源：《华为公司的核心价值观》，2007年修改版）

要防止盲目创新，四面八方都喊响创新，就是我们的葬歌。（来源：《用乌龟精神，追上龙飞船》，2013）

我们要有益于创新，有益于有效地发展，不要成为旧事物的卫道者，也不要成为盲目创新的推动者。（来源：《做谦虚的领导者》，2014）

8.2　客户需求和技术创新双轮驱动

8.2.1　以客户需求为中心做产品，以技术创新为中心做未来架构性的平台

在产品和解决方案领域要围绕客户需求持续创新。任何先进的技术、产品和解决方案，只有转化为客户的商业成功才能产生价值。在产品投资决策上，我们坚持客户需求导向优先于技术导向。要在深刻理解客户需求的前提下，对产品和

解决方案进行持续创新，我们的产品和解决方案才会有持续竞争力。（来源：《从汶川特大地震一片瓦砾中，一座百年前建的教堂不倒所想到的》，2008）

什么是解决方案？解决方案不是以技术为中心，是以需求为中心，这是前端的；后端的以技术为中心，是储备性的。我们要加大以技术为中心的战略性投入，以领先时代。我们以客户为中心讲多了以后，可能会从一个极端走到另一个极端，会忽略以技术为中心的超前战略。将来我们以技术为中心和以客户为中心两者是拧麻花一样的，一个以客户需求为中心，来做产品；一个以技术为中心，来做未来架构性的平台。（来源：任正非在2011年3月31日EMT办公例会上的讲话）

现在我们是两个轮子在创新，一个是科学家的创新，他们关注技术，愿意怎么想就怎么想，但是他们不能左右应用。技术是否要投入使用，什么时候投入使用，我们要靠另一个轮子Marketing（市场营销）。Marketing不断地在听客户的声音，包括今天的需求，明天的需求，未来战略的需求，才能确定我们掌握的技术该怎么用，以及投入市场的准确时间。（来源：任正非在变革战略预备队第三期誓师典礼上的讲话，2015）

8.2.2 公司要从工程师创新走向科学家与工程师一同创新

通过强大的集约力量，利用变化，不断地形成突破，从技术制造逐步迈入思想制造。（来源：《胜利鼓舞着我们》，1994）

我们不仅要以客户为中心，研究合适的产品与服务，而且要面对未来的技术方向加大投入，对平台核心加强投入，一定要占领战略的制高地。要不惜在芯片、平台软件等方面冒较大的风险。在最核心的方面，更要不惜代价，不怕牺牲。我们要从电子技术人才的引进，走向引进一部分基础理论的人才，要有耐心培育他们成熟。也要理解、珍惜一些我们常人难以理解的奇才。总之我们要从技术进步，

逐步走向理论突破。（来源：《成功不是未来前进的可靠向导》，2011）

满足客户需求的技术创新和积极响应世界科学进步的不懈探索，要以这两个车轮子来推动着公司的进步。（来源：《用乌龟精神，追上龙飞船》，2013）

投入未来的科学研究，构建未来十年、二十年的理论基础，公司要从工程师创新走向科学家与工程师一同创新。（来源：《在大机会时代，千万不要机会主义》，2014）

我们的科学家、专家应不顾一切地往前冲，探索主航道所需的未来的大自然秘密。这些秘密本来就存在，只是我们不知道，等着各位专家去发现。例如5G，本来就是物理现象，本来就客观存在的，如果我们没有基础，就不能发现。当然发现这些现象的工具，除了数学还有各种方法与手段……我们这样矢志不渝做，会不会单刀直入，会不会成为一个指向天空的细长条，像一根豆芽菜呢？遭遇仁川登陆呢？不会的，我们垂直前进，但我们的系统是开放的。我们坚持对内开源、对外开放的政策，坚持优胜劣汰，物竞天择，会越来越有竞争力的。（来源：任正非与英国研究所、北京研究所、伦敦财经风险管控中心座谈的纪要，2015）

现在我们终于走到行列前列，有能力进行前瞻性研究。华为涌现出非常多的科学家，世界各国的很多科学家也来加入华为创新。华为在全世界有几十个能力中心，这些能力中心就是科学家在探索，包括未来十年、二十年的技术思想、数学模型、算法……所以我们现在也正在为人类社会提供一些基础理论。（来源：《与任正非的一次花园谈话》，2015）

8.2.3 领先半步是先进，领先三步成先烈

唯有在世界领先，否则随时都可能破产。作为一个直接和国外著名厂商竞争

的高科技公司，没有世界领先的技术就没有生存的余地。（来源：《目前形势与我们的任务》，1995）

华为公司若不想消亡，就一定要有世界领先的概念。（来源：《华为的红旗到底能打多久》，1998）

由于IT业的技术换代周期越来越短，技术进步慢的公司可能市场占有率会很快萎缩。因此，这就迫使所有的设备制造商，必须世界领先。（来源：《创新是华为发展的不竭动力》，2000）

日本的400G ATM（异步转移模式）交换机在香港开起来时，我们公司ATM项目实质上还没有启动，我们对这种异步转移模式认识得还不是很清楚。但是400G ATM在香港开起来有什么用呢？它领先了客户需求三步，所以它成了先烈。先进产品死掉了。它没有过渡时期的产品，过渡时期的产品是符合客户需求的产品，它没有。我们填补了他们的空白，所以他们把中国市场全部送给了华为。我们是在他们的错误的关怀和抚育下成长起来的。（来源：《在理性与平实中存活》，2003）

超前太多的技术，当然也是人类的瑰宝，但必须牺牲自己来完成。IT泡沫破灭的浪潮使世界损失了20万亿美元的财富。从统计分析可以得出，几乎100%的公司并不是技术不先进而死掉的，而是技术先进到别人还没有对它完全认识与认可，以至没有人来买，产品卖不出去却消耗了大量的人力、物力、财力，丧失了竞争力。许多领导世界潮流的技术，虽然是万米赛跑的领跑者，却不一定是赢家，反而为“清洗盐碱地”和推广新技术而付出大量的成本。但是企业没有先进技术也不行。华为的观点是，在产品技术创新上，华为要保持技术领先，但只能是领先竞争对手半步，领先三步就会成为“先烈”，明确将技术导向战略转为客户需求导向战略。……通过对客户需求的分析，提出解决方案，以这些解决方案引导开发出低成本、高增值的产品。盲目地在技术上引导创新世界新潮流，是要成为“先烈”的。（来源：《华为公司的核心价值观》，2007 年修改版）

光卖产品是称霸不了这个世界的，还是要质量好、服务好、价格低，优先满足客户需求。我们技术领先最多一年时间。（来源：任正非在地区部向EMT进行2008 年年中述职会议上的讲话）

我们今天是有能力，但不要把自己的能力设计得完全脱离我们实际。我们若要完全背负起人类的包袱，背负起社会的包袱，背负起中华民族振兴的包袱，就背得太重了……背上了包袱，为了中华民族，为了 5000 年，为了更伟大的目标，你还能跳得动吗？所以我认为我们的目的要简单一点，我们也担负不起重任来，我们能往前走一点就是胜利，不要以为一定要走多远。（来源：任正非与 2012 实验室座谈会纪要，2012）

只有在客户需求真实产生的机会窗出现时，科学家的发明转换成产品才产生商业价值。投入过早也会洗了商业的盐碱地，损耗本应聚焦突破的能量。例如：光传输今天是人类信息社会最大的需求，而十几、二十年前，贝尔实验室可是最早发现波分，北电是首先产业化的，他们可是领导着人类社会，北电的 40G 投入过早、过猛，遭遇挫折。前车之鉴，是我们的审慎的老师。（来源：任正非与英国研究所、北京研究所、伦敦财经风险管控中心座谈的纪要，2015）

8.3 开放合作，一杯咖啡吸收宇宙能量

8.3.1 不开放就会死亡

一定要开放，不开放就是死路一条。对于我们公司来说，如果我们的软件不

开放，就跟中国自给自足的农民情况一样，收益率非常低，再怎么折腾就是一亩三分地。如果我们不掌握核心技术，开放也是埋葬自己。但是我们光拥有了核心技术，却没有开放，就不会带来附加值，肯定没有大的效益。所以我们既要拥有核心技术又要走向开放，这样核心技术的作用才得到体现，开放周边能够使我们的核心价值再次得到升值。（来源：《只有开放，才有出路》，2001）

为更好地满足客户需求，建设百年教堂，平台必须坚持开放与创新。一个不开放的文化，就不会努力地吸取别人的优点，是没有出路的。一个不开放的组织，会成为一潭死水，也是没有出路的。我们在产品开发上，要开放地吸收别人的好东西，要充分重用公司内部和外部的先进成果。（来源：《从汶川特大地震一片瓦砾中，一座百年前建的教堂不倒所想到的》，2008）

我们是一个开放的体系。我们还是要用供应商的芯片，主要还是和供应商合作，甚至优先使用他们的芯片。我们不用供应商的系统，就可能是我们建立了一个封闭的系统，封闭系统必然要能量耗尽，要死亡的。我们不要狭隘，我们做操作系统，和做高端芯片是一样的道理，主要是让别人允许我们用他们的系统，而不是断了我们的粮食。断了我们粮食的时候，备份系统要能用得上。（来源：任正非与2012实验室座谈会纪要，2012）

我们有一个长远的战略目标，这目标其实就是面对未来大数据流量，一定要疏导。瞄准这个目标，我们是开放的。科学家们只要在这方面有理解的，都进来。这些科学家研究的内容，我们也看不懂，他们自成体系，我们没有能力去挑选他们。很多伟大的突破是带有偶然性的，并非按预订计划发生。所以我们开放包容，不是狭隘地去找什么样的人才，而是比较广泛的领域里面都能吸纳很多人，不同领域带来了思想的碰撞及互相启发。（来源：《与任正非的一次花园谈话》，2015）

8.3.2 一杯咖啡吸收宇宙能量

在思想上要放得更开，你可以到外面去喝咖啡，与人思想碰撞，把你的感慨写出来，发到网上，引领一代新人思考。（来源：任正非与2012实验室座谈会纪要，2012）

高级干部与专家要多参加国际会议，多“喝咖啡”，与人碰撞，不知道什么时候就擦出火花，回来写个心得，你可能觉得没有什么，但也许就点燃了熊熊大火让别人成功了，只要我们这个群体里有人成功了就是你的贡献。公司有这么多务虚会就是为了找到正确的战略定位。这就叫一杯咖啡吸收宇宙能量。（来源：《最好的防御就是进攻》，2013）

一杯咖啡吸收宇宙能量，你们这些Fellow[①]的技术思想为什么不能传播到博士和准博士这些未来的“种子”里面去？你们和大师喝咖啡，现在为什么不能也和“种子”喝咖啡？喝咖啡是可以报销的。别怕说白培养了，不来华为，他总为人类服务的吧？把能量输入到“种子”阶段，这样就形成庞大的思想群。就像一块石头丢到水里面激起波浪一样，一波一波影响世界。你们一个Fellow能交5个这样的朋友，一个人几百个的粉丝，一算就影响了多少人。交流也是在提升我们自己，因为我们真的想不清楚未来是什么。华为公司的圈子还太小，你们这些Fellow都不出去喝咖啡，只守在土围子里面，守碉堡最终也守不住的嘛。你们这些科学家受打卡的影响被锁死了，在上研所这个堡垒里面怎么去航海？去开放？航海的时候怎么打卡？发现新大陆怎么打卡？沉到海底怎么打卡？从欧洲通向亚洲的海底有350万艘沉船，那些沉到海底的人怎么打卡？所以，我们的管理要实行开放模式。（来源：《一杯咖啡吸收宇宙的能量》，2014）

① Fellow，代表华为公司专业技术人员重大成就的最高称号。在产品、技术、工程等领域做出创造性成就和重大贡献、具备足够业界影响力的华为员工，可被推荐参与华为Fellow的评选。

我们还要走向世界级。现在我们缺思想家和战略家，只停留在将军层面。如果我们都只会英勇奋战，思想错了，方向错了，我们越厉害就越有问题。所以我们希望你们中间能产生思想家，不光是技术专家，要产生思想家，构筑未来的世界。（来源：《一杯咖啡吸收宇宙的能量》，2014）

开阔视野，持续开放，高级干部和专家要改变“中国农民”思维，多开放，多与人“喝咖啡”。世界IT行业最发达的地区在美国，在持续引入高端专家的同时，我们的高级干部和专家也要冲破局限，每年走出去和世界交流，不要像中国老农民一样，只知道埋头苦干，要善于用一杯咖啡吸收宇宙能量。我们经常参加各种国际会议和论坛，杯子一碰，只要5分钟，就可能会擦出火花，吸收很多“能量”。你们一天不改变你们的思维习惯，就不可能接触世界，不接触世界怎么知道世界是什么样子的，有时候一句话两句话就足以道破天机，擦出思想的火花。（来源：《风物长宜放眼量》，2014）

在前进探索的道路上，我们不能只有“坦克、飞机、大炮”，还要培养一批科技外交家。具有相当资格的优秀专家，他的特长不仅是单项突破，而是有广泛的知识面，综合能力强，就可以定位为“科技外交家”。Fellow一心一意盯着新技术往前走，科技外交家广泛扫描，可以Fellow助手的名义，去全世界到处与人喝咖啡交流，目标是综合性地听风声，听完以后，总能捕捉到一两个信息小苗子。抓住业界中突然冒出来的小苗子，回来输入到我们的平台中，经过科学家们务虚分析，如果方向正确，形成战略务虚会要点，输入到2012实验室，开始启动未来十年或二十年的技术研究。有了一定的阶段性研究成果，再进入战略MKTG体系继续规划业务发展。（来源：任正非在固网产业趋势及进展汇报会上的讲话，2015）

8.3.3 以自己的核心技术体系成长为基础开放合作

华为在开放的基础上，从来都是坚持独立自主，自力更生，从来都不依赖别人的。开放和依赖是两个不同的概念，开放就是吸收别人的成果，充实自己，提高自己。如果没有自己独立自主的基础，我们的开放就会引进、引进再引进，其结果是自己什么也没有。两者不矛盾。（来源：《调整心态，尽快找到自己的位置》，1997）

我们广泛吸收世界电子信息技术最新研究成果，虚心向国内外优秀企业学习，在独立自主基础上，开放合作地发展领先核心技术体系。我们紧紧围绕电子信息领域来发展，不受其他投资机会的诱惑，树立为客户提供一揽子解决问题的设想，为客户服务。（来源：《华为的红旗到底能打多久》，1998）

华为公司要活下来，就要缩短战线，提高竞争能力，进行战略性和策略性合作。现在的产品评审还是就事论事，只看单个产品的投入产出，没有站在公司全局的战略高度上进行评审。在企业发展的过程中需要不断地砍掉一些项目，不断向核心竞争力收缩，并且逐步建立自身的核心技术体系，在体系中该开放的就要开放。（来源：产品线管理办公室工作汇报会议纪要，2000）

既竞争又合作，是21世纪的潮流。竞争迫使所有人不停地创新，而合作使创新更加快速有效。（来源：《创新是华为发展的不竭动力》，2000）

搞开发，光靠内力也是能做到的，但是成本太高，另外支撑体系大了以后效率就非常低。因此要借用外部的力量，这是企业管理的一种必然。（来源：只有开放，才有出路，2001）

我司可与竞争伙伴基于各自擅长的领域开展互补优势的合作，在不损害双方核心技术机密，在不削弱对方市场竞争力的非核心领域，可进行共同开发，共同降低成本，共同提升对其他对手及潜在对手的竞争力。（来源：EMT决议[2007]021号）

解决方案应该面向客户的需求和应用场景，所集成的部件不仅限于我司自产设备。（来源：EMT纪要[2009]035号）

8.3.4 开放合作，实现共赢

华为公司是开放的，我们愿意和世界各国的伙伴加强合作，只有开放与合作才能保证我们产品的先进性。（来源：《建立一个适应企业生存发展的组织和机制》，1997）

遵循在自主开发基础上广泛开放合作的原则。重视广泛的对等合作和建立战略伙伴关系，使自己的优势得以提升，优势更优势。和平与发展是国家之间的主旋律，开放与合作是企业之间的大趋势，大家都考虑到未来世界谁都不可能独霸一方，只有加强合作，你中有我，我中有你，才能获取更大的共同利益。（来源：《华为的红旗到底能打多久》，1998）

要虚心、认真学习国外主要竞争对手的优点，并时时看到和改正自己的缺点。华为要活下去就要学习，开放合作，不能关起门来赶超世界。我们所有的拳头产品都是在开放合作中研制出来的。（来源：《任正非总裁答新员工问》，1999）

心胸有多宽，天下就有多大。这个时代，如果说我们的系统能够做到很好的开放，让别人在我们上面做很多内容，做很多东西，我们就建立了一个大家共赢的体系。我们没能力做中间件，做不出来，我们的系统就不开放，是封闭的，封闭的东西迟早都要死亡的。众人拾柴火焰高，要记住这句话。（来源：任正非在地区部向EMT进行2008年年中述职会议上的讲话）

我们在学术会议上要多和竞争对手交流，并在标准和产业政策上与它们形成战略伙伴，就能应对快速变化的世界。（来源：《最好的防御就是进攻》，2013）

我们在创新的过程中强调只做我们有优势的部分，别的部分我们应该更多地加强开放与合作，只有这样我们才可能构建真正的战略力量。（来源：任正非与2012实验室座谈会纪要，2012）

我们要以开阔的心胸容纳来自四面八方的人，而不是收购以后都要自己打天下；我们不是趁着经济危机打压小公司，而是追求共赢；我们对小公司持善意而不是对抗的态度，我们的收购就容易成功；如果我们前面的收购是成功的，很多小公司就可能投奔我们，我们就有可能很快地做大做强。（来源：EMT纪要[2010]032号）

我们要站在全局的观点上，对未来信息传送的思想、理论、架构做出贡献。未来的网络结构一定是标准化、简单化、易用化。我们一定不要用在高速公路上扔一个小石子的办法，形成自己的独特优势。要像大禹治水一样，胸怀宽广地疏导。我们不能光关注竞争能力以及盈利增长，更要关注合作创造，共建一个世界统一标准的网络。要接受20世纪火车所谓宽轨、米轨、标准轨距的教训，要使信息列车在全球快速、无碍流动。我们一定要坚信信息化应是一个全球统一的标准，网络的核心价值是互联互通，信息的核心价值在于有序的流通和共享。而且这也不是一两家公司能创造的，必须与全球的优势企业合作来贡献。（来源：《变革的目的就是要多产粮食和增加土地肥力》，2015）

8.4 鲜花插在牛粪上，在继承的基础上创新

8.4.1 要站在巨人的肩膀上前进，不要过分狭隘地自主创新

不要狭隘地强调自主知识产权，不能狭隘地只用自主开发的套片，要让世界科学技术为我所用；一切要以市场成功来评价。（来源：EMT纪要[2006]031号）

关于自主创新的问题，自主创新就陷入熵死里面，这是一个封闭系统。我们为什么要排外？我们能什么都做得比别人好吗？为什么一定要自主，自主就是封建的闭关自守，我们反对自主。其次，我们在创新的过程中强调只做我们有优势的部分，别的部分我们应该更多地加强开放与合作，只有这样我们才可能构建真正的战略力量。我们非常支持异军突起的创新，但要在公司的主航道上才好。我们一定要避免建立封闭系统。我们一定要建立一个开放的体系，特别是硬件体系更要开放。我们不开放就是死亡，如果我们不向美国人民学习他们的伟大，我们就永远战胜不了美国。（来源：任正非与 2012 实验室座谈会纪要，2012）

我们的使命是为人类的繁荣创造价值，为价值而创新。创新一定要为这个目的，不能为了创新而创新。首先自主创新的提法本身有片面性，我们要站在巨人肩膀上前进。如果我们从地上自己一点点爬起来，当爬到巨人肩膀上时，已经过了 3000 年。为了更快、更好地实现我们的目标，充分吸收利用人类的一切文明成果才是聪明人，因为这样会提高你生命周期的效率。人的生命很短，学这个、学那个，等到满是学问时，你已经 90 岁了，还可以像年轻人一样做贡献吗？如果有返老还童药，那你应该很伟大。只有未来的智能机器人，才可能在 19 岁的年龄拥有 90 岁的智慧。所以在创新过程中，我们要在有限的生命里，吸取更多能量，缩短和节省创造财富的时间和精力。如果别人合理收取我们一点知识产权费，其实相对更便宜，狭隘的自主创新才是贵的。（来源：任正非在与法务部、董秘及无线员工座谈会上的讲话，2015）

我们不强调自主创新，我们强调一定要开放，我们一定要站在前人的肩膀上，去摸时代的脚。我们还是要继承和发展人类的成果。（来源：《与任正非的一次花园谈话》，2015）

8.4.2 无边界的技术创新有可能会误导公司战略

我们对研究与创新的约束是有边界的。只能聚焦在主航道上，或者略略宽一些。产品创新一定要围绕商业需要。对于产品的创新是有约束的，不准胡乱创新。贝尔实验室为什么最后垮了，电子显微镜是贝尔实验室发明的，但它的本职是做通信的，它为了满足科学家的个人愿望就发明了这个电子显微镜。发明后成果丢到外面划不来，于是就成立了电子显微镜的组织作为商业面的承载。所以无边界的技术创新有可能会误导公司战略。我们说做产品的创新不能无边界，研究与创新放得宽一点但也不能无边界。我们要成就的是华为的梦想，不是人类梦想。所以我们的创新应该是有边界的，不是无边界的。（来源：《一杯咖啡吸收宇宙的能量》，2014）

我们要继承前人成功的经验。只有继承，我们才能进一步发展，而不是还没有继承，就想发展。（来源：《创业创新必须以提升企业核心竞争力为中心》，1999）

创新要有边界，我们要继续发扬针尖战略，用大压强原则，在大数据流量时代领先突破。（来源：《变革的目的就是要多产粮食和增加土地肥力》，2015）

8.4.3 基于存在的基础上创新，更容易取得商业成功

创新不是推翻前任的管理，另搞一套，而是在全面继承的基础上不断优化。从事新产品开发不一定是创新，在老产品上不断改进不一定不是创新，这是一个辩证的认识关系。一切以有利于公司目标的实现成本为依据，要避免进入形而上学的误区。（来源：《华为的红旗到底能打多久》，1998）

华为长期坚持的战略，是基于“鲜花插在牛粪上”的战略，从不离开传统去盲目创新，而是基于原有的存在去开放，去创新。鲜花长好后，又成为新的牛粪，

我们永远基于存在的基础上去创新。在云平台的前进过程中，我们一直强调鲜花要插在牛粪上，绑定电信运营商去创新，否则我们的云就不能生存。（来源：《五彩云霞，飞遍天涯》，2010）

当年定的鲜花必须插在牛粪上，是我们自己曾经有过的教训。盲目地学习与跟随西方公司，我们指望从天上掉个林妹妹，结果下不来，连不上，不知道怎么用，一直到林妹妹变成老太太了，全做好了，可以接进来了，才开始用，那时林妹妹已经老了，没价值了。现在我就说从牛粪上生出鲜花来，与电信运营商贴近，做一朵云马上卖一朵云，逐步形成七彩云霞。（来源：《开放、合作、自我批判，做容千万家的天下英雄》，2010）

8.4.4 要敢于打破自己的既有优势，形成新的优势

我们会不会被时代抛弃？我们要不要被时代抛弃？这是个很重要的问题。无线电通信是马可尼发明的，蜂窝通信是摩托罗拉发明的，光传输是Lucent发明的，数码相机是柯达发明的……历史上很多东西，往往创始者最后变成了失败者。这些巨头的倒下，说穿了是没有预测到未来，或者是预测到了未来，但舍不得放弃既得利益，没有勇气革自己的命。大公司有自己的优势，但大公司如果不能适应这个时代，瞬间就灰飞烟灭了。走向新时代的延长线可能不是直线，可能要出现弯曲，就像光也会弯曲一样。过去经济学的一些经典理论，到这个新时代可能也会发生变化，过去的成功模式也要出现弯曲了。在这个拐点的时代，我们怎么去适应？大家要知道，我们公司过去在几次重大战略上可都是犯过错误的：我们曾经是否定宽带的，后来才追赶上来；包括软交换也是重新追赶上来的。华为公司现在这么大的规模，在这个时代的快速变化中，如果我们没有勇气去拥抱未来，是很危险的。（来源：任正非在惠州运营商网络BG战略务虚会上的讲话及主要讨论发言，2012）

要打破自己的优势，形成新的优势。我们不主动打破自己的优势，别人早晚也会来打破。（来源：《最好的防御就是进攻》，2013）

华为也就是一个“宝马”（大公司代名词）。在瞬息万变，不断涌现颠覆性创新的信息社会中，华为能不能继续生存下来？不管你怎么想，这是一个摆在你面前的问题。我们用了25年的时间建立起一个优质的平台，拥有一定的资源，这些优质资源是多少高级干部及专家浪费了多少钱，才积累起来的，是宝贵的财富。过去所有失败的项目、淘汰的产品，其实就是浪费（当然浪费的钱也是大家挣来的），但没有浪费，就没有大家今天坐在这儿。我们珍惜这些失败积累起来的成功，如果不故步自封，敢于打破自己既得的坛坛罐罐，敢于去拥抱新事物，华为不一定会落后。当发现一个战略机会点，我们可以千军万马压上去，后发式追赶。你们要敢于用投资的方式，而不仅仅是以人力的方式，把资源堆上去，这就是和小公司创新不一样的地方。人是最宝贵因素，不保守，勇于打破目前既得优势，开放式追赶时代潮流的华为人，是我们最宝贵的基础，我们就有可能追上“特斯拉”。（来源：《用乌龟精神，追上龙飞船》，2013）

华为要通过自我否定、使用自我批判的工具，勇敢地去拥抱颠覆性创新，在充分发挥存量资产作用的基础上，也不要怕颠覆性创新砸了金饭碗。（来源：《用乌龟精神，追上龙飞船》，2013）

要使用批判的武器，对自己、对今天、对明天批判，以及对批判进行批判。不仅要研究适应颠覆性技术创新的道路，也要研究今天技术的延续性创新迎接明天的实现形式。（来源：《用乌龟精神，追上龙飞船》，2013）

8.4.5 我们应该演变，有所准备，而不要妄谈颠覆性，我们是为价值而创新

在我们公司的创新问题上，一定要强调价值理论，不是为了创新而创新，一

定是为了创造价值。（来源：任正非与 2012 实验室座谈会纪要，2012）

作为大企业，首先还是要延续性创新，继续发挥好自己的优势。不要动不动就使用社会时髦语言“颠覆”，小公司容易颠覆性创新，但作为大公司不要轻言颠覆性创新。公司现在也对颠覆性创新积极关注、响应，实际是让自己做好准备，一旦真正出现机会，我们要扑上去抓住机会。（来源：任正非在 2013 运营商网络 BG 战略务虚会上的讲话及主要讨论发言）

我们应该演变，我们即便有了长远的战略思想，也是在今天的思想上逐步演变，逐步改进。不要妄谈颠覆性，认为革命一定会被接受，不见得。苹果的成功是 40 年积累的成功，个人电脑就是苹果发明的，图形界面也是苹果发明，后来进入 MP3（一款音乐播放器）音乐也成功了。MP3 流行时我就说了一句话，这个加个通信不就更厉害了吗？果然加了通信，第一代就卖了 900 万台手机。你看苹果 iPhone 的成功是 40 年积累的突破，并非一日之寒。有时候我们不要总想用革命性思想使自己颠覆，人类需要的不是颠覆，人类需要的是技术带来的高质量的继承与发展。（来源：《一杯咖啡吸收宇宙的能量》，2014）

互联网总是说颠覆性创新，我们要坚持为世界创造价值，为价值而创新。我们还是以关注未来 5 至 10 年的社会需求为主，多数人不要关注太远。我们大多数产品还是重视延续性创新，这条路坚决走；同时允许有一小部分新生力量去从事颠覆性创新，探索性地“胡说八道”，想怎么颠覆都可以，但是要有边界。这种颠覆性创新是开放的，延续性创新可以去不断吸收能量，直到将来颠覆性创新长成大树苗，也可以反向吸收延续性创新的能量。（来源：任正非在战略务虚会上的讲话，2015）

面对着未来网络的变化，我们要持续创新。为世界进步而创造，为价值贡献而创新。在坚持延续创新的同时，要容忍不同意见和不同创新。（来源：《变革的目

的就是要多产粮食和增加土地肥力》，2015）

8.5　创新要宽容失败，给创新以空间

8.5.1　要使创新勇于冒险，就要提倡功过相抵，给创新以空间

允许有风险、允许创新。科研不可能都是成功的，应有一定的冒险。科研追求的应是投资有效性，但如果有一天研发上报的科研项目100%都成功了，100%的投资都发生作用了，那就是错误的。为什么？因为不冒险就是最大的资源浪费：浪费了人力、物力与时间。100%做成功就意味着一点险都没有冒，而没有冒险就意味着没有创新，所以创新就一定要勇于冒险，允许风险就是允许创新。（来源：《分层授权，大胆创新，快速响应客户需求》，2001）

所谓允许创新，还要提倡功过相抵，允许犯错误，允许在资源配置上有一定的灵活性，给其创新空间。不允许功过相抵，就没人敢犯错误，就没人敢去冒险，创新就成了一句空话。20世纪80年代的改革热情高涨，是因为有创新机制，允许功过相抵，而到后期乃至现在为什么没有创新？就是因为功过不再相抵、没人敢犯错误。而没有了创新机制，用再大的声音喊“大胆创新”的口号也没有用。因此，无论过去、现在还是将来，无论是在减慢速度的过程中，还是在飞速发展的过程中，创新机制都不能停，创新精神和意识在华为永远不能泯灭。一旦磨灭，我们的队伍很快就会被消灭。因此，一定要给创新以空间。（来源：《分层授权，大胆创新，快速响应客户需求》，2001）

研发以创新为主体，创新中要容忍失败，不一定失败者都会被否定。（来源：《把财经管理体系建成跟随公司业务快速变化的铜墙铁壁》，2005）

"从泥坑中爬起来的都是圣人"，研发要坚持开放与创新，要宽容失败。在研发上，相当大的内容是创新，但创新最大的可能是错误，而不是成功。如果不宽容错误，不宽容从泥坑中爬起来的人，那就是假创新，不是真创新。走对了路升得快，走错了路升得慢，但即使所有人都走对路了，只有你走错了，也不要担忧。只要有后发之劲，就有机会重新起来。我们的软交换和CDMA[①]，就是后发制人的例子，当时我们处于劣势，但后面赶上来了。大公司的优点就是可以调集优势资源，采用压强原则，快速改变节奏。因此要宽容失败，宽容失败的人，我们才有明天和光辉的未来，否则我们就没有明天。（**来源：任正非在PSST体系干部大会上的讲话，2008**）

8.5.2 在模糊区中探索，要更多地宽容失败

在创新问题上，我们要更多地宽容失败。宽容失败也要有具体的评价机制，不是所有的领域都允许大规模地宽容失败，因为你们是高端研究领域，我认为模糊区域更多。有一些区域并不是模糊的，就不允许他们乱来，比如说工程的承包等都是可以清晰数量化的，做不好就说明管理能力低。但你们进入的是模糊区域，我们不知道它未来会是什么样子，会做成什么。因此，你们在思想上要放得更开，你可以到外面去喝咖啡，与人思想碰撞，把你的感慨写出来，发到网上，引领一代新人思考。也许不只是华为看到你了，社会也看到你了，没关系，我们是要给社会做贡献的。当你的感慨可以去影响别人的时候，别人就顺着一路走下去，也许他就走成功了。所以在创新问题上，更多的是一种承前启后。我今天给你们讲这些话，也许你们成功的时候我已经不在人世了。但是不能因为我不在人世，咱们讲话就一定要有局限性。你们科学家也不能因为这样就有局限性。也许你对人类的预测，你最终也看不见，但是我觉得这并不一定错误。因此，要构成一个突破，需要几代人付出极大的努力，所以我们不能今天说明天能在哪里登陆，这不

① CDMA，code division multiple access，码分多址接入，是指一种扩频多址数字式通信技术，应用于800MHz（兆赫）和1.9GHz（吉赫）的超高频（UHF）移动电话系统。

是诺曼底。（来源：任正非与2012实验室座谈会纪要，2012）

在看待历史问题的时候，特别是做基础科学的人，更多要看到你对未来产生的历史价值和贡献。我们公司要宽容“歪瓜裂枣”的奇思异想，以前一说歪瓜裂枣，他们把“裂”写成劣等的“劣”。我说你们搞错了，枣是裂的最甜，瓜是歪的最甜。他们虽然不被大家看好，但我们从战略眼光上看好这些人。今天我们重新看王国维、李鸿章，实际上他们就是历史的歪瓜裂枣。从事基础研究的人，有时候不需要急功近利，所以我们从来不让你们去比论文数量这些东西，就是想让你们能够踏踏实实地做学问。但做得也不够好，为什么说不够好呢，就是我们的价值观也不能完全做到统一，统一的价值观是经过多少代人的磨合才有可能的，现在我们也不能肯定，但是我们尽力去做。（来源：任正非与2012实验室座谈会纪要，2012）

8.5.3 要肯定反对者的价值和作用，允许反对的声音存在

我们在华为内部要创造一种保护机制，一定要让蓝军有地位。蓝军可能胡说八道，有一些疯子，敢想敢说敢干，博弈之后要给他们一些宽容，你怎么知道他们不能走出一条路来呢？世界上有两条防线是失败的，一条就是法国的马其诺防线，法国建立了马其诺防线来防德军，但德国不直接进攻法国，而是从比利时绕到马其诺防线后面，这条防线就失败了。还有日本防止苏联进攻中国满洲的时候，在东北建立了17个要塞，他们赌苏联是以坦克战为基础，不会翻大兴安岭过来，但百万苏联红军是翻大兴安岭过来的，日本的防线就失败了。所以我认为防不胜防，一定要以攻为主。攻就要重视蓝军的作用，蓝军想尽办法来否定红军，就算否不掉，蓝军也是动了脑筋的。三峡大坝的成功要肯定反对者的作用，虽然没有承认反对者，但设计上都按反对意见做了修改。我们要肯定反对者的价值和作用，要允许反对者的存在。（来源：《最好的防御就是进攻》，2013）

蓝军要充分发挥作用，红军司令应该从蓝军中选拔。蓝军司令能找到打破红军的东西，说明动了脑筋；如果找不到，就说明蓝军落后了，原来是“少将”，可以调到“炊事班”做“中校班长”，换个明白人继续冲锋。如果蓝军不去正面反对，如何能看到一颗将星在闪耀呢？心声社区有一篇批评SDN[①]的文章，我不在乎他的意见是否正确，在我们公司，有敢站出来反对的声音，这就是伟大。你们红军也可以写文章，蓝军先攻，红军再守，进行博弈，意见多了就会产生思想井喷。现在SDN没有实践过，也没有在网络上PK（较量），听取一下反对的声音，也许有助于我们的产品做出来是健康的。（来源：任正非在固网产业趋势及进展汇报会上的讲话，2015）

8.6 只有拥有核心技术知识产权，才能进入世界竞争

8.6.1 未来的市场竞争就是知识产权之争

未来的蓝图是美好的，作为一个直接和国外著名厂商竞争的高科技公司，没有世界领先的技术就没有生存的余地，在奋力发展各种尖端科技之时，应加强知识产权的保护工作，公司的每一位员工都应像保护自己的眼睛一样保护公司的知识产权。（来源：《目前形势与我们的任务》，1995）

知识产权最大的特点就是高科技产品的附加值。什么叫民族工业？我认为有自主知识产权的高科技产业就是民族工业，哪怕这个高科技项目是外国人在中国投资的，只要知识产权是在中国申请注册的就行。自主知识产权的作用，国家现在越来越重视，而我们公司从一开始就很重视。（来源：《持续技术领先，扩大突破口》，1996）

① SDN，software-defined networking，软件定义网络，是一种新型网络创新架构，其核心技术OpenFlow通过将网络设备控制面与数据面分离开来，从而实现了网络流量的灵活控制。

我国引进了很多工业，为什么没有形成自己的产业呢？关键是核心技术不在自己手里。掌握核心，开放周边，使企业既能快速成长，又不受制于人。只有拥有核心技术知识产权，才能进入世界竞争。（来源：《华为的红旗到底能打多久》，1998）

预研投入将来还要摸索出其中有多少是标准费用，有多少是专利费用，有多少是国际会议的费用，有多少是人的费用。预研投入占研发费用的10%，也就是占销售收入的1%左右。需要将预研下的不同要素（如标准、专利、会议、人）的费用也细分出来，否则标准永远长不大，因为它没钱，没预算。（来源：任正非对2005年规划预算工作指示会议纪要）

将来的市场竞争就是IPR①之争，就是未来的企业之争。所以将来没有核心IPR的国家，永远不会成为工业强国。我们国家提出要自主创新，首先要用法律的手段保护知识产权，自己的、别人的知识产权应一视同仁地保护。（来源：《华为公司的核心价值观》，2007修改版）

实际上保护知识产权是我们自己的需要，而不是别人用来打压我们的手段，如果认识到这一点，几十年、上百年后我们国家的科技就有希望了。但是科技不是一件急功近利的事情，一个理论的突破，构成社会价值贡献需要二三十年。（来源：任正非在IP交付保障团队座谈会上的讲话，2014）

我们要清醒认识到，未来一定会有一场知识产权大战，我们要构筑强大的知识产权能力，来保护自己不被消灭，但我们永远不会利用知识产权去谋求霸权。当我们想从这里谋取利益，实际就开始走向死亡。（来源：任正非在IP交付保障团队座谈会上的讲话，2014）

---

① IPR，intellectual property rights，知识产权。

8.6.2 诞生伟大公司的基础是保护知识产权

我们的目标是发展拥有自主知识产权的世界领先的电子和信息技术支撑体系。（来源：《华为公司基本法》，1998）

尊重他人的以及自己的知识产权，是华为成为一个国际公司的必要条件。（来源：《管理工作要点》，2003~2005）

一个企业要长期保持在国际竞争中的优势，唯一的办法便是拥有自己的竞争力。当华为拥有知识产权的产品以强劲的竞争力冲出亚洲，走向世界的时候，它代表着一个国家向全世界展示：中国不但过去曾经是文化科技大国，今天、明天、后天还会再创辉煌。（来源：《致新员工书》，2005）

创新是要有理论基础的。如果没有理论的创新，就没有深度投资，很难成就大产业。理论上要想有突破，首先一定要保护知识产权，才会有投资的积极性，创新的动力。（来源：《与任正非的一次花园谈话》，2015）

保护知识产权要成为人类社会的共同命题。别人劳动产生的东西，为啥不保护呢？只有保护知识产权，才会有原创发明的产生，才会有对创新的深度投资及对创新的动力与积极性。没有原创产生，一个国家想成就大产业，是没有可能的，即使成功了，也像沙漠上修的楼一样，是不会稳固的。原创发明的人往往在几十年前就开始提出想法，人类社会并不理解他们的真知灼见，可能还会认为莫名其妙，把他们看成异类。科学家在创造的时候是只有少数人掌握了真理，逐渐逐渐再扩散，慢慢人类社会上有更多的人理解，然后在工艺等很多方面取得进步，使梦想成为可能，通过几十年时间打好基础，才能为人类社会服务。（来源：《与任正非的一次花园谈话》，2015）

我们要依靠一个社会大环境来保护知识产权。依靠法律保护创新才会是低成本。随着我们越来越前沿，公司对外开放、对内开源的政策已经进入了一个新的环境体系。过去二三十年，人类社会走向了网络化；未来二三十年是信息化，这个时间段会诞生很多伟大的公司，诞生伟大公司的基础就是保护知识产权，否则就没有机会，机会就是别人的了。（来源：《与任正非的一次花园谈话》，2015）

我们要正视美国的强大，它先进的制度、灵活的机制、明确清晰的财产权、对个人权利的尊重与保障，这种良好的商业生态环境，吸引了全世界的优秀人才，从而推动亿万人才在美国土地上投资和创新，是一个创新力井喷的国家。我们推动全面创新，要学习它的好方法、好机制。（来源：《与任正非的一次花园谈话》，2015）

8.6.3 有了知识产权，也不要强势不饶人

在专利申请上，我们不要片面去追求数量世界第一，要多申请高端专利。低端专利是防止黑客产生，有些边缘无用的专利就没有意义去申请了。什么叫低调？那是王者心态！既然都是王了，还要那么高调干什么？大家都已经知道你吃的是肉，为什么还把油抹到嘴上？（来源：任正非在与法务部、董秘及无线员工座谈会上的讲话，2015）

在知识产权的问题上，尽管我们很努力，尽管我们做得很优秀，但是在人类历史的长河中，还是不够。所以在谈判过程中，我们要学会适当地妥协，这就是“开放、妥协、灰度”。不要强势就不饶人，得意变猖狂是小人，我们要做肚量大的人。“一纸书来只为墙，让他三尺又何妨？万里长城今犹在，不见当年秦始皇。”就是说其实我们在合理谈判的前提下，可以对西方公司让步一点，因为我们还会更强大。你们可以去安徽桐城的六尺巷，好好体验一下古时候伟大人物的胸怀，有胸怀才能有天下。（来源：任正非在与法务部、董秘及无线员工座谈会上的讲话，2015）

第九章

更多地强调机会对公司发展的驱动

机会是企业扩张的动力。信息网络的加速庞大，使得所有新产品和新技术的生命周期越来越短。不能紧紧抓住机会窗短短开启的时间，获得规模效益，企业的发展会越来越困难。要反周期成长，错开相位发展，在世界竞争格局处在拐点的时候要敢于超车。在大机会时代，千万不要机会主义，要有战略耐性。

抓住机会与创造机会是两种不同的价值观，它确定了企业与国家的发展道路。寻找机会，抓住机会，是后进者的名言。创造机会，引导消费，是先驱者的座右铭。已经走到前面的世界著名公司，是靠研发创造出机会，引导消费的。他们在短时间席卷了机会窗的利润，又投入创造更大的机会，这是他们比我们发展快的根本原因。

西方公司以资源驱动企业发展，我们更多的是强调机会对公司发展的驱动。当公司出现机会和成本的冲突时，我们是要机会还是要成本？首先要机会。抓住了战略机会，花多少钱都是胜利；抓不住战略机会，不花钱也是死亡。节约是节约不出华为公司的。

本章将围绕战略机会对公司发展的驱动这一主题展开论述，彰显华为经营战略的特色。

9.1 抓住战略机会扩张，敢于胜利才能善于胜利

9.1.1 大数据流量可能将呈超几何级数增长，这是我们面临的最核心、最大的机会

公司遇到了千载难逢的历史时机，要抓住机会，加速发展。（来源：《坚定不移地坚持发展的方向》，1995）

我们国家经历了这100年的波折，终于在20世纪出现了中国最难得的大好时期。华为出现了一个非常稳定的扩张时期，所以我们是与潮流同步的。我们冲破这条封锁线站到世界前沿的可能性是存在的。远大的理想、远大的志向一定要从做实开始。（来源：任正非在北京研究所座谈会上的讲话，1997）

机会是企业扩张的动力。（来源：《我们向美国人民学习什么》，1998）

信息网络的加速庞大，使得所有新产品和新技术的生命周期越来越短。不能紧紧抓住机会窗短短开启的时间，获得规模效益，那么企业的发展会越来越困难。（来源：《不做昙花一现的英雄》，1998）

要善于抓住机会，缩小差距，使公司同步于世界而得以生存。（来源：《华为的冬天》，2001）

从全球宏观环境来看，5000年后还有西瓜，我们还要吃西瓜。西方国家，包括欧美日的网络都是20世纪80代建设的，那时的技术条件是很落后的，运营的网络也是落后的。在IT泡沫时期推迟了优化，几年以后这个问题突显出来，而且问题越来越严重。因此他们要对网络进行改造，这就给我们提供了巨大的市场空间。非洲、拉丁美洲有些后进的国家，现在也要尽快推动信息化，填平数字鸿沟，来解决信息对人们的进步的促进问题，也有一定的空间。整个市场空间正在复苏，给我们提供了一个巨大的奋斗的平台，我们应该是有机会的，而且机会越来越明显。（来源：任正非在2004年三季度国内营销工作会议上的讲话）

整个战线的目的，就是要加强扩张，要加快扩张。我们这样的机会1000年不再出现一次。曾经出现过千载难逢的机会，就是七八年前出现过这种机会，但那时候我们还是蚂蚁，我们没有这个能力。而我们现在已经有能力了。我们这个时候要敢于胜利，才能善于胜利。（来源：EMT纪要[2008]009号）

大数据流量可能将呈超几何级数增长，有流量就有机会。华为担负传输的任务，需要更大、更粗、更快的管道，这是我们面临的最核心、最大的机会。我们集25年努力建立起的平台基础，比别人有优势。粗管子由十几根细管子叠起来的时代要结束，未来需要大平台，这是小公司做不到的，那我们的战略机会点就出现了。（来源：任正非在2013运营商网络BG战略务虚会上的讲话及主要讨论发言）

未来信息社会到底是什么样子，人们还没有想明白，我们也没有想明白。当年我们提出“太平洋管道”，仅仅是在技术上领先了别人一步，获得了战略地位；在企业市场等其他方面，我们还没有获得战略地位。ICT大流量一定有很多机会，

我们一定要占据应该占据的重要机会。（来源：任正非在公司近期激励导向和激励原则汇报会上的讲话，2014）

9.1.2 抓战略机会，要敢于投入，坚持投入

要从战略的角度看待当前公司的发展，发展需要发展成本，招人对效益、工资增长可能会有牵制，但要看到明天、看到未来，这样就会有新的、不同的认识。该发展时必须抓住机会迅速发展。（来源：任正非在“2001年应届毕业生招聘动员暨培训会议”上的讲话纪要）

我们要坚信全IP、有线无线合一的宽带化是未来的道路。要敢于加大投入，要敢于吸收有用的人才与我们一起奋斗，共享未来的成功。（来源：《让青春的火花，点燃无愧无悔的人生》，2008）

在这个时代里，大公司是最后的赢家。机会总是波浪式的，波一下、浪一下，你抓住机会，大规模地投入，就从后进变先进了。有时并不一定急于领先小公司。（来源：向任正非汇报华为能源业务进展会议纪要，2011）

未来3~5年，可能就是分配这个世界的最佳时机，这个时候我们强调一定要聚焦，要抢占大流量的战略制高点，占住这个制高点，别人将来想攻下来就难了，我们也就有明天了。大家知道这个数据流量有多恐怖啊，现在图像要从1k走向2k，从2k走向4k，走向高清，小孩拿着手机咔嚓咔嚓照，不删减，就发送到数据中心。你看这个流量的增加哪是你想象的几何级数啊，是超几何级数的增长，这不是平方关系，可是立方、四次方关系的增长的流量。这样管道要增粗，数据中心要增大，这就是我们的战略机会点，我们一定要拼抢这种战略机会点，所以我们不能平均使用力量，组织改革要解决这个问题，要聚焦力量，要提升作战部队的作战能力。（来源：任正非在企业业务座谈会上的讲话，2013）

当发现一个战略机会点，我们可以千军万马压上去，后发式追赶，你们要敢于用投资的方式，而不仅仅是以人力的方式，把资源堆上去，这就是和小公司创新不一样的地方。（来源:《用乌龟精神，追上龙飞船》，2013）

我们现在要保持一定的投资强度，投资要聚焦到战略制高点上来，抢了战略制高点，不卖得那么便宜，盈利的钱去做先进性的研究。（来源：任正非在企业业务座谈会上的讲话，2013）

抢占战略制高地，我们只需要三分之一的地盘，插进一只脚去。战略机会永远都会出现，技术在进步，时代在进步，客户在变化，不是要完全颠覆已有的优势才可以获得战略机会。（来源：任正非在销售项目经理资源池第一期学员座谈会上的讲话，2014）

9.1.3 抓住机会与创造机会

战略规划委员会解决的是未来发展的问题，目标是捕捉机会，是让各种来自不同渠道的有用的思想火花转化为现实的产品和市场可能，是通过不断地实践摸索，发现新的增长点。中研部总体办是对已经形成的机会点，实施集中精力打歼灭战，目标是产品。华为公司总有一天会走到世界同行的前列，总有一天必须由自己开创出新的技术、新的产品、新的市场，因而从混沌中寻找机会，对未来的增长点的把握必须有一套有效的组织体系和科学的工作方法作为保证。（来源:《在混沌中寻找机会，牵引公司未来发展》，1997）

IBM公司每年约投入60亿美元的研发经费。各个大公司的研发经费都在销售额的10%左右，以此创造机会。我国在这方面比较落后，对机会的认识往往在机会已经出现以后，做出了正确判断，抓住机会，形成了成功，华为就是这样的。而已经走到前面的世界著名公司，他们是靠研发创造出机会，引导消费。他们在短时间席卷了机会窗的利润，又投入创造更大的机会，这是他们比我们发展快的根本原因。（来源：《我们向美国人民学习什么》，1998）

抓住机会与创造机会是两种不同的价值观，它确定了企业与国家的发展道路。混沌中充满了希望，希望又从现实走向新的混沌。人类历史是必然王国向自由王国发展的历史。在自由王国里又会在更新台阶上处于必然王国。因此，人类永远充满了希望，再过 5000 年还会有发明创造，对于有志者来说，永远都有机会。任何“时间晚了”的悲叹，都是无为者的自我解嘲。（来源：《我们向美国人民学习什么》，1998）

寻找机会，抓住机会，是后进者的名言。创造机会，引导消费，是先驱者的座右铭。（来源：《我们向美国人民学习什么》，1998）

我们一定要在困难中寻找机会点，市场容量下降，但我们的市场份额不降，还要增长。我们一定要致力在低潮时期实现增长，我长彼消，甩开对手，这就是战略机会点。（来源：《抓住机会，在逆境中实现增长》，1999）

我们要特别关注机会点，要迅速地集中能量，要有市场的敏感性，要有快速响应能力，特别是关注客户需求。既要关注长期的目标，也要集中力量抓住近两年的机会。（来源：研发管理委员会会议纪要，2001）

9.2 对高科技企业来说机会大于成本，用机会牵引资源分配

9.2.1 抓住了战略机会，花多少钱都是胜利；抓不住战略机会，不花钱也是死亡

公司的总目标是销售、利润。我们要加大研发投入，研发投入如果有效，就

增加了我们的机会，我们重视这个机会的增长；市场加大投入，也有利于我们获得机会，我们要抓住这个机会，这个机会是大于成本的。当公司出现机会和成本的冲突时，我们是要机会还是要成本？首先要机会。我一直认为我们高科技企业机会是大于成本的，只要符合机会，成本的增长是可以理解的。（来源：2001年税收预算汇报会议纪要，2001）

眼前最重要的不是成本高低问题，而是能否抓住战略机会的问题。抓住了战略机会，花多少钱都是胜利；抓不住战略机会，不花钱也是死亡。节约是节约不出华为公司的。（来源：任正非在上海研究所的讲话，2007）

我们同时要对短线无线产品，以及其他无线配套产品的开发，在有清晰长远目标的思路的条件下，要敢于机会主义，敢于抓住机会窗开窗的一瞬间，赢取利润，以支持长线产品的生存发展。（来源：《让青春的火花，点燃无愧无悔的人生》，2008）

9.2.2 要更多地强调机会对资源分配的牵引

务实与务虚相结合。我们企业很强调务虚，什么叫务虚呢？就是要利用机会强制地牵引公司前进，寻找企业发展的方向，比如说产品的定位方向、人才管理的方向等各种方向，形成这种方向来牵引公司前进。在新的机会点上要敢于站到世界大公司的前面来。所以，华为公司从创业到现在为止，有人说我们是堂吉诃德，为什么呢？就是因为我们从来都是把每一个产品研究的定位点定位在与国际接轨，定位在产品必须具有世界先进水平，而不是定位在国内。这就是务虚，抓住机会，牵引公司前进，在前进过程中，公司旧的平衡破坏掉了，又重新进行新的平衡，那么公司就又上了一个新的台阶。（来源：《抓住机遇，调整机制，迎接挑战》，1997）

机会、人才、技术和产品是公司成长的主要牵引力。这四种力量之间存在着相互作用。机会牵引人才，人才牵引技术，技术牵引产品，产品牵引更多更大的机会。落后者的名言是抓住机会，而发达国家是创造机会，引导消费。机会是由人去实现的，人实现机会必须有个工具，这就是技术，技术创造出产品就打开了市场，这又重新创造了机会。这是一个螺旋上升的循环。（来源：《华为的红旗到底能打多久》，1998）

西方公司以资源驱动企业发展，我们更多的是强调机会对公司发展的驱动。（来源：《CFO要走向流程化和职业化，支撑公司及时、准确、优质、低成本交付》，2009）

9.3 基于优势选择大市场

9.3.1 只有大市场才能孵化大企业

我们市场的重点不是一台一台地卖机器，而是通过建立大市场形象，将产品推向一个地区，乃至整个国家。交换机是国家集中控制的产品，所以尽管整个通信市场很大，实际却集中在少数人手里。“过河一定要有船和桥”，我们要得到较好的利润，就需要通过大市场来获取。所以市场部以后会有一批人退出具体销售，进入不与商品发生直接关系的市场，创建大环境。大市场概念与市场竞争法则一定会让我们一步一步地走向辉煌。（来源：《任正非谈公司市场策略》，1994）

只有大市场才能孵化大企业。中国通信网的蓬勃发展给了我们这个机会，我们成长的环境是非常艰难的，但是也充满了机会，这就是机会。如果中国市场根本就不需要产品，我们就要把方便面全部卖到世界各国去，你想这个方便面好卖吗？美国就不吃方便面。我们相信中国的名牌产品也会随中国通信网的大发展应

运而生。（来源：《抓住机遇，调整机制，迎接挑战》，1997）

我们过去的成功说明，只有大市场才能孵化大企业。选择大市场仍然是我们今后产业选择的基本原则，但是，成功并不总是一位引导我们走向未来的可靠向导，我们要严格控制进入新的领域。（来源：《华为公司基本法》，1998）

9.3.2 在大市场中，要抢占制高点

我们在市场中，要逐步学会抢占战略高地，采取从上向下辐射的市场策略。当然，我们得有相当“高”的产品及服务，才有高地之说。同时，没有质量好、成本低的中低端产品，包围占领山脚，就形不成规模利润。（来源：《要培养一支能打仗、打胜仗的队伍》，2013）

超宽带时代会不会是电子设备制造业的最后一场战争？我不知道别人怎么看，对我来说应该是。如果我们在超宽带时代失败，也就没有机会了。这次我在莫斯科给兄弟们讲，莫斯科城市是一个环一个环组成的，最核心、最有钱的是在大环里，我们十几年来都没有打进莫斯科大环，那我们的超宽带单独在西伯利亚能振兴吗？如果我们不能在高价值区域抢占大流量机会点，也许这个代表处最终会萎缩、边缘化。这个时代在重新构建分配原则，只有努力占领数据流的高价值区，才有生存点。我们已经打进东京、伦敦……相信最终也会打进莫斯科大环。（来源：《用乌龟精神，追上龙飞船》，2013）

什么是大流量的制高点呢？不是说那个400G叫制高点，而是任何不可替代的、具有战略地位的地方就叫制高点。那制高点在什么地方呢？就在10%的企业，10%的地区。从世界范围看大流量，在日本是3%的地区，汇聚了70%的数据流量；中国国土大，分散一点，那么10%左右的地区，也会汇聚未来中国90%左右的流量。（来源：任正非在企业业务座谈会上的讲话，2013）

数据分配模型要和管道战略结合起来，“10%地区拥有90%流量”的价值观念要在规划中体现，即投入90%的资源，争夺10%的高价值客户和地区，而不是在所有地区和客户都加大投入。我们要抢占战略高地，但不是全世界所有高地都要抢到，抢不到的高地做战略放弃（包括市场、技术）。用抢到的高地来养活公司。（来源：任正非在2013运营商网络BG战略务虚会上的讲话及主要讨论发言）

我们不能笼统来看战略制高地，也要把这些制高地分成很多个阵地，对其进行分析，拿出策划和措施来，实事求是地获得成功，无线占不到优势的地方，支撑系统能否占有呢？公司各个层面都要聚焦到机会窗。将来我们不仅在销售上要对标战略制高点，也允许代表处自己来规划战略机会点。两三百个战略机会点不能仅仅是战略对标的结果，研发队伍的武器也要适应我们参战未来大流量机会点的战斗结构，我们整个队伍都要聚焦起来。（来源：《喜马拉雅山的水为什么不能流入亚马孙河》，2014）

9.3.3 要利用我们的独特优势进入新领域

我们进入新的成长领域，应当有利于提升公司的核心技术水平，有利于发挥公司资源的综合优势，有利于带动公司的整体扩张。顺应技术发展的大趋势，顺应市场变化的大趋势，顺应社会发展的大趋势，就能使我们避免大的风险。只有当我们看准了时机和有了新的构想，确信能够在该领域中对顾客做出与众不同的贡献时，才进入新的市场广阔的相关领域。（来源：《华为公司基本法》，1998）

华为公司选择做什么和不做什么，还应该考虑华为进入这个领域要有独特的优势，比如我们研发的优势、全球网络的优势等。要利用我们的独特优势进入新领域，而不是站在和别人一样的起点上去做。（来源：EMT纪要[2010]030号）

9.4 集中优势资源撕开市场的突破口

9.4.1 一定要把战略力量集中在关键突破口上

朱可夫指挥斯大林格勒保卫战的时候，他是几千门大炮纵向排列，对准一个点上来破德军，而不是到处乱炸口子，城墙只倒了半截，士兵要爬着冲上去，要死多少人啊！还不如只炸平一个口子，坦克直接开进去。所以我们一定要有战略集中度，要找到突破口，而不是说竞争对手怎么做我们就怎么做。我们还是有所为有所不为，不要全面开展。如果我们在某一个行业具有优势，我们就集中力量在这个行业突破。（来源：任正非在苏州企业业务战略务虚会上的讲话及主要讨论发言，2012）

我们公司就是太重视细节了，缺少战略家。我们要打开城墙缺口，我不在乎你是一发炮弹炸开的还是六发炮弹炸开的，我要求的就是打开城墙，冲进去占领这个城市，那有多少财富呀！我不是说不该降低成本和提升质量，而是要看战略机会点，看哪个更重要，一定要把战略力量集中在关键的突破口上，集中在主航道上，主战场上。（来源：《力出一孔，要集中优势资源投入在主航道上，敢于去争取更大的机会与拉开更大的差距》，2011）

我认为企业业务不需要追求立刻做大做强，还是要做扎实，赚到钱，谁活到最后，谁活得最好。华为在这个世界上并不是什么了不起的公司，其实就是我们坚持活下来，别人死了，我们就强大了。所以现在我还是认为不要盲目做大，盲目铺开，要聚焦在少量有价值的客户，少量有竞争力的产品上，在这几个点上形成突破。好比战争中我这个师是担任主攻任务，就是要炸开城墙，那么我打进城也就是前进400米左右，这个师已经消耗得差不多了，接着后面还有两个师，然后就突进去了，从400米突到一公里、两公里左右，接着下来再进去三个师，攻城就是这么攻的。所以我们在作战面上不需要展开得那么宽，还是要聚焦，取得突破。当你们取得一个点的突破的时候，这个胜利产生的榜样作用和示范作用是巨大的，这个点在同一个行业复制，你可能会有数倍的利润。所以说我们要踏踏实实沿着有价值的点撕开口子，而不要刚撕开两个口子，就赶快把这些兵调去另外一个口子，这样的话你们就是成吉思汗，就是希特勒，你们想占领全世界，你们分兵多路，最后就必然是死亡。（来源：任正非在企业业务座谈会上的讲话，2013）

9.4.2 在模糊的情况下必须多条战线作战，当市场明晰时立即将投资重心转到主线上去

在混沌中去寻找战略方向，抓住从混沌已凝结成机会点的战略机会，迅速转向预研的立项。逐步聚集资源、人力、物力进行项目研究，集中优势兵力一举完成参数研究，同时转入商品性能研究。在严格的中试阶段，紧紧抓住工艺设计、容差设计、测试能力，使成果更加突出商品特性。（来源：《自强不息，荣辱与共，促进管理的进步》，1997）

只要市场需要，而且这个市场需要可能有一个市场的支撑量，我们就要抓住这个机会。现在我们并不知道市场会出现什么导向。所以在市场比较模糊的情况下，我们轻易不能放弃，在目前模糊的情况下，必须多条战线作战，当市场明晰时，我们立即将投资重心转到主线上去。所以我主张业务导向、产品导向，以利润为导向，但是不为利润所动，我们需要的是未来的机会。（来源：研发管理委员会会议纪要，2001）

大数据流量时代，没人知道未来的流量到底会有多大，固网将发挥重要作用，有巨大的市场机会。既然我们确定了大军滚滚向前的方向，就要把实现目标的多重机会都当成对目标进攻的多种方式。不能只赌一种机会，那是小公司资金不够的做法。我们是大公司，有足够的资金支持，要敢于投资，在研究与创新阶段可

从多个进攻路径和多种技术方案、多梯次地向目标进攻。在主航道里用多种方式划船，这不是多元化投资，不叫背离主航道。现在的世界变化太快，别赌博，只赌一条路的公司都很难成功。因为一旦战略方向错误，损失就会巨大。（来源：任正非在固网产业趋势及进展汇报会上的讲话，2015）

9.4.3 我们做战略决策的时候，不能只把宝押在一个上面

对于公司战略发展方向的问题，公司不能在战略投入上出现延误，延误了可能会造成我们未来很大的损失。（来源：数据通信产品发展战略研讨会议纪要，2000）

当公司决定在某一战略方向发展时，要在相背的方向，对外进行风险投资，以便在自己的主选择是错的时，赢回时间。当事物还处于混沌状态，自己没有主选择时，要同时在多种方向进行均衡的风险投资。只有当事物的主线越来越明晰后，才大规模组织队伍扑上去。即使在扑上去时，也要认真研究哪一些可以国际合作。不要什么都自己做。任何一个公司都要走专而精的道路。（来源：产品线管理办公室工作汇报会议纪要，2000）

我们做战略决策的时候，不能只把宝押在一个上面，因为做产品只选择其中一种考虑，风险太大。（来源：任正非与CDMA2000基站产品组座谈纪要，2001）

对于大流量传送，我们既不知道未来流量有多大，也不知传送的形式是什么。因此，我们在研究上不能靠赌的方法。赌一种机会是小公司投资不够的做法。对未来的实现形式可以有多种假设、多种技术方案。随着时间的推移，世界逐步倾向哪一种方案，我们再加大这方面的投入，逐步缩小其他方案的投入。且不必关闭其他方案，可以继续深入研究，失败的项目，也培养了人才。例如当年我国核爆就有两种方案，邓稼先方案、王淦昌方案，王淦昌方案在当时的工业条件上实

现有困难，中央先批准邓稼先方案，但王淦昌不仅全力支持邓稼先，而且也不气馁，继续研究，后来也成功了，为我国的重型核爆做出贡献。氢弹之父于敏，走了不同于别人的热核路线，中国的氢弹也爆炸成功了。美国也惊叹，热弹也有第二条道路？华为的高层领导与专家，要有气量，容得下不同意见、不同道路。（来源：任正非与英国研究所、北京研究所、伦敦财经风险管控中心座谈的纪要，2015）

9.5 抓住产业调整期奠定长期市场格局

9.5.1 错开相位发展，加大对未来机会的投入

危机可能到来，我们力求避开危机。我认为要加大投入，不加大投入，我们就会很危险。（来源：《创业创新必须以提升企业核心竞争力为中心》，1999）

错开相位发展，加大对机会的投入。研发与市场要相差两年左右的时间，现在如果不加大投入，等到春天来了我们种什么？不加大投入怎么能产生机会？研发体系要和市场体系错开相位发展，在市场下滑时，要加大研发投入，才有可能在市场重新恢复到正常状态的时候有所发展。为了迎接这种到来，我们在研发体系投入问题上是不能动摇的。（来源：产品线管理办公室工作汇报会议纪要，2000）

我们现处在快速扩张的阶段，属于反周期成长。所谓反周期成长，就是经济大形势下滑时，我们加速成长。2000 年后那一段时间，我们内外交困，几乎濒临崩溃。按正常逻辑，这时候应该是收手，休整队伍、巩固好根据地，以便下次再来。但我们是反周期成长，加大投入，因此等经济危机一过，友商就看到旁边站着个人，个子虽然还有点矮，鼻子也低，看着还是长大了。通过第一个反周期性成长，我们站在世界舞台上了。现在第二个反周期性成长，能达到什么目标很难

说，但我们至少应该有几个定价权吧。（来源：任正非在PSST体系干部大会上的讲话，2008）

回想IT泡沫崩溃时的情景，当时传输从白马王子，跌落到一文不值，许多业界领袖公司减少了投入。而我们反周期成长，在财务极度困难时，没有减少投入，使我们今天能成为世界第二。（来源：《让青春的生命放射光芒》，2008）

9.5.2 要在世界竞争格局处于拐点的时候，敢于“弯道超车”

最近，我们确定了要“在弯道里超车”。我们要在世界竞争格局处于拐点的时候敢于超车。大家看F1比赛，赛车在直线跑道从来没有超车的，因为超不了。在直线上大家都是拼命加速，你怎么超得了呢？西方同行有几十年的管理积累、品牌积累、客户的信任积累。在发展形势一片大好时，他们一加速就跑得远远的，我们超不了。而在弯道的时候，一个判断失误，可能他就掉到后面去了。因为弯道多迷惑、多犹豫。现在电子产品像秋天的西瓜一样过剩，西瓜太多了，西瓜的价格就降到令人不可接受的地步，谁都不清楚未来这些产品能否恢复盈利。我们只要把握了我们的优势，敢于在弯道上加大投入，就有可能在某方面超越他们。电信行业已处在一个技术转型、网络转型、业务转型以及商业模式转型的弯道。（来源：《认清形势，加快组织建设和后备干部培养，迎接公司新发展》，2005）

9.5.3 在大机会时代，千万不要机会主义

在大机会时代，千万不要机会主义，我们要有战略耐性。（来源：《在大机会时代，千万不要机会主义》，2014）

我们不要急于将新技术过快地推向市场，我们要有战略耐性，可以后发制人。我们一直在关注客户需求的方向，我们并没惰怠，就像一只猫，弓缩着身子，直

到市场机会成熟。我们不会麻木到大机会出现还不行动。同时，要研究如何保护客户的投资，物尽其用，不要净想颠覆。（来源：任正非与英国研究所、北京研究所、伦敦财经风险管控中心座谈的纪要，2015）

我们一再强调终端要有战略耐性，要耐得住寂寞。如果你们匆匆忙忙发展，可能因为一个零件问题，这批手机几十万部、几百万部出问题，就会毁了整个终端公司，有时很难再爬起来。所以我们还是要踏踏实实，控制欲望、控制合理发展速度，“鸡血”沸腾一定是犯错误的前兆。这个时代是“春秋战国”，但即使竞争激烈，我也不鼓励你们降价恶性竞争，而是鼓励提高质量，耐着性子跑，这样才能跑赢。不要担心别人短期内占领了这个市场，以人们两三年换一次手机的频率，下次就该换成华为手机了，三年以后才能“出水才见两腿泥”。（来源：任正非在消费者BG 2015年中沟通大会上的讲话）

有些企业，他们的经营模式是规模和服务，因此市场需求前景是受限制的，发展是有极限的。而且，同质化竞争，别人也可以挤进来分瓢羹，缩小你的空间。我们这个行业是高成长行业，拼实力的行业，如果今天你拿不出来先进的东西，没有前瞻性的策略，明天你就垮了。像我们这样的企业，垮了多少？我们是非上市公司，高层都是着眼未来5至10年的战略构建，不会只考虑现阶段，所以我们就走得比别人快、比他们前瞻。突破是要有战略定力和耐性的。10年、20年没有突破，甚至一生也没有突破，一生都是世界备胎。我们现在不是靠赌哪一种技术、哪一种方向，“赌博”一种路线是小公司才会干的，因为他们的投资不够。大公司有足够的资金，在主航道里用多路径、多梯次的前进，使用投资密集型，来缩短探索方向的时间。在多重机会的作战过程中，可能某种机会成为业界的主潮流，战线变粗，其他战线会慢慢变细了，但也不必关闭别的机会。把有经验的干部调到主线作战，把一批新干部调到支线作战去，继续进攻。前进的人来自于多元化视角，并不是只有一条路线思想，即使他带着的是有失败经验的思想在前进，这样我们就一定会爬到顶端。美国军队要打胜仗，不计弹药量，大家以为他们是浪费，其实是靠投资密集度来攻占。此外，我们有广泛吸纳人才的机制，而且，15万人“力出一孔，利出一孔”，我们除了胜利，已经无路可走了。（来源：《与任正非的一次花园谈话》，2015）

9.6 不放弃低端市场

9.6.1 低层网是战略性金字塔结构的基础

我们的产品结构是个金字塔，低层网是战略性的金字塔结构的基础。我们既然想在高层网上获得胜利，低层网上即使没有利润，我们也要干，就是为遏制竞争对手的全面进入，低端产品的低成本高质量不是退缩，而是调整主攻方向。（来源：任正非与企业网事业部和北京研究所部分员工座谈会议纪要，2000）

要成为行业的薇甘菊，就必须具备实力，没有实力是做不了霸主的。实力就是高质量、低成本，尤其是末端产品更要强化这种观念，我们只有在末端产品上具备了高质量、低成本才不怕恶劣市场的挑战，才不怕被对手打倒，才能在竞争激烈的市场中生存下来。薇甘菊理论要在我们低端产品上生根。（来源：《高质量、低成本，构建末端接入产品的竞争能力》，2009）

没有质量好、成本低的中低端产品，包围占领山脚，就形不成规模利润。（来源：《要培养一支能打仗、打胜仗的队伍》，2013）

中低端产品一定要保证高质量、低成本，要把山口山腰围起来形成规模市场，而且质量要做到终身不维修。（来源：任正非在重装旅集训营座谈会上的讲话，2014）

我们在争夺高端市场的同时，千万不能把低端市场丢了。我们现在是“针尖”战略，聚焦全力往前攻，我很担心一点，“脑袋”钻进去了，“屁股”还露在外面。如果低端产品让别人占据了市场，有可能就培育了潜在的竞争对手，将来高端市场也会受到影响。华为就是从低端聚集了能量，才能进入高端的，别人怎么不能重复走我们的道路呢？（来源：《坚持为世界创造价值，为价值而创新》，2015）

9.6.2 低端产品要在标准化、简单化、免维护化上下功夫

在中低端产品上，硬件要做到像德国和日本的消费电器一样，在使用寿命内永不需要维修。（来源：任正非在IP交付保障团队座谈会上的讲话，2013）

低端产品要做到标准化、简单化、生命周期内免维修。我们不走低价格、低质量的路，那样会摧毁我们战略进攻的力量。在技术和服务模式上，要做到别人无法与我们竞争，就是大规模流水化。客户想要加功能，就买高端产品去。这就是薇甘菊理论，而且我们现在也具备这个条件。（来源：《坚持为世界创造价值，为价值而创新》，2015）

低端产品就是简单化、标准化、免维护化，像印钞票一样流水线作业。能印钞票的产品一定是开放的，当然开放的产品不仅完全靠研发，还要靠规划市场、服务……（来源：《依托欧美先进软件包构建高质量的IT系统》，2015）

第十章

聚焦主航道，坚持“压强原则”

要成为一个真正的世界性产业的领导者，必须在主潮流、主航道上取得胜利。为此，一定要加强战略集中度，一定要在主航道、主战场上集中力量打歼灭战，占领高地。战略，战略，只有略了，才会有战略集中度，才会聚焦，才会有竞争力。只有懂得放弃，才有明确的战略。只有无所为，才能有所为。在选择新技术时，也要搭大船，跟着主潮流走。

我们坚持“压强原则”，“力出一孔”，加强向主航道的投入，在主航道上拉开与竞争对手的差距。使用针尖战略，纵向进攻，抢占“无人区”，加大领先性。

“战略竞争力量不应消耗在非战略机会点上”，不要在局部竞争点上消耗战略力量，要聚焦一切战略力量攻破进入大市场的门槛。要把战略能力中心，放到战略资源的聚集地去。大公司要敢于用密集投资，缩短追赶时间和延长机会窗开启的时间。

技术日益趋同，客户需求日益多样化，只有靠平台的支撑，才能更快速地满足新形势下的客户需求。产品间的竞争从长期来看，归根结底在于基础平台的竞争。我们一定要在平台建设上有更多的前瞻性，以构筑长期的胜利。

本章的论述就是围绕上述主要观点展开的。

10.1 聚焦主航道、主战场

10.1.1 要成为领导者，一定要加强战略集中度，在主航道、主战场上，集中力量打歼灭战

我们要避免多条战线作战，才能减轻疲于奔命的问题。我们就将重点放在主要客户的方向上，主要客户的方向变了，我们要跟着进行调整。（来源：任正非在华为技术安圣电气研发体系干部座谈会上的讲话，2001）

我们的投资，我们的人力资源管理，也要根据客户需求、社会需求的正态分布进行配置。我们在某些领域、某些方面做得比较优秀，也冒出了一个小头，但我们要成为一个真正的世界潮流的领导者，必须在主潮流上取得胜利。因此，现阶段按客户需求的正态分布投入力量，是符合潮流的。（来源：《静水潜流，围绕客户需求持续进行优化和改进》，2002）

不赚钱的产品就关闭压缩。我不会投资非战略性的产品，除了你们滚动投入，又能交高利润。我们整个公司只有把战线变得尖尖的，才能形成突破。否则就把

公司的能力拉得平平的了，什么城墙都攻不破。（来源：任正非在网络能源产品线汇报会上的讲话，2012）

我们要成为领导者，一定要加强战略集中度，一定要在主航道、主战场上集中力量打歼灭战，占领高地。（来源：任正非在惠州运营商网络BG战略务虚会上的讲话及主要讨论发言，2012）

什么叫主航道？世界上每个东西都有正态分布，我们只做正态分布中间那一段，别的不做了，说那个地方很赚钱我们也不做，也卖不了几个。我们就在主航道、主潮流上走，有流量就有胜利的机会。（来源：任正非在三亚终端战略务虚会上的讲话及主要讨论发言，2012）

我们必须要聚焦在一个主航道上，是以价值为中心，而不是以技术为中心。作为一个辅助产品线，一定要突出你的价值贡献是什么。（来源：任正非在网络能源产品线汇报会上的讲话，2012）

预算必须与贡献关联，与战略关联。是战略领域，我给你钱；不是战略领域，你必须给我钱。战略目标是我们的目的，预算是资源配置支持战略实现的手段。（来源：《聚焦战略，简化管理》，2012）

我们不能让诱惑把公司从主航道上拖开，走上横向发展的模式，这个多元化模式，不可能使公司在战略机遇期中抢占战略高地。我们的经营，也要从过往的盲目追求规模，转向注重效益、效率和质量上来，真正实现有效增长。我们对非主航道上的产品及经营单元，要课以“重税”，抑制它的成长，避免它分散了我们的人力。（来源：《要培养一支能打仗、打胜仗的队伍》，2013）

多少人欢乐几家愁。沿着主航道，把握好大江大河，我们一定能走到大海。

（来源：《紧紧围绕客户，在战略层面宣传公司》，2013）

我们要看看成功的美国公司，大多数是非常聚焦的。难道他们就不能堆出个蚂蚁包？为什么他们不去堆呢？当前，不是我们超越了时代需求，而是我们赶不上，尽管我们已经走在队列的前面，还是不能真正满怀信心地说，我们是可以引领潮流的。但只要我们聚焦力量，是有希望做到不可替代的。（来源：《变革的目的就是要多产粮食和增加土地肥力》，2015）

公司要像长江水一样聚焦在主航道，发出巨大的电来。无论产品大小都要与主航道相关，新生幼苗也要聚焦在主航道上。不要偏离了主航道，否则公司就会分为两个管理平台。（来源：任正非在战略务虚会上的讲话，2015）

10.1.2 在主航道，要做战略上不可替代的东西

什么叫主航道？别人难以替代，又可以大量拷贝使用的就叫主航道。（来源：任正非与巴西代表处及巴供中心座谈纪要，2014）

在主航道，我们要做战略上不可替代的事情，否则就是在支末上发展。战略不可替代，不能仅以技术为方向，也可能包括以商业模式等作为行业领先的结构。只要可替代、拼得你死我活的东西，就不是公司的战略方向。（来源：任正非在销售项目经理资源池第一期学员座谈会上的讲话，2014）

华为聚焦在主航道，收购是为了弥补管道竞争力建设上的不足，而不是为多元化经营。如果我们跨界去收购一大堆公司，会不会有假的？会不会因为经营不善，反而垮得更快？世界上最赚钱的事情，就是印钞票，你回家印饭票给你儿子，每天他撕一条给你，这点你是可以兑现的。所以不能万事都做。（来源：任正非在与法务部、董秘及无线员工座谈会上的讲话，2015）

10.1.3 聚焦在主航道上创新，不畏艰难，厚积薄发

我们只允许员工在主航道上发挥主观能动性与创造性，不能盲目创新，发散了公司的投资与力量。非主航道的业务，还是要认真向成功的公司学习，坚持稳定可靠运行，保持合理有效、尽可能简单的管理体系。（来源：《用乌龟精神，追上龙飞船》，2013）

企业市场未来肯定是有希望的，但是需要一个积累。今天来说，我们能真正大抵搞明白客户需求的就是电信运营商，我们对其他客户根本就不明白他的需求。我们盲目摆开架势，什么行业都大张旗鼓去做，我们不懂人家怎么运作，怎么帮人家做解决方案？因此还是要聚焦少数的客户、少数的行业。这样的话，就可以慢慢撕开口子。（来源：任正非和广州代表处座谈纪要，2013）

主航道上创新是非常难的，只有厚积才能薄发。要在世界最前端的主航道的前沿进行突破的话，不是博士就可以的。博士（包括博士前）只是拿到了一支桨，船在什么地方呢？像央视纪录片《神秘的刚果河》上的渔夫奋力在波涛汹涌的刚果河上，历尽九死一生，才捕到鱼那样，突破的艰难是人们难以理解的。我们十多万人奋斗了 20 多年，才划到了起跑线。突破就像奥运会金牌获得者一样，是代表人类突破。这有多么难，我们也要宽容那些一时做不出成绩的歪瓜裂枣。在科学的道路上，没有平坦的大路可走，只有不畏难的人才会到达光辉的顶点。我们一定会有一批优秀员工坚持奋斗着，终会获得上甘岭下面的钻石矿。（来源：任正非与英国研究所、北京研究所、伦敦财经风险管控中心座谈的纪要，2015）

聚焦在主航道上创新，是非常非常难的，我看到你们做的各种各样的研究创新工作，都是在主航道上添砖加瓦，不做到一定的修炼，这个前沿阵地是无法突破的。但是，我认为人类社会出现大数据流量，应该是几千年来的第一次。当第一次人类出现大数据流量时，我们公司提供的支撑系统设备，已排在世界前列，

是难得的光荣，也是难以承担的责任。我们以后还要走在世界最前列，如果我们不能走在世界最前面，我们公司就会落后，落后我们公司慢慢就会收缩，那我们前面的努力就白做了，所以我们要聚焦在主航道上创新，不在非战略机会点上消耗战略竞争力量。我们聚焦能量还不一定能成功，分散了肯定不行。技术进步太快了，我们稍有迟疑，就会被抛弃。（来源：任正非与英国研究所、北京研究所、伦敦财经风险管控中心座谈的纪要，2015）

我们的技术战略路线，这些年在聚焦上有了不少进步，才使今天效益显著增长。要明白我们不是万能的，大象踩死一只蚂蚁，是必然可能的，没有什么稀奇的，在主航道外，争做鸡头的方法是不好的。（来源：《变革的目的就是要多产粮食和增加土地肥力》，2015）

继续聚焦主航道前进，要纵深发展，不要盲目横向扩张。横向扩张容易踩别人的脚，且会诱发离职创业，导致人才流失和队伍不稳定，结果得不偿失。尤其是企业业务不要把战线扩得太大，产品与解决方案体系要从研发投资的角度来牵引销售聚焦。（来源：董事会常委会纪要[2015]023号）

10.2 有所不为才能有所为

10.2.1 收缩核心，放开周边

我们的发展战略是集中力量于电子信息领域，其他领域我们不涉足。所以我们开发的很多产品和技术，实质上还是围绕一个核心技术和核心产品。如果从事我们不熟悉的和不拥有资源的领域，华为公司是非常危险的。我们只要求拥有产品的核心技术，我们不能什么都做。（来源：《建立一个适应企业生存发展的组织和机制》，1997）

有所为有所不为，集中精力打歼灭战，都是管理成熟的开始。公司有实力实现技术装备的现代化，购买大量软件工具，提高研究水平，以缩短从立项到商品化的周期。（来源：《自强不息，荣辱与共，促进管理的进步》，1997）

为了提高公司的整体核心竞争力，我们应该有所为有所不为，应该加强和国际公司的战略性合作。（来源：产品线管理办公室工作汇报会议纪要，2000）

在华为创业初期，除了智慧、热情、干劲，我们几乎一无所有。从创建到现在华为只做了一件事，专注于通信核心网络技术的研究与开发，始终不为其他机会所诱惑。敢于将鸡蛋放在一个篮子里，把活下去的希望全部集中到一点上。（来源：《创新是华为发展的不竭动力》，2000）

在科研中也要"抓大放小"，抓住重点，不能动摇。大家在认识问题上要统一起来。在科研立项的过程中，要用正态分布图分析法，在峰值较高阶段，一定要大量投入，在峰值较低的尾线上，可减少投入或与别人合作。如果大形势没有抓住，就会被一下甩出历史长河。用正态分布角度来处理，非正态分布的两边尾线，也要投入力量，但应重点投入资金，不是重点投入人力。（来源：任正非在华为技术、安圣电气研发体系干部座谈会上的讲话，2001）

对于基础网络，一定要加强投入，基础支撑的系统我们要做。但对于满足客户需求的内容、操作性的问题、不影响核心支撑网的问题，我们完全可以开放，可以包给别的公司来做，或同时开放给两三家公司，哪家做得好哪家做。想全面满足客户需求，全部挂在我们身上，会觉得负荷太重。收缩核心、放开周边，也就是这个意义。（来源：任正非在华为技术、安圣电气研发体系干部座谈会上的讲话，2001）

大地是我们的母亲，管道是我们生存的基点。我们要紧紧抓住管道这个大地，坚持做大做强管道业务不动摇，踏踏实实地把万里长城修好，这样我们就能有最低的生存保障。在此基础上，我们再站在万里长城上去抓几朵云，做一些开放性应用业务赚些钱，使我们的生存质量更好一些。（来源：EMT纪要[2010]030号）

我们不可能在所有领域都称霸世界，要有所为，有所不为。华为紧紧围绕架构，在业务层面要走向开放，并不是什么都去做，而是要能激活别人来做。比如物联网的软件，将来可以选择业界做得好的小公司合作，而且可以根据优势不断优选。华为是硬件公司，要转到软件来，需要漫长的过程。我们要做基础的通信软件，走向开放和开源，软件也会提高形成能力，但我们只能在有限范围内去做，不能太疯狂。虽然未来硬件会越来越简单，我们还是可以靠硬件争夺霸主地位，硬件设备不要怕标准化、简单化。我们要思考，在简单化过程中，如何能称霸世界？比如，我们的管道现在有很多屏障，去掉屏障以后，就变得越来越简单；将来我们的内部、外部价值分配体系都要梳理清楚，形成庞大的战斗群。（来源：任正非在2013运营商网络BG战略务虚会上的讲话及主要讨论发言）

公司已明确“针尖”发展战略不动摇，坚持“有所为，有所不为”的路线。我们已经通过了公司战略路标图，未来就要紧紧围绕战略路标来做。在大数据流量方面加大投入，我们现在不仅是占领网络地盘，还要占领流量，我们帮客户经营，客户的地盘就那么大，但流量比别人大，那也是成功。（来源：任正非在解决方案重装旅第一期学员座谈会上的讲话，2014）

对于企业业务，一是收窄产品面，二是收窄客户面。如果我们把战线摆得太开，肯定打不好仗，最终会全军覆没。企业BG最重要的问题就是不要太贪婪了，认为哪个行业你都能打胜仗，这是绝不可能的。华为成立至今，十几万人用了二十几年时间，我们做了一个运营商业务，现在仍没人敢拍胸脯说“我们对运营商业务需求真正了解透彻了”。如果企业业务展开这么大的作业面、展开这么多的客户群、展开这么大的产品领域，你们就会不深不透。不能沿着撕开的口子纵向进攻，就是为竞争对手洗了盐碱地，还不如少做一点、收缩一点面。对于IT产品线，与企业业务一样，不要过于贪婪，收窄作业面、提高作业精度。不要认为你们的IT产品可以适用所有人，最后可能一个都不满意。而且IT基础设备开发的战略能力中心，应放到战略资源的聚集地去。（来源：任正非在战略预备队誓师典礼暨优秀队员表彰大会上的讲话，2015）

在华为创业初期，除了智慧、热情、干劲，我们几乎一无所有。从创建到现在华为只做了一件事，专注于通信核心网络技术的研究与开发，始终不为其他机会所诱惑。敢于将鸡蛋放在一个篮子里，把活下去的希望全部集中到一点上。（来源：《创新是华为发展的不竭动力》，2000）

10.2.2 只有敢于放弃，才有明确的战略

战略，战略，只有略了，才会有战略集中度，才会聚焦，才会有竞争力。我们可选择的机会确实很多，但只有有所不为，才能有所为，我们所为的标准只有一条，这就是不断地提升公司的核心竞争力。（来源：《华为的机会与挑战》，2000）

业务有很多，也不要所有的业务都做，多数业务应该做规划、管理、开放、监控、验收等，要成为更高层次的业务管理者，做得更高。要确定在哪些业务上我们必须要做，坚持在少数业务上保持"两个海军陆战队"的实力，投入大、人力精，就行了。（来源：《只有开放，才有出路》，2001）

产品战略上一定要清晰，不能什么东西都要自己搞，要敢于放弃，只有懂得放弃，才能说明你有明确的战略。市场需求大，成长性好，技术成熟的可以重点自研；市场需求小，成长性差，技术准备不成熟的可以放弃自研，考虑合作方式。（来源：《高质量，低成本，构建末端接入产品的竞争能力》，2009）

未来物联网、智能制造、大数据等将对管道基础设施带来海量的需求。我们的责任就是提供连接，具体就是连接的设备。这个世界的市场非常巨大，我们还做不到在所有国家都成功。我们只能努力把我们能做的国家做好，这就不简单了。（来源：《与任正非的一次花园谈话》，2015）

10.3 坚持“压强原则”，力出一孔

10.3.1 坚持“压强原则”，要么不做，要做，就极大地集中人力、物力和财力，实现重点突破

华为公司要坚持压强政策，即集中公司全部力量于一点，在某一点上有较大的突破。为什么要坚持“压强原则”？这是由市场信任程度（即用户心理）和每个公司能力方面都存在的压强效应决定的。AT&T（美国电话电报公司）具备生产PC（个人电脑）机的能力，但如果他们的PC机产品推出来，肯定得不到用户的青睐。华为传输产品刚推向市场，大家也许普遍会认为：华为的不如武邮的好，即使我们产品能得到承认，也需要公司投入大量的人力、物力、财力和经历很长一段时期，这就是人们信任程度方面的压强效应。作为一个公司，在一个领域，只有一个或少数几个强项，总的力量分布是只有极少的巅峰，不可能在每个方面都是力量均衡的。充分扬长避短，集中精力于自己的强项上，会产生成倍增长的规模效应。（来源：《集中力量，重点突破——任正非谈压强原则》，1994）

通信市场是很大的，若我们各方面都投入肯定受不了。我们就集中力量打歼火战，突破一个点，把人力、物力、资金集中在这一点上。在这个点上做到与外国公司同样的先进。这样就可撕开一个口，撕开一个口就有市场，有市场赚了钱再加大投资，加大投资又会有更大的突破，有突破又会有更多的市场，这样就会形成一个良性循环。如果我们的产品持续领先，如果有很大的市场，我们就像印

钞票一样，大量拷贝软件，这样成本就降下来了，利润就会增长，企业就有生机。（来源：《持续技术领先，扩大突破口》，1996）

大家知道，坦克在稀泥沼泽上可以通行无阻，但是针落到强硬的地板上，地板却经不起压强。就是说，我没钱，我就把它集中在一点上来投，压得死死的，我可能在这里面就有突破。当时社会嘲笑挖苦我们，我们就是要把精力集中到一点上来突破。（来源：《抓住机遇，调整机制，迎接挑战》，1997）

我们坚持"压强原则"，在成功关键因素和选定的战略生长点上，以超过主要竞争对手的强度配置资源，要么不做，要做，就极大地集中人力、物力和财力，实现重点突破。（来源：《华为公司基本法》，1998）

华为从创业一开始就把它的使命锁定在通信核心网络技术的研究与开发上。我们把代理销售取得的点滴利润几乎全部集中到研究小型交换机上，利用压强原则，形成局部的突破，逐渐取得技术的领先和利润空间的扩大。技术的领先带来了机会窗利润，我们再将积累的利润投入到升级换代产品的研究开发中，如此周而复始，不断地改进和创新。今天尽管华为的实力大大地增强了，但我们仍然坚持压强原则，集中力量只投入核心网络的研发，从而形成自己的核心技术，使华为一步一步前进，逐步积累到今天的世界先进水平。（来源：《创新是华为发展的不竭动力》，2000）

我们要用精兵强将来做畅销产品，就是针对客户需求，一定要以商业成功价值来评价，当大的产品卖不动的时候，就要把兵力迅速调集过来，去抓去抢市场畅销的产品。（来源：《我们必须用内心之火、精神之光点燃部属必胜的信念》，2002）

大公司与小公司的区别就在于：小公司灵活和响应快，可能会先发现市场和机会点，并抢到一定的利润；大公司庞大，反应慢，但一旦进入，就会利用自己的平台优势和规模优势，集中兵力突破，后发制人，有强大的能力覆盖市场。（来源：《分层授权，大胆创新，快速响应客户需求》，2001）

我们是一个能力有限的公司，只能在有限的宽度赶超美国公司。不收窄作用面，压强就不会大，就不可能有所突破。我估计战略发展委员会对未来几年的盈利能力有信心，想在战略上多投入一点，就提出潇洒走一回，超越美国的主张。但我们只可能在针尖大的领域里领先美国公司，如果扩展到火柴头或小木棒这么大，就绝不可能实现这种超越。（来源：《用乌龟精神，追上龙飞船》，2013）

10.3.2 力出一孔，柔弱胜刚强

我们要力出一孔，力量从一个孔出去才有力度。我们“利出一孔”做得比别人好，但是我们的“力出一孔”做得不好，研发的力量太发散，让竞争对手赶上来了。每一个产品线、每一个工程师都渴望成功，太多、太小的项目立项，力量一分散就把整架马车拉散了。要力出一孔，要加强向主航道的投入，提高主航道的能力，在主航道上拉开与竞争对手的差距。要有战略集中度。你们不知道水能切割钢板吧？造船厂很多钢板都是用水切割的，高压的水穿过很细的孔力量是很大的。（来源：《力出一孔，要集中优势资源投入在主航道上，敢于去争取更大的机会与拉开更大的差距》，2011）

大家都知道水和空气是世界上最温柔的东西，因此人们常常赞美水性、轻风。但大家又都知道，同样是温柔的东西，火箭可是空气推动的，火箭燃烧后的高速气体，通过一个叫拉法尔喷管的小孔扩散出来的气流，产生巨大的推力，可以把人类推向宇宙。像美人一样的水，一旦在高压下从一个小孔中喷出来，就可以用于切割钢板。可见力出一孔，其威力之大。华为是平凡的，我们的员工也是平凡的。过去我们的考核，由于重共性，而轻个性，不注意拉开适当的差距，挫伤了

一部分努力创造的人的积极性，有许多优秀人才也流失了。但剩下我们这平凡的15万人，25年聚焦在一个目标上持续奋斗，从没有动摇过，就如同是从一个孔喷出来的水，从而产生了今天这么大的成就。这就是力出一孔的威力。我们聚焦战略，就是要提高在某一方面的世界竞争力，也从而证明不需要什么背景，也可以进入世界强手之列。（来源：《力出一孔，利出一孔》，2012）

如果我们能坚持“力出一孔，利出一孔”，“下一个倒下的就不会是华为”；如果我们发散了“力出一孔，利出一孔”的原则，“下一个倒下的也许可能就是华为”。历史上的大企业，一旦过了拐点，进入下滑通道，很少有回头重整成功的。我们不甘倒下，那么我们就要克己复礼，团结一心，努力奋斗。（来源：《力出一孔，利出一孔》，2012）

为什么公司现在收窄作业面，要纵向进攻，不横向进攻？因为所谓大流量的制高点，人很少，或没有人，不会与人形成利益冲突，而且将来价值链大。使用针尖战略就是加大领先性，抢占“无人区”。横向进攻是多元化了，抢了许多山脚，形不成制高能力。还要踩别人的脚，带来了一种冲突，解决这个冲突要消耗一部分能量，对抢占制高点不利；我们纵向进攻，抢占的领域是“无人区”，没有竞争对手。（来源：任正非在日本研究所工作汇报会上的讲话，2014）

公司通过针尖式发展战略，部分领域我们已进入“无人区”了，但我们不要低价，如果使用低价，西方公司就进不来，华为公司就是独家垄断，我们就很危险，所以我们的价格就卖得比较高，盈利能力就提升了。“针尖”这种方式使我们摆脱了很多利益集团的纠缠，我们不影响别人的利益范围。这就是公司未来的发展形式和管理思路。（来源：任正非在2014年中子公司董事赋能研讨会上的讲话）

公司20多年来聚焦管道，因此我们今天已经突进“无人区”了。这样做的好处是：第一，不踩别人的脚，就没有利益矛盾，商业生态环境得到了一定的改善；

第二，进入“无人区”，我们的产品有议价权，可以与别人讨价还价，利润就会增长。（来源：任正非在项目管理资源池第一期学员座谈会上的讲话，2014）

10.3.3 优先保证研发和市场的投入比例

作为高技术产品的程控交换机，同时也是高投入的，厂家只有紧跟世界先进技术水平，在开发上大量投入，才能保证设备具有世界一流的技术水平；只有在市场、培训、服务方面投入，才能保证设备在交换网运转良好，适应高质量通信网建设。（来源：《对中国农话网和交换机产业的一点看法》，1994）

华为能在中国激烈的通信市场竞争中和与世界电信巨子的较量中脱颖而出，除了坚持以顾客为导向，拥有令人赞叹的产品可靠性记录外，最重要的是对研究开发的高度重视。（来源：《坚持顾客导向，同步世界潮流》，1996）

为了拓展明天的市场，每年从销售额中提取10%作为研究经费，紧紧抓住战略发展不放。只有持续加大投资力度，我们才能缩短与世界的差距。（来源：《再论反骄破满，在思想上艰苦奋斗》，1996）

我们保证按销售额的10%拨付研究经费，有必要且可能时还将加大拨付的比例。（来源：《华为公司基本法》，1998）

总的原则是鼓励继续加大研发投入。公司保持适当的盈利水平即可，我们要合理消耗部分短期收益，加大投入，以促进公司长期竞争能力的提升。建议将泛网络的研发投入占销售收入的比例提升到12%，且要求研发必须完成这个投入水平。（来源：EMT纪要[2010]025号）

10.3.4 预研投入的钱不允许挪作他用

公司给预研的定位是费用预算占研发投入的10%，只能在10%的范围里使用，钱如果浪费也就浪费了，但不能多花钱，没钱时不能多给。投资要讲正态分布。对于投资，我们有两个牵引：一个是客户需求牵引，一个是技术牵引。我们不排斥两个牵引对公司都是有用的，也不唯一走客户需求牵引或是技术牵引道路。（来源：《公司的发展重心要放在满足客户当前的需求上》，2002）

预研投入的钱不允许挪作他用，不允许与其他研发投入混合起来。公司已经强调以客户需求为导向了，如果再不强调预研，那么技术驱动这个轮子就很弱。整个公司的大方向是以客户需求为导向，但实现这个目标要依靠技术，所以必须保证技术创新的合理费用投入。（来源：任正非对2005年规划预算工作指示会议纪要）

10.4 搭大船过大海，坚持在大平台上持久地大规模投入

10.4.1 未来的竞争是平台的竞争

我们在管理上花了非常多的钱，这个管理谁都带不走。外界认为我们公司出去的干部个体并不怎么有特色，其实他们在公司的作用是依赖了我们公司一个大平台的奋斗。（来源：《在理性与平实中存活》，2003）

技术日益趋同，客户需求日益多样化，只有靠平台的支撑，才能更快速地满足新形势下的客户需求。产品间的竞争从长期来看，归根结底在于基础平台的竞

争。一个产品不能完全从零开始做起，要有丰富的平台、CBB[①]支持，要有强大的工程工艺能力和技术管理体系支撑，使得产品的成本、质量能在一个很好的平台体系上得到实施。（来源：《从汶川特大地震一片瓦砾中，一座百年前建的教堂不倒所想到的》，2008）

华为公司要继续坚持平台战略，持久地大规模投入，要研究适应客户的各种需求，把握住客户的可靠性、节能环保、可服务性等各种关键要素，构筑华为公司在新时期的竞争优势。当然这个平台不仅仅是研发，包括财务、供应链、交付。这些建设平台的人长期默默无闻的奉献，成就了华为的伟大。（来源：《从汶川特大地震一片瓦砾中，一座百年前建的教堂不倒所想到的》，2008）

我们要加大对平台的投入，构建明天的胜利，未来的竞争是平台竞争。三个解决方案都需要大的平台，我们又有充足的利润，为什么不加大平台投入，超前竞争对手更多、更多？（来源：《以客户为中心，加大平台投入，开发合作，实现共赢》，2010）

10.4.2 要在平台建设上有更多的前瞻性，以构筑长期的胜利

不基于一个优秀的平台，就跟不上客户需求的速度、质量。平台研发的人，就像一百多年前建教堂的人们一样，默默无闻地无私奉献，人们很难记起哪一条砖缝是何人所填。我司的基础平台，要历几代人的智慧不断累积、优化，谁说百年后我们不是第一？（来源：《从汶川特大地震一片瓦砾中，一座百年前建的教堂不倒所想到的》，2008）

这些平台累积，不是一个新公司短时间能完成的，而且我们已把过去的平台

① CBB：common building block，共用构建模块，指那些可以在不同产品、系统之间共用的单元。

成本不断地摊完了，新公司即使有能力，也要投入相等的钱，才能做出来。我们拥有这样巨大的优质资源，是任何新公司不具备的，这就是一个大公司制胜的法宝，否则大公司创新不如小公司，干劲不如小公司，为什么胜的还是大公司？相信百年之后，我们的基础平台还会更有竞争力，能为客户提供更加丰富多彩的服务。（来源：《从汶川特大地震一片瓦砾中，一座百年前建的教堂不倒所想到的》，2008）

通过平台化、构件化的交付，降低研发成本，提高研发效率和产品质量，构筑信息安全，缩短产品上市周期，使得我们以更低的运作成本更快地响应客户需求。华为能够从后来者赶上，走上业界一流的道路，靠的就是平台战略。经过十多年默默耕耘和艰辛努力，我们已经初步建成了有竞争力的软硬件平台、工程工艺能力、技术管理体系，打造了百年教堂的平台基础。（来源：《从汶川特大地震一片瓦砾中，一座百年前建的教堂不倒所想到的》，2008）

有人估算，未来 5 年数据流量可能会扩大 75 倍，那么原来的管道也会相应地扩大，未来数据管道直径不是长江而是太平洋。面对直径像太平洋一样粗的数据管道，如何建起一个平台来支撑这个模型？大家都想想看，这不就是我们的市场空间和机会吗？我们要抓住这个机会，就一定要加大对平台的投入，确保竞争优势。我们一定要在平台建设上有更多的前瞻性，以构筑长期的胜利。（来源：《以客户为中心，加大平台投入，开发合作，实现共赢》，2010）

在软件产品开发上，一要转向以平台为中心的开发体系，二要有可重复拷贝的可能性。现在软件做的多数是个性化的，无法拷贝，无法拷贝就没法降低成本，太个性化的开发，运营商又不想多给钱，这样我们长期背着一个沉重的壳，就不能在战略机会点上抢夺战略机会。（来源：《聚焦主航道，在战略机会点上抢占机会》，2015）

10.4.3 搭大船，过大海，跟着主潮流走

顺应技术发展的大趋势，顺应市场变化的大趋势，顺应社会发展的大趋势，就能使我们避免大的风险。（来源：《华为公司基本法》，1998）

我们在选择新技术时，要搭大船，跟着主潮流走。因为主潮流整合了成千上万个资源、要素，不仅内容多，而且成本低，有效强化了市场竞争力。（来源：《华为公司的核心价值观》，2007 年修改版）

我们要坚持以 3GPP[①] 为大标准的路线不动摇，搭大船，过大海。坚持在大平台上持久地大规模投入，拒绝机会主义，拒绝短视。要看到 30 亿用户共同一张网并不断地及时更新、满足客户需求、提供及时有效的服务，其技术支持的艰难度是很难想象的，我们还任重道远。我们要坚信全IP、有线无线合一的宽带化是未来的道路。要敢于加大投入，要敢于吸收有用的人才与我们一起奋斗，共享未来的成功。（来源：《让青春的火花，点燃无愧无悔的人生》，2008）

10.4.4 通过大规模市场营销，加速研发高投入的良性循环

超大规模投入的指导思想就是要技术领先、扩大市场。（来源：《持续技术领先，扩大突破口》，1996）

我们抓住机遇，靠研究开发的高投入获得技术领先的优势，通过大规模席卷式的营销在最短时间里获得规模经济的正反馈的良性循环，摆脱在低层次上的价格竞争，利用技术优势带来产品的高附加值，推动高速的发展和效益的增长。（来

① GPP，3rd Generation Partnership Project，第三代合作伙伴计划，成立于 1998 年，由许多国家和地区的电信标准化组织共同组成，是一个具有广泛代表性的国际标准化组织，是 3G 技术的重要制定者。

源:《抓住机遇，调整机制，迎接挑战》，1997）

我们没有像Lucent等那样雄厚的基础研究，即使我们的产品暂时先进也是短暂的，不趁着短暂的领先，尽快抢占一些市场，加大投入来巩固和延长我们的先进，一点点领先的优势就会稍纵即逝，不努力，就会徒伤悲。（来源:《雄赳赳，气昂昂，跨过太平洋》，2001）

通信网络的开发、销售和服务的体系，将来受社会进步、技术进步的影响，产品会变得越来越不值钱，像鸡肋一样。许多公司会选择逐步放弃，而人们还是需要这些东西的，我司将坚持不动摇地持续开发，维护这些鸡肋产品。在这些低利产品中要生存下来，唯有实现高质量、优质服务、内部运作低成本和优先满足客户需求。就像薇甘菊一样，在低生存条件下蔓延生长。以后切一块这个优质管理平台的一部分，独立出去再种上有上升势头的产品，必将产生很快的增值。（来源:《华为大学要成为将军的摇篮》，2007）

10.5　战略竞争力量不应消耗在非战略机会点上

10.5.1　主力不应消耗在局部目标上

德军元帅埃里希·冯·曼施泰因（Erich V. Manstein）在他的“二战”回忆录《失去的胜利》一书中讲道:“德军的攻击力，是德国在欧洲战场上的决定性力量，将其消耗在局部目标上，实不可取。”我把它提炼为一条战略原则，就是“战略竞争力量不应消耗在非战略机会点上”。我们公司一定要成功地抢占战略目标。为此，我们把研发和区域切开了，研发是一个独立的模块。研发若跟区域捆在一起，就是去满足低端客户需求，放弃了战略机会。优质资源向优质客户需求倾斜，要放弃一部分低端客户需求。将来我们不会在所有领域都做到世界领先，可能会收

缩在一块领域，所以非主航道的领域，交不出利润来，就要缩减。（来源：《遍地英雄下夕烟，六亿神州尽舜尧》，2014）

我们不能在非战略机会点上消耗公司的战略竞争力量，非战略路标的业务做不了就做不了，我们做不到什么都能满足客户需求。但中间界面要逐渐开放，让能做的公司进来做。（来源：任正非在解决方案重装旅第一期学员座谈会上的讲话，2014）

不要在局部竞争点上消耗战略力量，要聚焦一切战略力量攻破进入大市场的条件。如果存储现在花大量精力去了解很多行业，就是在非战略机会点上消耗战略竞争力量，针尖上的突击力不够。存储目前还在亏损中，因此对于一些不能大规模拷贝、不能大规模扩张的行业就少做一点。（来源：《洞庭湖装不下太平洋的水》，2014）

不要在一些非战略机会点上计较，否则局部利益牵制了战略竞争力量。战略机会对我们能开放的时间是3~5年，弟兄们从现状说说，你们有没有可能抢占？所以不要说考核残酷。有人说“我还可以”，我们不是仅仅要“可以”，我们对不同干部有不同要求，你们要思考怎么担负得起这个使命来。如果你的销售额及利润做不上去，不是我要拿掉你的官职，你没有利润，薪酬包就被挤小了，不够弟兄们分，在你的领导下，弟兄们都赚不到钱，那不推翻你才怪。（来源：《喜马拉雅山的水为什么不能流入亚马孙河？》，2014）

我们要继续发扬针尖战略，用大压强原则，在大数据时代领先突破。要坚持不在非战略机会点上，消耗太多的战略竞争力量。（来源：《变革的目的就是要多产粮食和增加土地肥力》，2015）

10.5.2 要把战略能力中心，放到战略资源的聚集地去

目前公司业务正在从国际化迈向全球化，在充分利用中国资源和市场优势的

同时，公司要在全球范围内实现国际化的人才、能力、经验和资源的最佳配置以及资源的快速集结与共享。同时，公司在面向未来的持续发展中，还面临着对移动互联、新型消费电子、ICT融合、云计算等多种技术的需要，以及向消费芯片、企业网和新能源等新业务领域的拓展，因此，需要从全球视野出发，加强新技术和新业务的规划布局。（来源：EMT纪要[2010]033号）

我们要把战略的能力中心，放到战略资源的聚集地去。大公司要敢于用密集投资，缩短追赶时间和延长机会窗开启的时间。所谓范弗里特弹药量，就是这个意思。（来源：任正非与英国研究所、北京研究所、伦敦财经风险管控中心座谈的纪要，2015）

我们的产品要讲究质量，不仅仅是针对硬件，也包含软件。世界上软件做得好的公司，除了一家在德国外，其他全在美国。所以应该在西雅图建立一个软件研究所，把物理类和逻辑类研究分开，否则我们的软件就不可能做到最好。美国这个国家的创新机制、创新精神、创新动力很强，我们不要故步自封，一定要把战略能力中心放到战略资源聚集地去。（来源：任正非在消费者BG 2015年中沟通大会上的讲话）

| 第十一章 |

开放、竞争、合作，构建良好的商业生态环境

华为二十几年的成长，大体上经历了三个阶段。第一个阶段是创业阶段。在这个阶段上关键是要突破核心技术，把产品和服务做好，打开市场的突破口。第二个阶段是快速成长阶段。在这个阶段上研发投入、人员规模、市场领域大规模扩张，使得管理成为最大的短板。华为通过系统地引进西方大公司的先进管理体系，使企业在快速扩张中保持了有序和高效的运作。第三个阶段是进入世界领先企业行列的阶段。如何完成从一个追随者到产业领导者的转身，如何做世界市场秩序的维护者，如何建设好商业生态环境，就提上了企业的重要议事日程。

华为一定要坚定不移地实行开放方针。一个不开放的文化，就不会努力地吸取别人的优点，逐渐就会被边缘化，是没有出路的。一个不开放的组织，不能大量吸纳外部的优质人才和资源，迟早会变为一潭死水。

将来的竞争已经从企业之间的竞争演变为产业链之间的竞争，从上游到下游的产业链的整体强健，就是华为生存之本。企业管理关键是面向市场做要素整合，只有强化与产业优质资源的战略合作，才能提高自身竞争力，在未来的竞争中获胜。

要重视商业生态环境的建设，要有战略性的思维。商业生态环境建设，本质上是一个在供应商、合作者和客户之间如何分配利益的问题。不舍得拿出地盘来的人不是战略家。以土地换和平，牺牲的是眼前的利益，换来的是长远的发展。

本章将讨论华为如何面对进入世界领先企业行列后的挑战。

11.1 坚持开放的道路不动摇

11.1.1 不开放就是死路一条

我们为什么强调开放？因为这个世界太大了，太平洋这个管道太粗了，未来没有一家能垄断这个世界，不开放就是死路一条。为什么有人不愿意开放？就是被既得利益绑架了。所以一定要消灭既得利益，这是我们一贯的做法，你们看我们公司什么赚钱，就在消灭什么，因为你自己不降下来，别人一定会取代你。石器时代结束，不是因为石头没有了。所以我们一定要坚持开放，这一点不要动摇。不要说我们是弱者，我们是强者也要开放，开放后我们什么优势都没有了，没有优势了就逼着我们自己必须努力，结果反而我们会有优势。（来源：任正非在惠州运营商网络BG战略务虚会上的讲话及主要讨论发言，2012）

我们一定要避免建立封闭系统。我们一定要建立一个开放的体系。我们不开放就是死亡，如果我们不向美国人民学习他们的伟大，我们就永远战胜不了美国。（来源：任正非与2012实验室座谈会纪要，2012）

资本主义就是因为开放走向成功，中国以前闭关自守没有成功，所以我们也要走向开放。现在很多人希望把国门关起来，说中国会强大。错了！中国关门的时间已经很长了，从来都没有证明中国强大过。美国是最开放的国家，所以美国现在还是最强大。不要看美国有时出现暂时落后，但美国是火山喷发式的创新，一会儿冒出一个Apple（苹果公司），一会儿冒出Facebook（脸谱网）来，只要美国持续开放，谁能阻挡它前进的步伐？（来源:《一杯咖啡吸收宇宙的能量》，2014）

11.1.2 像海绵一样不断吸取别人的优秀成果

一个不开放的文化，就不会努力地吸取别人的优点，逐渐就会被边缘化，是没有出路的。一个不开放的组织，迟早也会成为一潭死水的。我们无论在产品开发上，还是销售服务、供应管理、财务管理……都要开放地吸引别人的好东西，不要故步自封，不要过多地强调自我。创新是站在别人的肩膀上前进的，同时像海绵一样不断吸取别人的优秀成果，而并非是封闭起来的“自主创新”。华为开放就能永存，不开放就会昙花一现。（来源:《逐步加深理解“以客户为中心，以奋斗者为本”的企业文化》，2008）

华为的核心价值观中，很重要的一条是开放与进取，这条内容在EMT讨论中，有较长时间的争议。华为是一个有较强创新能力的公司，开放难道有这么重要吗？其实由于成功，我们现在越来越自信、自豪和自满，其实也在越来越自闭。我们强调开放，更多一些向别人学习，我们才会有更新的目标，才会有真正的自我审视，才会有时代的紧迫感。（来源:《开放、妥协与灰度》，2010）

11.2 从上游到下游产业链的整体强健，是华为生存之本

11.2.1 未来企业间的竞争是产业链之间的竞争

现代企业竞争已不是单个企业与单个企业的竞争，而是一条供应链与其他供应链的竞争。企业的供应链就是一条生态链，客户、合作者、供应商、制造商在同一条船上。只有加强合作，关注客户、合作者的利益，追求多赢，企业才能活得长久。（来源：《华为公司的核心价值观》，2007年修改版）

将来的竞争就是一条产业链与其他产业链的竞争。从上游到下游的产业链的整体强健，就是华为生存之本。（来源：《深淘滩，低作堰》，2009）

企业管理关键是面向市场做要素整合，把资金、技术、人才、市场、研发、生产制造、企业内外产业链等面向市场竞争的所有资源和要素有效整合起来，并在市场竞争中获胜，这是管理的价值，也是管理的目标。（来源：提供给新华社的通讯稿，2009）

强化与产业优质资源战略合作，提高自身竞争力。如果产业链有厂家能达到我们要求的水平，也要买他们的产品。我们要用开放的心态对待。如果我们不买，他们就把产品卖给别人，组合产业所有与我们不合作的资源，达到跟我们一样的竞争力量，这是不利的。所以，我们要开放，也要和欧美厂家合作，分享利益。（来源：任正非在固网产业趋势及进展汇报会上的讲话，2015）

11.2.2 真诚地善待供应商，构建产业链的整体强健

不要将供应商当成敌人，要当成朋友，但要明白朋友也应内外有别，能控制好就行。左怕右怕的，你倒是洗清了责任，却无益于公司。但正式的谈判场合一

定要推行国际惯用的制度。（来源：任正非与采购系统干部座谈纪要，2000）

我们要给供应商可以活下去的价格基础，不主张制造一种恶性的市场环境。恶性的环境大家都活不下去。如果我们的供应商不断在崩溃，然后寻找建立新的合作伙伴，这个认证过程不也是需要成本的吗？（来源：任正非与采购系统干部座谈纪要，2000）

公司大到一定程度以后，必然会和供应商建立战略性伙伴关系，这才能保证物料器件源源不断地供应上来，公司才能快速发展。（来源：任正非在2000年物料供货形势汇报会上的讲话纪要，2000）

我们要真诚地善待供应商，在这方面，机关各级干部都要向市场客户经理学习他们对待客户的精神与素养。（来源：《贴近客户，奔赴一线，到公司最需要的地方去》，2001）

我们要获得合理的价格和及时的供应，并不一定通过冷漠地对待供应商，不一定要通过敌视来获得。市场部你们递标书给运营商的时候，运营商对你们比我们的员工对供应商要好得多。我觉得我们去拜访他们的时候，他们都很客气，很有礼节，而我们华为公司反倒是缺少修养、缺少礼节、缺少与人交往的基本尊重和准则。不能以年轻来谅解自己。（来源：《贴近客户，奔赴一线，到公司最需要的地方去》，2001）

友谊并不等于让步，尊重和谦虚不一定是软弱，目的是要实现双赢。我们要有策略，要有修养，要有原则，也要灵活。比如说我们要他降个价，你在网上好好查一查世界走势什么样，别人什么样，拿出一个策划方案来。你只要有策划同样能够达到目的，并不一定要缺少礼节、礼貌和尊重。如果我们采购人员只会机械地讨价还价，而不能建立与供应商的长远合作关系，就会葬送公司的明天。（来

源：《贴近客户，奔赴一线，到公司最需要的地方去》，2001）

对供应商的管理不必过左，关系不要搞得很死板。供应商也要善待起来，往来而不腐败就是善待。我们的原则是：关系要改善，制度要严格，纪律要清楚，处分不能手软。（来源：任正非在资金管理变革工作汇报上的讲话，2007）

11.2.3 多栽花少栽刺，与合作伙伴共赢

我们不要敌视竞争对手，其实他们是我们重要的老师。我在埃及代表处已经讲得很清楚了，重视但不敌视我们的竞争对手，感谢我们竞争对手的存在，华为公司才能得以持续不断地发展和进步，正如鬣狗旺盛的生命力来自于存在猎物，来自于存在老虎和豺狼。在一种生存游戏中，当豺狼和老虎都被消灭后，鬣狗甚至会被羊和鸡消灭。这种游戏告诉我们，当狗处于一种安逸和放松的享乐状态中，没有了对手和较量，没有了危机和竞争，任何一种事物都会萎靡倦怠，从而走向颓废甚至灭亡。华为公司能够走到今天，不光是外国竞争对手给了我们极大的压力，使我们不断地突破，同时国内的竞争对手追在我们屁股后面，一步都不放松，推着我们进步。没有这种双重力量，华为今天也许麻痹了、松懈了、崩溃了。我们对待竞争对手还是要友善。有人可能会说，大家去抢粮食，还要我们友善，让我们怎么办？要知道人家过冬天也很冷啊，人家也需要一些柴、一些米，你们也不要寸步不让，也让人家活下去，这是帮助我们培养一个明天逼着我们进步的人。（来源：《贴近客户，奔赴一线，到公司最需要的地方去》，2001）

华为跟别人合作，不能做“黑寡妇”。黑寡妇是拉丁美洲的一种蜘蛛，这种蜘蛛在交配后，母蜘蛛就会吃掉公蜘蛛，作为自己孵化幼蜘蛛的营养。以前华为跟别的公司合作，一两年后，华为就把这些公司吃了或甩了。我们已经够强大了，内心要开放一些，谦虚一点，看问题再深刻一些。不能小肚鸡肠，否则就是楚霸王了。我们一定要寻找更好的合作模式，实现共赢。研发还是比较开放的，但要

更加开放，对内、对外都要开放。想一想我们走到今天多么不容易，我们要更多地吸收外界不同的思维方式，不停地碰撞，不要狭隘。（来源：《以客户为中心，加大平台投入，开放合作，实现共赢》，2010）

华为发展壮大后，不可能只有喜欢我们的人，还有恨我们的人，因为我们可能导致了很多个小公司没饭吃。我们要改变这个现状，要开放、合作、实现共赢，不要一将功成万骨枯。前20年我们把很多朋友变成了敌人，后20年我们要把敌人变成朋友。当我们在这个产业链上拉着一大群朋友时，我们就只有胜利一条路了。（来源：《以客户为中心，加大平台投入，开放合作，实现共赢》，2010）

11.3　建立有利于公司发展的商业生态环境

11.3.1　建设商业生态环境，要有战略性思维

我们要重视生态环境的建设，要有战略性的思维，认真思考我们的生态环境是什么，我们怎么去改善我们的生态环境，通过什么手段去建立良好的生态环境。（来源：《对“三个胜利原则”的简单解释》，2010）

公司决定把公共关系部从市场部里面独立出去，不再围绕着项目做环境，而是要做一个商业生态环境，即有利于公司发展的良好的产业生态环境。（来源：《对“三个胜利原则”的简单解释》，2010）

随着公司的发展和变化，我们的商业环境会变得越来越困难，我们也要有很多化解商业困难的措施。我们虽然已经强大，但内部还存在着不少问题，我们要学会“恃强示弱，内刚外柔。”别得意便张狂，要学会处理好内部关系与外部关系。表面的强大，不是强大。（来源：《成功不是未来前进的可靠向导》，2011）

11.3.2 与友商共同发展，共同创造良好的生存空间

我们与友商共同发展，既是竞争对手，也是合作伙伴，共同创造良好的生存空间，共享价值链的利益。（来源：《华为公司的核心价值观》，2007年修改版）

我们不要破坏我们国家的科技生态环境。如果多家竞争对手跟我们争这个钱，谁的项目大一点，多给谁一点，把钱分给他们，我们可能就把竞争对手变成合作伙伴，逐步走向共同发展的模式。（来源：任正非在2010年3月EMT办公例会上的讲话）

任何强者都是在均衡中产生的。我们可以强大到不能再强大，但是如果一个朋友都没有，我们能维持下去吗？显然不能。我们为什么要打倒别人，独自来称霸世界呢？想把别人消灭、独霸世界的成吉思汗和希特勒，最后都灭亡了。华为如果想独霸世界，最终也是要灭亡的。我们为什么不把大家团结起来，和强手合作呢？我们不要有狭隘的观点，想着去消灭谁。我们和强者，要有竞争也要有合作，只要有益于我们就行了。（来源：《以客户为中心，加大平台投入，开放合作，实现共赢》，2010）

称霸世界首先要有全球战略沙盘。这次超宽带一定是进入寡头时代，我们要建立全球战略平衡。我们在战略上的伙伴以及市场竞争的友商，要从战略上和对手寻求合作共赢。开放是为了战略平衡，提升我们的战略竞争力。（来源：任正非在2013运营商网络BG战略务虚会上的讲话及主要讨论发言）

在这个英雄辈出的时代，一定要敢于领导世界，但是取得优势以后，不能处处与人为敌，要跟别人合作。（来源：任正非在战略务虚会上的讲话，2015）

即使将来我们领先世界，也不能欺负别人，保障公司踏踏实实前进就行了。

我们不是去积极进攻，而是和友商达成适当的平衡。当然，我们也要制止恶意竞争对手。（来源：任正非在与法务部、董秘及无线员工座谈会上的讲话，2015）

未来二三十年，人类社会将经历重大转折，从几千年的传统社会转变到信息社会。信息社会是什么样子，我们不知道；信息社会的实现形式是什么，我们也不知道。但是过去20多年，我们15万员工团结一心、拼命划“桨”，终于把我们的“航母”划到了起跑线上。而且在这条信息社会基础的大数据流量起跑线上的“航母”，也就这么几艘。所以现在最根本的问题是，我们要共同担负起构建未来信息社会的责任，而不是互相恶性竞争。（来源：任正非在与法务部、董秘及无线员工座谈会上的讲话，2015）

这个信息社会长大的速度，比我们的能力长大得快，不然我们也可以打打高尔夫、喝喝咖啡。我们的分享制，从20多年来对资本与劳动的分享实践，逐步扩展到对客户、供应商分享成功。同时，与领导这个世界的先进公司合作共同制定标准、路标，一起为社会做出更大贡献。我们没有狭隘到只知道如何消灭别人。不断烧钱的目的，是烧到对手烧不动了，就垄断了。我们不谋求市场垄断。我们并没有蚕食它们，也从来不想蚕食它们，而是千方百计希望它们强大。像诺基亚和阿朗的合并，我们都非常高兴。诺基亚的奋斗精神，我认为比别的公司要强，所以诺基亚能重新回到世界舞台上。我们加强和它们的合作，共同为这个社会提供服务。（来源：《与任正非的一次花园谈话》，2015）

11.3.3 以土地换和平，牺牲的是眼前的利益，换来的是长远的发展

什么叫领导？什么叫政客？这次以色列的选举，让我们看到了犹太人的短视。拉宾意识到以色列是一个小国，处在几亿阿拉伯人的包围中，尽管几次中东战争以色列都战胜了，但不能说50年、100年以后阿拉伯人不会发展起来。今天不以土地换和平、划定边界，与周边和平相处，那么一旦阿拉伯人强大起来，犹太人

又会重新流离失所。而大多数人只看重眼前的利益。我终于看到一次犹太人也像我们一样的短视。我们的领导都不要迎合群众，但实现推进组织目的，要注意工作方法。一时牺牲的是眼前的利益，但换来的是长远的发展。（来源：《华为的冬天》，2001）

我曾经在与一个世界著名公司，也是我司全方位的竞争对手的合作时讲过，我是拉宾的学生，我们一定要互补、互助，共同生存。我只是就崇敬拉宾，来比喻与竞争对手的长期战略关系。（来源：《华为的冬天》，2001）

几年前我们提出以土地换和平，加大与友商的合作步伐，实现优势互补，共同为客户创造更大的价值。经过了七八年，我们终于让相当多的人认识到了我们，很多友商开始视我们为朋友。在为客户提供优质服务中展开竞争，在降低开发成本上进行合作……这些管理格局的变化，已经明显反映到我们的发展态势中来了，未来公司的发展将发生很大的历史性变化。（来源：《认清形势，加快组织建设和后备干部培养，迎接公司新发展》，2005）

不舍得拿出地盘来的人不是战略家，你们要去看看《南征北战》这部电影。不要在乎一城一地的得失，我们要的是整个世界。（来源：《最好的防御就是进攻》，2013）

11.3.4 依法纳税，合规运营，保障客户利益

必须遵纪守法，否则牺牲公司安全，也是削弱核心竞争力。（来源：任正非在三季度营销例会上的讲话，1999）

国家的事由国家管，政府的事由政府管，社会的事由社会管，我们只要做一个遵纪守法的公民，就完成了我们对社会的责任。只有这样我们公司才能安全、

稳定。（来源：《华为的冬天》，2001）

大家去读读安然的案例，不就是做了一点点假账吗？几千亿美元的公司就因为做了这么一点点假账，然后就把他的CEO[①]判了150年的刑，最后这个公司全垮掉了。我们下决心花了这么大的代价让自己走向合规，就是在我们称霸世界的时候，不要让人家找到一个软肋，一击就击垮了。（来源：任正非在2014年中子公司董事赋能研讨会上的讲话）

子公司董事会的建设是一个长期目标，改革方法可以识别和摸索，成功的标准是要多产粮食，同时要合规。（来源：任正非在董事赋能研讨会上与候选专职董事交流讲话，2014）

11.3.5 善待媒体，永远不要利用媒体

媒体关系也是生态环境的一部分。这些年我们在这一点上比较谨慎、保守，还是要及时适当地开展起来。（来源：任正非在2010年9月EMT办公例会上的讲话）

要改善和媒体的关系，要善待媒体。在与媒体关系上，也要低作堰，而不是高筑坝。媒体辛辛苦苦来了，好赖信息都得给一点，让他能写篇文章；要采访任何一个员工都可以，员工想说啥就说啥，批评华为公司更好，不一定要说华为公司的好话，事实自会有鉴别的。华为有什么事，捅捅也好，小不震则大震。早些知道什么错了，总比病重了好。另外，公共关系部也不要那么僵化，要善待人家，允许人家采访一下，回去有名有姓地写了也就交差了，也就不恨华为了。其实媒体现在是很恨华为的，他们的一些说法是气话，是对我们封闭和傲慢的反弹。媒体群起而攻的时候，大家不要想完全是阴谋分子策划的，阴谋分子没有这么大的

① CEO，chief executive officer，首席执行官。

能量，应该是媒体群体对华为公司愤怒而形成的，我们适当改善和媒体的关系是很重要的。（来源：《改善和媒体的关系》，2010）

搞媒体关系的人要敢说话，要敢说错话，说两句错话有什么关系吗？公司真有因为哪个人说错话垮了的吗？说两句错话组织就垮掉了，说明这个组织真不值钱。华为公司到这个时候要允许批评，你们看我所有的讲话、所有的文章，都号召华为公司内部要出现敢于反对的声音、敢于反对我们的人。我们不可能事事都做得正确，至少我不会事事做得正确。因此要给大家解放一下思想，如果说哪个人因为说了两句错话被处分了，我负责平反。但是说错话了，一起开个讨论会，总结下次该如何纠正是必要的，不是打击报复，但不要和这个人的前途命运相连。希望大家把思想放开一些，我们的城墙这么紧锢不好。（来源：《改善和媒体的关系》，2010）

有一点不能变，我们接待媒体不能使用对待客户的标准，我们和媒体合作伙伴要有一些规则。（来源：《改善和媒体的关系》，2010）

永远不要利用媒体，我们要改善和媒体的关系，而不是要利用媒体。不要自以为聪明，任何事情都有正和反两个方面，不要以为你就得到了，可能你走进更复杂的问题了。我们不想利用媒体帮我们做什么事，不和媒体像过去那么不和谐就行了，我们需要的就是媒体给我们一个弹性的环境。（来源：《改善和媒体的关系》，2010）

11.4 做国际市场秩序的维护者和建设者

11.4.1 我们决不做市场规则的破坏者

在海外市场拓展上，我们强调不打价格战，要与友商共存双赢，不扰乱市场，以免西方公司群起而攻之。我们要通过自己的努力，通过提供高质量的产品和优质的服务来获取客户认可，不能由于我们的一点点销售来损害整个行业的利润，我们决不能做市场规则的破坏者。通信行业是一个投资类市场，仅靠短期的机会主义行为是不可能被客户接纳的。（来源：《华为公司的核心价值观》，2007年修改版）

我们要做一个国际市场秩序的维护者，而不是一个破坏者。我们要遵循这些规律，而不是颠覆这些规律。我们要积极地向强者学习，尊重他们的市场领导地位，积极但有序地开展竞争，以激活双方的组织体系，实现共赢。（来源：《人生是美好的，但过程确实是痛苦的》，2008）

一个全球、超宽带化的市场秩序，我们还不清楚它的结构是怎样的，但我们要积极去探索，至少不能用恶性的方式去破坏它。（来源：《做谦虚的领导者》，2014）

我们要为公共的市场秩序输出贡献。我们作为强者，不能只顾自己的利益，不关心、关注市场公共秩序的建设。（来源：《做谦虚的领导者》，2014）

工业革命时期，为什么工业发展的速度不够快？因为当时的铁路在不同国家有各种类型的轨道（宽轨、窄轨、标准轨道……），不能互通就必然会阻挠全球化进程。尽管英国在推行货币统一、语言统一等方面做出过贡献，但工业化时代仍没有真正走向全球化，全球化是今天才刚刚开始形成的。所以在信息传输中，我们支持华为和其他公司共同推行新的全球统一标准，让信息在全世界无阻碍传输，这样才能造福社会和人类。我们公司不要故意制造一些东西有别于世界，而是要融入世界。（来源：任正非在与法务部、董秘及无线员工座谈会上的讲话，2015）

11.4.2 做产业领导者要自律

第一，一个领导者要能够洞察未来，包括产业未来的走向、趋势和变化。只是看到还不够，还要能抓住未来，能牵引整个产业走向未来，时时刻刻扮演主导者的角色。第二，一个领导者要建立产业链的利益分享机制，让整个产业链挣钱多一点，风险小一点，这样大家才愿意跟着你往前走。为什么大家都愿意跟着苹果走？因为苹果盘子大，跟着他有市场空间和前途，而且苹果利润高，对供应商和合作伙伴没那么抠，跟着他挣钱多风险小。第三，一个领导者一定要做取舍，有所为有所不为，而且一旦做出选择就不要动摇。为什么爱立信不做WiMax[①]，因为他一做WiMax，别人就不知道领导者到底要干啥。如果领导者今天做这个明天做那个，大家跟着他就没有信心。第四，一个领导者要构筑有效的竞争环境，尤其是产业整体的盈利空间。如果领导者到处抢市场，把价格压到底线，别人就没法玩了，因为这个行业没有生存空间了。（来源：任正非在惠州运营商网络BG战略务虚会上的讲话及主要讨论发言，2012）

我们从事的是世界上最尖端、最艰难的产业，要学会做世界领袖的心态，要学会树立公共秩序。（来源：任正非在董事赋能研讨会上与候选专职董事交流讲话，2014）

要成为行业领袖，不能采取狭隘的在高速公路上丢小石子的方式来形成自己的独特优势。这样只会卡住世界的脖子，不是我们要走的道路。我们要走的道路是站在行业领袖的位置上，为世界做出贡献。什么叫领袖？领袖就是为了世界强盛，对建立世界信息网络大构架做出贡献，舍得给周边人分享利益。我们是一个负责任的大公司，怎么会去阻挠信息流的前进呢？即使你阻挠信息流前进，别人不走你这条路也终究会走到目的地，而你就必然会被历史边缘化了。（来源：任正非在与法务部、董秘及无线员工座谈会上的讲话，2015）

---

① WiMax，worldwide interoperability for microwave access，全球微波互连接入，也叫802.16无线城域网或802.16。它是一项新兴的宽带无线接入技术，能提供面向互联网的高速连接。

| 第十二章 |

业务管理的指导原则

华为在战略方向选择上要坚定不移，我们强调聚焦主航道、主战场，这就是战略方向，在方向问题上不能摇摆。领导者在战略方向上摇摆，今天做这个，明天做那个，别人就不知道你到底要干啥，跟着你就没有信心。同时，在战略战术上不能过分教条，战略队形和组织结构要随着环境变化进行调整和变化。

一把手最重要的是必须有清晰的工作方向，抓住主要矛盾和主要矛盾的主要方面，其余问题就迎刃而解了。工作就是要找准方向，主要矛盾就是工作方向，而方向是前进的目标，所以能否抓住主要矛盾，关键在于是否有明确的战略目标。

在扩张过程中，一定要有良好的管理体系，如果没有良好的管理体系，那会很危险，还不如不扩张。不打破原有的平衡，就不能抓住机会，快速发展；不建立新的平衡，就会给公司组织运作造成长期的不确定性，削弱责任建立的基础。公司的运作应该是一种耗散结构，应该让公司在稳定与不稳定、平衡与不平衡间交替进行，这样公司才能保持活力。

只强调精细化管理，公司是会萎缩的。精细化管理的目的，是为了扩张不陷入混乱，而并非紧关城门。我们讲精细化管理，不等于不要扩张，面对竞争，我们还是要敢于竞争，敢于胜利。只有敢于胜利，才会善于胜利。

对于扩张与控制，约束与耗散，乱中求治与治中求乱，抓主要矛盾和矛盾的主要方面，以及战略方向的坚定性与战略战术的灵活性等这些业务管理经常面对的矛盾，本章的讨论只是给出一些一般性的指导原则，真正要把握好其中的尺度，还要不断在实践中摸索和总结。

12.1 坚定不移的战略方向，灵活机动的战略战术

12.1.1 生生之谓易

所谓灵活机动的战略战术，就是要随情况的变化而调整。（来源:《抓住历史机遇，迎接1998年大发展》，1997）

在传统的主力产品上，由于垂死竞争的胶着，不一定会盈利。绕开主流的差异化竞争，往往会产生盈利。我们的营销与研发都要有灵活机动的战略、战术。（来源:《我们必须用内心之火、精神之光点燃部属必胜的信念》，2002）

要想赢，要么在剑法上高于人，要么在盾牌上坚于人。若果剑不如人，就要避免比剑，不要与人华山论剑。我们能否做到盾比你坚，矛比你长，刀比你快，锤比你重。避其之长，击其之短。生生之谓易，易是指变化，强弱之间，胜败之间，优劣之间是随时随地随机变化的。我们要有坚定不移的战略方向，也要有灵活机动的战略战术。要敢于胜利，也要善于多变，我们一定会胜利的。（来源：EMT纪要[2006]01号）

当长则长，当短则短。长短结合，相得益彰。这就是战略。（**来源：《让青春的火花，点燃无愧无悔的人生》，2008**）

12.1.2 用乌龟精神，追上龙飞船

“乌龟精神”是指乌龟认定目标，心无旁骛，艰难爬行，不投机、不取巧、不拐大弯弯，跟着客户需求一步一步地爬行。前面25年经济高速增长，鲜花遍地，我们都不东张西望，专心致志；未来20年，经济危机未必会很快过去，四面没有鲜花，还东张西望什么？聚焦业务，简化管理，一心一意地潇洒走一回，难道不能超越？乌龟就是坚定不移往前走，不要纠结、不要攀附，坚信自己的价值观，坚持合理的发展，别隔山羡慕那山的花。（**来源：任正非在企业业务座谈会上的讲话，2013**）

消费者BG一定要坚持自己的战略，坚持自己的价值观，坚持自己已经明晰的道路与方法，稳步前进。成吉思汗的马蹄声已经远去，现代的躁动也会平息，活下去才是胜利。华为公司要坚持跑马拉松，要具有马拉松精神，慢慢跑，要持续盈利。互联网的特性是对标准化、数字化的内容传输的便利性和规模化。它促进实业在挖掘、消化信息后的改进。所谓互联网时代，是信息促进人类社会进步，促进实业、服务的进步，并不是仅指互联网应用本身。我们只要手机做到高质量，又适配了全球一部分人的需求，那么奋力在网上销售就行了。我们与京东、阿里是不一样的，我们能控制交易质量，而且有一把知识产权大伞罩着全球市场。仅仅是一个交易平台是有一定风险的。大家一定要相信汽车首先必须是汽车，金融必须首先是金融，豆腐必须首先是豆腐……别的不能取代汽车，如果能取代，那就是阿拉伯飞毯。华为坚持二十几年不动摇，才走到今天，你知道有多难？当我们像乌龟一样在爬的时候，中国可是四处都是鲜花，我们全当作没有看到，至今还在艰苦奋斗。终端与我们同甘共苦这么多年，要继续坚持走一条好路，这条好路就是有充裕的现金流，能一直有钱发。我们要找到自己存在的问题和缺点，认

识到自己是谁，坚持走自己的道路，才能构建成功，才能构建未来。只要20年以后我们还活着，就是“一览众山小”！（来源：《在大机会时代，千万不要机会主义》，2014）

我们公司在技术战略上强调“针尖”战略，正因为我们这二十几年来加强压强原则，坚持只做一件事，坚持像乌龟一样慢慢地爬，才有可能在几个领域里成为世界领先。（来源：《喜马拉雅山的水为什么不能流入亚马孙河？》，2014）

12.1.3 根据环境随时变化阵形

有时候我们强调要向核心收缩，队形就尖一点，强调一定要攻克一个技术；有时候又要根据客户需求进行力量的正态分布，队形又扁平点，这点就是产品的多元化。因此，我们做什么，不做什么，采用这个队形，不采用那个队形，都不是绝对的，关键看形势。搞开发就像打仗一样，根据环境随时变化阵形。在经济发展的不同时期应有不同的方法，不同的看法，不能始终用一个指标来衡量问题。加强合作，向核心收缩也不能太猛，不能把太多的边缘产品全部收缩掉；多元化也不能没有一个核心。我们要在变化中探索真理。也许在很短的时间内不能找到真理，但只要抓住了客户需求，我们就会慢慢找到。（来源：《静水潜流，围绕客户需求持续进行优化和改进》，2002）

市场变化了，客户需求也变化了，我们可以扁平一点。在攻克新技术时，使队形变得尖一些，增大压强，以期通过新技术多获得一些市场。当新技术的引导作用减弱的时候，我们要使队形扁平化一些，多做一些有客户现实需求但技术不一定很难的产品。当年的抗大校训就是“坚定正确的政治方向，艰苦朴素的工作作风，灵活机动的战略战术”，我们既要有坚定正确的方向，又不能过分教条，战略队形和组织结构要随着环境变化进行调整和变化。（来源：《认识驾驭客观规律，发挥核心团队的作用，不断提高人均效益，共同努力度过困难》，2002）

12.1.4 有取有舍才叫战略

采购一定要有战略及策略。有取有舍才叫战略。要因时因地，实事求是地决定采购策略，发挥专家组的自治作风，及时、快速地决策。工作中要实时变换方法，不要奉行教条主义，在变换过程中只要做好记录备查就行了。采购专家小组也应该实时地召开优化会议，不断总结经验，优化采购工作，放下思想包袱，轻装前进。专家小组是公司的专项最高决策机构，三人以上就有自治的权力。要充分发挥出来，才能快速地决策。（来源：《无私无畏，轻装前进》，2010）

我们要学会战略上舍弃，只有略才会战胜。当我们发起攻击的时候，发觉这个地方很难攻，久攻不下，可以把队伍调整到能攻得下的地方去。我只需要占领世界的一部分，不要占领全世界。胶着在那儿，可能错失了一些未来可以拥有的战略机会。（来源：任正非在企业业务座谈会上的讲话，2013）

当我们在某个地区遇阻严重、久攻不下时，留下新员工为主的围城部队，把这个地区的战略力量撤到其他主攻地方去，争取一部分地方的胜利，避免在一些极困难地区纠结过久，错过了别的地方的战略机会窗。其实对于一个大城市，我们真正做好一家、两家运营商，就是胜利。我们要的是胜利，不是山头。（来源：《做谦虚的领导者》，2014）

12.2 抓主要矛盾和矛盾的主要方面

12.2.1 领袖要战略方向清晰，抓住主要矛盾和矛盾的主要方面

一把手要战略方向清晰，抓住主要矛盾及主要矛盾的主要方面，明确主攻方向。（来源：EMT纪要[2007]025号）

一个干部最重要的是必须有清晰的工作方向。我们很多干部很忙，实际上大部分时间干的是不一定正确的事。大家累得很、忙得很，却不产生什么价值。怎么能当好一个主管？我在英国代表处的讲话中讲了，一个领导一定要抓住主要矛盾和矛盾的主要方面。一个领袖干什么？一个领袖其实就是要抓住主要矛盾、抓住矛盾的主要方面。工作就是要找准方向。所以主管要谋定而后动，要想清楚再干。我们公司有很多的草莽英雄，提着盒子枪，还没想清楚怎么打仗，就先站起来了。如果事情没想清楚，就会浪费很多精力，这种习惯极大地伤害了我们的员工。（来源：任正非在PSST体系干部大会上的讲话，2008）

清晰的工作方向是非常重要的，但我说清晰的工作方向，并不表示不能调整方向，做出必要的改变。现在，我们有IPD流程，有PDT决策方式等一系列手段，可以不断修正我们在前进过程中的方向。（来源：任正非在PSST体系干部大会上的讲话，2008）

12.2.2 能否抓住主要矛盾，关键在于是否有明确的战略目标

前不久听了几个代表处汇报，汇报胶片面面俱到，像绣花一样，处处都绣得很精细，但是缺少了灵魂，没有抓住核心。简言之，就是没有抓住主要矛盾和矛盾的主要方面。大家看看在东北战场上，国共双方上百万兵力胶着在一起，双方统帅、高级将领就看谁能抓住主要矛盾，以及抓住矛盾的主要方面。浑水摸鱼，只有强者才能摸到鱼。（来源：任正非在英国代表处的讲话纪要，2007）

战争没有你想象中那么复杂，也没你想象中那么简单。你们讲了半天抓不住要领，不知道仗应该怎么打，因为你不懂，所以讲了半天都是游戏。真正战争时，需要抓住主要矛盾，要抓主要矛盾中的主要问题，然后就攻其一点，注意迂回。（来源：《华为大学要成为将军的摇篮》，2007）

抓工作一定要纲举目张。我们有些主管喜欢把功劳归于自己，大事小事都自己做，非常辛苦，手下的100多号人却不知道干什么。这些主管还对别人说你看我多辛苦，他们都不干活儿。这样的主管应该回到操作岗位上去。你的兵不干活儿是你领导无方。没有熊的兵，只有熊的官。关键是抓住主要矛盾和矛盾的主要方面，做合理的安排，妥善安排大家的工作，充分发挥集体的作用。（来源：任正非在PSST体系干部大会上的讲话，2008）

未来的不可知性使我们的前进充满了风险，面对着不确定性，各级主管要抓住主要矛盾和矛盾的主要方面，要有清晰的工作方向，以及实现这些目标的合理节奏与灰度；多做一些自我批判，要清醒感知周围世界的变化，“深淘滩，低作堰”。（来源：《谁来呼唤炮火，如何及时提供炮火支援》，2009）

我抓住主要矛盾，我建立的是对宏观事件的看法。如果我这件事情也做，那件事情也做，我就想不清楚我要做什么。我认为在作战方式上要收敛，不要大家都是老大妈，什么都要管起来。那是权力欲望，不是作战需要，每个人都要轻装前进。（来源：任正非在EMT办公会议上的讲话，2009）

12.2.3 抓主要矛盾，要加强对共性化的东西的归纳和规范

我们在变革中，要抓住主要矛盾和矛盾的主要方面，要把握好方向，谋定而后动，要急用先行、不求完美，深入细致地做工作，切忌贪天功为己有地盲动。华为公司的管理，只要实用，不要优中选优。（来源：《谁来呼唤炮火，如何及时提供炮火支援》，2009）

我们现在要强调一些共性的规则的东西来拼命去推，对一些个性的东西，你们可以拿出来单独讨论，也可能有5%的个性化的东西甚至超过了95%的共性东西的工作量。我认为这些东西你们先要抓住主要矛盾，抓住矛盾的主要方面，像

消化系统一样，吃了饭，首先是拉屎，你一定要屎拉得出来，才去治你的胃溃疡、直肠癌。直肠癌可能是几个月甚至一两年才要你的命，但屎拉不出来一两天就会要你的命。所以一定要抓住主要矛盾和矛盾的主要方面，个性化的问题可以先打包封起来，以后再打开这个包进行梳理都是可以的。（来源：任正非与IFS[①]项目组及财经体系员工座谈纪要，2009）

我们要抓住主要矛盾、抓住主要流程，要加强对共性化的东西的归纳和规范，个性化的东西可以用行政文件来规范。（来源：任正非与流程IT管理团队座谈会议纪要，2010）

12.3　乱中求治，治中求乱

12.3.1　公司管理结构是一个耗散结构

华为公司一定不能重蹈覆辙。一定在控制有效的基础上，进行转制改革。像新加坡的方法一样管得很严，在严管的情况下，逐步去释放能量，释放过快就成了原子弹。但是我们认为这种很严厉、苛刻的管理不利于公司长期稳定地发展建设，我们想逐步放松、放松。有位首长叫何德全对我们的这个理论有个精辟的描述，叫作耗散结构，就是让能量不断地释放出来，不要一下子放得太快，释放得太快，就要爆炸，一乱什么矛盾也解决不了了。（来源：《团结起来接受挑战，克服自我溶入大我》，1997）

公司的运作应该是一种耗散结构，应该让公司在稳定与不稳定、平衡与不平衡间交替进行，这样公司才能保持活力。（来源：任正非在“2001年应届毕业生招

① IFS，integrated financial service，集成财经服务。它是支撑和监控企业研究与开发、市场销售、供应链和交付等端到端业务运作的财经流程体系。

聘动员暨培训会议”上的讲话纪要）

公司长期推行的管理结构就是一个耗散结构，我们有能量一定要把它耗散掉，通过耗散，使我们自己获得新生。我提一个问题，什么是耗散结构？你每天去锻炼身体跑步，就是耗散结构。为什么呢？你身体的能量多了，把它耗散了，就变成肌肉了，血液循环就顺畅了。能量消耗掉了，糖尿病也不会有了，肥胖病也不会有了，身体也苗条了、漂亮了，这就是最简单的耗散结构。我们要把潜在的能量耗散掉，从而形成新的势能。因此，我们总是在稳定与不稳定、平衡与不平衡的时候，交替进行这种变革，从而使公司保持活力。你们吃了太多牛肉，不去跑步，你们就成了美国大胖子。你们吃了很多牛肉，去跑步，你们就成了刘翔。都是吃了牛肉，耗散和不耗散是有区别的。所以我们决定一定要长期坚持这个制度。（来源：《成功不是未来前进的可靠向导》，2011）

12.3.2 乱中求治，精细化管理的目的，是为了扩张不陷入混乱

今年市场（包括海外市场）会出现大规模的全面的胜利，明年的市场会大得令我们感到吃惊，如何适应这个形势，这就是我们矛盾的焦点。如果内部不解决好建设问题，到时候“内忧外患”，公司就很危险，就有可能崩溃。只有我们自己内部管理理顺了，才有能力对抗外部压力。（来源：《向市场部学习》，1997）

扩张必须踩在坚实的基础上。如果没有坚实的基础，擅自扩张，那只能是自杀。大家想一想，如果我们产品既不可靠，也不优良，仅仅广告和说明书写得很好，我们一下子撒出去一大批产品，那会是什么结局？如果又没有良好的售后服务体系保障，我们面对的将会是一种什么样的局面？如果我们的制造体系不是精益求精，扎扎实实寻求产品的高质量和工艺的先进性，那么我们产品使用在前方会有什么问题？当我们的服务系统不计成本进行扩张，我们也会走向死亡。这些假设的问题都是要解决的，就是要造就坚实的发展基础。坚实基础如何造就？要

靠我们全体员工共同努力来推动公司管理的全面进步。（来源:《不做昙花一现的英雄》，1998）

我们公司一定要走上国际化。我们不可能永远都是一个中国公司，如果是这样就会有问题。几年以后中国市场饱和了怎么办？研发系统已经在开发新的领域，开发新的软件，增加发展空间。必须增强我们生存的安全系数，就是要向海外市场扩张；而在扩张过程中，一定要有良好的管理体系，如果没有良好的管理体系，那会很危险，那还不如不扩张。（来源:《我们未来的生存靠的是质量好、服务好、价格低》，2002）

精细化管理就是要有计划，有预算，有核算，各个指标数据都有据可依。只有财务数据清楚了，财务分析也就清楚了，管理指标才能清楚，就能明白需要改进的地方与方向，从而指导业务发展方向并制定合理可行的业务策略与行动措施。怎么才能精细化管理？就是计划要合理、不能盲目。计划是龙头，只有计划做好了，后面的预算才有依据，通过核算来修正、考核计划与预算。我强调的精细化管理，不是一味追求低成本的管理，是在相同的成本情况下，为公司做出更大的贡献。两者的含义是不一样的。后者是发散的，前者是收敛的。（来源：任正非在BT系统部、英国代表处汇报会上的讲话，2006）

12.3.3 治中求乱，打破平衡继续扩张

在不断地打破平衡又导向平衡的过程中，公司整体就会向前迈进一大步。（来源:《坚定不移地推行ISO 9000》，1997）

公司组织的矩阵结构，是一个不断适应战略和环境变化，从原有的平衡到不平衡，再到新的平衡的动态演进过程。不打破原有的平衡，就不能抓住机会，快速发展；不建立新的平衡，就会给公司组织运作造成长期的不确定性，削弱责任

建立的基础。（来源：《华为公司基本法》，1998）

生命的动力就是差异，没有差异就没有生命力。世界如果没有电位差就没有电力，没有水差就没有水力，没有温差就没有风，没有风，地球也就不会有生命。正是内部的差异性，才启发员工努力去消除此种差异，内部不平衡的差异才是组织优化自身的动力。（来源：任正非与华为电气高层座谈纪要，2000）

我上次在英国代表处讲话，强调了精细化管理，就是在混乱中怎么走向治，乱中求治，但没有讲到治中求乱，也就是打破平衡继续扩张的问题。有些代表处执行起上次我在英国代表处的讲话来，有些偏差。我这次在墨西哥代表处讲了，市场不是绘画绣花，不光是精细化管理，一定要有清晰的进取目标，要抓得住市场的主要矛盾与矛盾的主要方面。进入大T要有策略，要有策划，在撕开城墙口子时，就是比领导者的正确的决策、有效的策划，以及在关键时刻的坚强意志，坚定的决心和持久的毅力，以及领导人的自我牺牲精神。（来源：任正非在英国代表处的讲话纪要，2007）

只强调精细化管理，公司是会萎缩的，精细化管理的目的，是为了扩张不陷入混乱，而并非紧关城门。我们讲精细化管理，不等于不要扩张，面对竞争，我们还是要敢于竞争，敢于胜利的。只有敢于胜利，才会善于胜利。扩张和精细化管理并不矛盾，要把两者有效结合起来。浑水摸鱼，只有强者才能摸到鱼。（来源：任正非在英国代表处的讲话纪要，2007）

我认为数字是打出来的，绝对不是做出来的。我们一定要将主要精力放在分析市场、关注客户上。你像李云龙一样，哗啦哗啦打完以后，不会是坏数字的。所以我们认为，一线的计划体系是用于作战，而不是用于给公司汇报。各地区部、各产品线的计划是用于作战的，在最近这一两年是一个激进的作战体系。我认为这一点一定要重视，否则公司就会萎缩。担负主攻任务的部门，一定要有清晰的

目标方向，以及对成功的策略。（来源：EMT纪要[2008]009号）

从哲学上来说就是，任何平衡的东西都会被打破，这样新的生命就产生了，然后就前进了。就像我们要死，但死了我们留下新生的后代一样，这就是平衡被打破。（来源：任正非与IFS项目组及财经体系员工座谈纪要，2009）

过去20年，我们把公司内部摆不平的问题基本摆平了，走向一个平衡状态，形成了公司的大平台和总体机制，组织能流动，这么多人滚滚向前还能团结成一个整体，这应该跟我们过去平衡导向的体系建设是有很大关系的。当然还不理想，要继续优化。在我们度过了饥饿阶段开始走向温饱阶段的时候，如果继续实行长期的平衡政策，就会平衡出一堆懒人，导致惰怠。所以我们未来20年的人力资源政策就是适当打破平衡，激活组织。（来源：EMT纪要[2009]022号）

12.4 扩张的同时必须能控制得住

12.4.1 在激励中约束，在约束中激励，取得激励与约束的平衡

我们要用制度化来约束公司发展，有制度化的监控来约束，并有了增强核心竞争力的目标，才能缩短与西方公司的差距。（来源：《大树底下并不好乘凉》，1999）

我们所面临的最大挑战是内部管理问题，即在组织、流程、IT等方面建设适应市场需求和及时满足客户需求的管理体系。否则，公司再扩张就会出问题。我们一方面要不断地激活组织，始终保持它的活力，不使它退化和沉淀；另一方面，我们始终要保持对组织的约束和控制，不能激垮它。要在激励中约束，在约束中激励，取得激励与约束的平衡，并使这种平衡在动态中不断地优化。（来源：《华为的机遇与挑战》，2000）

扩张的同时必须能控制得住。饼摊得越大漏洞越多，在把饼摊大的过程中，完备的监管体系和强大的监控能力必须同步跟上。在不具备监控能力的情况下盲目扩张对公司是危险的。（来源：EMT 纪要[2010]021 号）

企业缩小规模就会失去竞争力，扩大规模，不能有效管理，又面临死亡，管理是内部因素，是可以努力的。规模小，面对的都是外部因素，是客观规律，是难以以人的意志为转移的，它必然扛不住风暴。因此，我们只有加强管理与服务，在这条不归路上，才有生存的基础。（来源：《在大机会时代，千万不要机会主义》，2014）

12.4.2 不要盲目地铺摊子，企业不可穿上“红舞鞋”

华为公司的成功首先在战略上，紧紧围绕资源共享展开，不为其他的诱惑所动，高技术企业如果都去搞房地产、炒股票，最后只会把自己搞乱，搞垮。（来源：《抓住机遇，调整机制，迎接挑战》，1997）

坚持以业务为主导、会计作监督的宏观管理方法与体系建设。以业务为主导，就是按目标需求进行业务的最优化发展；以会计为监督，是指各级干部都要负有财经管理的责任，实行项目管理，加强核算与成本控制。这就是发展与制约相制衡的平衡管理。（来源：《管理工作要点》，1999）

不要过分地强调自主知识产权，也不要过分地追求自我品牌，否则也是穿上了红舞鞋[①]。（来源：产品线管理办公室工作汇报会议纪要，2000）

---

① 红舞鞋的概念来自一则寓言，说的是魔鬼做了一双红舞鞋，舞者经受不住诱惑，穿上后舞姿越发曼妙，引得众人围观、喝彩，但是红舞鞋一旦穿上后就脱不下来了，必须不停地跳下去，直到跳到死为止。

在世界动荡不安的这个时代，我们一定要清晰自己的战略，不要盲目地做大，更不要盲目地铺摊子。收窄我们的战略面，是为了提高我们全球化的竞争能力。我们不可能什么都做得很好，华为过去的成功，也许是我们未来的失败之母，我们一定要高度警惕。（来源：《聚焦战略，简化管理》，2012）

公司战略要聚焦到大数据流量的主航道上来，不能持续带来投资收益的项目，坚决不投资，避免分散精力，失去战略机遇。（来源：《要培养一支能打仗、打胜仗的队伍》，2013）

第三篇　效率

一个企业的内、外发展规律是否真正认识清楚，管理是否可以做到无为而治，这是需要我们一代又一代的优秀员工不断探索的问题。只要我们努力，就一定可以从必然王国走向自由王国。

——任正非

| 第十三章 |

未来的竞争是管理的竞争

推动公司前进的最主要因素是机制和流程。我们留给公司的财富只有两样：一是我们的管理架构、流程与IT支撑的管理体系，二是对人的管理和激励机制。资金、技术、人才这些生产要素只有靠管理将其整合在一起，才能发挥出效应。规模是优势，规模优势的基础是管理，规模扩张的限制也是管理。大规模不可能自动地带来低成本，低成本是管理产生的。对于华为这样一个以人力资产为主的公司来说，规模经济性更要靠管理来实现。企业之间的竞争，说穿了是管理竞争。

我们要逐步摆脱对资金的依赖，对技术的依赖，对人才的依赖，使企业从必然王国走向自由王国，建立起比较合理的管理机制。为什么我们要认真推行IPD、CRM[①]、ISC、IFS？就是要使企业摆脱对个人的依赖。公司要真真实实走向科学管理，需要很长时间，我们需要扎扎实实建设好一个大平台，使资金、技术和人才发挥出最大的潜能。

有利于潜力增长，有利于效益增长，有利于组织和文化的一致性——这三个原则要成为永恒的管理主题。不抓人均效益增长，管理就不会进步。

本章作为第三篇的开篇，在展开对提高效率的讨论之前，需要先把管理的重要性确立起来。

---

① CRM，customer relationship management，客户关系管理。

13.1　公司未来的生存发展靠的是管理进步

13.1.1　推动公司前进的最主要因素是机制和流程

为什么世界上出现了IBM、微软，其实体现的不仅是技术，体现的是管理。某种意义上看某些公司不比华为差，为什么没有发展起来，就是没有融入管理，什么东西都是可以买来的，唯有管理是买不来的。这是一个非常宏大的工程，不是一个哈佛大学的学生就能搞出来的，要靠全体优秀的华为员工才能搞出来。我们公司保持这么大一批高学历、高层次人才，其目的就是要理解、接受、消化先进的管理，要抓好管理，需要先理解管理。我们这样的人才储备，为管理提供了基础。MRP II[①]做得好，是来源于华为公司员工的文化素质比较高，人家有理解，才能推得动。（来源：任正非在管理工程事业部CIMS[②]系统汇报会的讲话，1997）

华为公司打翻身仗就是要靠管理，现在我们管理人低下，人员浪费太大，重

① MRP II，Manufacturing resources planning II，制造资源计划系统II。它是以物料需求计划为核心，覆盖企业生产活动所有领域、有效利用资源的生产管理思想和方法的人—机应用系统。

② CIMS，computer integrated manufacturing system，计算机集成制造系统。

复劳动太多。如果完全解决管理问题，我们效益翻一番是有希望的。（来源：任正非在管理工程事业部CIMS系统汇报会的讲话，1997）

我们现在就是要重视公司内涵建设，内涵建设搞得好，前途是无量的。大家知道党的十五大以后，总体方针对华为公司是非常有利的。1998、1999年华为公司遇到了千载难逢的大好时机，但是为什么我们现在发展不起来，就是因为我们没有管理人才，没有管理水平，整个管理队伍没有就绪。所以我们这两年一定要踏踏实实把管理建设好，未来战胜竞争对手不是靠资金，不是靠技术，也不是靠人才，而是要靠管理。（来源：任正非在管理工程事业部CIMS系统汇报会的讲话，1997）

没有优良的管理难以保持超过竞争对手的速度。（来源：《不做昙花一现的英雄》，1998）

推动公司前进的最主要因素是机制和流程，各级领导干部要从以前的埋头拉车转变到抬头拉车，不要只见树木，不见森林，要多顾及各级管理体系的建设。（来源：《刨松二次创业的土壤》，1998）

只要公司的机制和流程的建设是很好的，就能极大地推动公司的进步，不废江河万古流嘛！华为公司的核心价值观已经能自“圆”其说了，华为红旗到底能打多久？结果是不言而喻的。“圆”就是不间断和循环，我们的机制和流程经过不断地优化，形成一种良好的循环机制后，就逐步将人的因素和企业的运行机制相分离，任何人离开这个企业后，机制还是会很好地不断运行下去，这就是华为红旗到底能打多久的关键因素——机制和流程。（来源：《刨松二次创业的土壤》，1998）

规模是优势，规模优势的基础是管理。（来源：《我们向美国人民学习什么》，1998）

大规模不可能自动地带来低成本，低成本是管理产生的，盲目的规模化是不正确的，规模化以后没有良好的管理，同样也不能出现低成本。（来源：《不做昙花一现的英雄》，1998）

华为曾经是一个“英雄”创造历史的小公司，正逐渐演变为一个职业化管理的具有一定规模的公司。淡化英雄色彩，特别是淡化领导者、创业者们个人的色彩，是实现职业化管理的必然之路。只有管理职业化、流程化才能真正提高一个大公司的运作效率，降低管理内耗。（来源：《职业管理者的使命与责任》，2000）

13.1.2 我们需要扎扎实实建设好一个科学管理的大平台

我们与爱立信等大公司比什么？比效率，比成本，看谁能多活一口气。（来源：任正非在BT系统部、英国代表处汇报会上的讲话，2007）

互联网不断地往新的领域走，带来了技术的透明、管理的进步，加快了各公司之间差距的缩短。因此，未来的竞争是管理的竞争，我们要在管理上与竞争对手拉开差距。（来源：EMT纪要[2008]028号）

在互联网时代，技术进步比较容易，而管理进步比较难，难就难在管理的变革，触及的都是人的利益。因此企业间的竞争，说穿了是管理竞争。如果对方是持续不断地管理进步，而我们不改进的话，就必定衰亡了。我们要想在竞争中保持活力，就要在管理上改进，首先要去除不必要的重复劳动；在监控有效的情况下，缩短流程，减少审批环节；要严格地确定流程责任制，充分调动中下层承担责任，在职权范围内正确及时决策；把不能承担责任、不敢承担责任的干部，调整到操作岗位上去；把明哲保身或技能不足的干部从管理岗位上换下来；要去除论资排辈，把责任心、能力、品德以及人际沟通能力、团队组织协调能力等作为选拔干部的导向。（来源：《逐步加深理解“以客户为中心，以奋斗者为本”的企业

文化》，2008）

将来的竞争，不单单是产品比赛，而是管理竞争。商场就是战场，是一个大的系统工程，最后是综合实力的较量。（来源：EMT 纪要[2008]028 号）

单靠技术壁垒取胜的时代很快就要转变成为靠管理取胜的时代。如果在我们领先的几年中，有可能占据了非常大的市场，从而将成本摊薄，并持续把成本也能控制得住，这个市场就可能继续是我们的。我说的这个成本并非单指产品技术成本。如果我们控制不住市场规模，技术突破别人也是可以很快追上来的。（来源：EMT 纪要[2008]028 号）

我认为我们公司，未来三到五年，只有两条路，没有其他路可走：要么就是给历史淘汰了，要么我们就是在历史中成为佼佼者。我们成为佼佼者的可能性是存在的。但是我们过去最主要的问题是什么呢？我们重视了业务建设，不够重视组织建设和干部建设。在组织建设上、流程建设上、干部建设上，我们做得不够，所以我们三五年要适当改变一下。在改革成功之后能提高效率 30%，那我们也能成龙上天了。（来源：任正非在 2009 年 5 月 EMT 办公例会上的讲话）

物竞天择，适者生存。思科在创新上的能力，爱立信在内部管理上的水平，我们现在还是远远赶不上的。我们要缩短这些差距，必须持续地改良我们的管理，不缩短差距客户就会抛弃我们。（来源：《深淘滩，低作堰》，2009）

公司要真真实实走向科学管理，需要很长时间，我们需要扎扎实实建设好一个大平台。你们是否听过，2002 年华为快崩溃的时候，我们的主题还是抓管理，外界都嘲笑我们。现在社会大辩论，也说华为在这个时代必死无疑，因为华为没有创新了，华为的危险就是抓管理。但我认为，无论经济可以发展多么好，不管高铁可以多么快，如果没有管理，豆腐渣是要垮掉的，高铁是会翻到太平洋的。

（来源：任正非在董事赋能研讨会上与候选专职董事交流讲话，2014）

我们要持续地表彰那些为IT S&P[①]、IPD、ISC、海外ERP[②]、IFS……做出贡献的人。昨天他们努力时，看起来是笨拙的，今天看他们是如此美丽。昨天我们穷，没有办法奖励他们。今天的高效率，是昨天他们刨松了土地，不要忘了他们，就是在鼓励明天的英雄。不要忘记历史，就是要鼓舞奋力前行。（来源：《变革的目的就是要多产粮食和增加土地肥力》，2015）

13.2 企业从必然王国走向自由王国的关键是管理

13.2.1 通过有效管理构建起一个平台，摆脱对资金的依赖、对技术的依赖、对人才的依赖

全面而系统地建设公司是我们正在思考的问题。公司是一个技术密集、资金密集、人才密集的企业，它将在奋力的发展中，逐步摆脱对资金的依赖、对技术的依赖、对人才的依赖，从必然王国逐步走向自由王国。（来源：《胜利鼓舞着我们》，1994）

未来华为战胜对手的关键因素不是技术、资金、人才，而是管理和服务。管理就是要把框架搭起来，从宏观管理走向微观管理。服务就是加强整个队伍的服务意识建设。（来源：任正非在听取用服中心结构汇报会上的讲话，1997）

我们要逐步摆脱对资金的依赖、对技术的依赖、对人才的依赖，使企业从必

① IT S&P，IT strategy&plan，IT战略与规划。

② ERP，Enterprise Resource Planning，企业资源计划，是一种主要面向制造行业进行物质资源、资金资源和信息资源集成一体化管理的企业信息管理软件包。

然王国走向自由王国，建立起比较合理的管理机制。当我们还依赖于资金、技术和人才时，我们的思想是受束缚的，我们的价值评价与价值分配体系还存在某种程度的扭曲。只有摆脱三个依赖，才能科学决策。我们起草基本法，就是要建构一个平台，构筑一个框架，使资金、技术、人才发挥出最大的潜能。（来源：《华为的红旗到底能打多久》，1998）

摆脱三个依赖，走向自由王国的关键是管理。通过有效的管理构建起一个平台，使资金、技术和人才发挥出最大的潜能。（来源：《华为的红旗到底能打多久》，1998）

我们企业核心价值观所确定的我们企业内在的组织流，经过不断自我优化，一旦能够自圆其说之后，即使现在的领导人不在了，这个组织流也不会终结，仍将如长江长流不息。新的企业继承人，势将顺应、继承和管理这个组织流，使之永远长流下去，我们的华为公司怎么会垮掉呢？我坚信华为红旗永不倒！（来源：《把生命注入到产品中去》，1998）

人才、技术、资金是可以引进的，管理与服务是引进不来的，必须靠自己去创造。没有管理，人才、技术、资金形不成力量；没有服务，管理没有方向。（来源：《华为的红旗到底能打多久》，1998）

当一个公司把自己的希望寄托在一个人的身上时，那是很危险的，很脆弱的。我们不能把公司的希望寄托在一个人的生命和智慧之上。华为公司通过贯彻集体委员会制度后，在管理上进一步完成了体系转变，走上了良好的自我运行、自我调整、自我优化的轨道。（来源：《静水潜流，围绕客户需求持续进行优化和改进》，2002）

企业的生命不是企业家的生命。西方已实现了企业家的更替不影响企业的发展。中国一旦企业家没有，随着他的生命结束，企业生命也结束了。就是说中国企业的生命就是企业家的生命，企业家死亡以后，这个企业就不再存在，因为他是企业之魂。一个企业的魂如果是企业家，这个企业就是最悲惨、最没有希望、最不可靠的企业。我是银行，绝不给他贷款。为什么呢？说不定明天他坐飞机回来就掉下来了，你怎么知道不会掉下来？因此我们一定要讲清楚企业的生命不是企业家的生命，为什么企业的生命不是企业家的生命？就是我们要建立一系列以客户为中心、以生存为底线的管理体系，而不是依赖于企业家个人的决策制度。这个管理体系在它进行规范运作的时候，企业之魂就不再是企业家，而变成了客户需求。客户是永远存在的，这个魂是永远存在的。（来源：《在理性与平实中存活》，2003）

为什么我要认真推IPD、ISC？就是在摆脱企业对个人的依赖，使要做的事，从输入到输出，直接端到端，简洁并控制有效地连通，尽可能地减少层级，使成本最低，效率最高。就这么简单一句话。（来源：《在理性与平实中存活》，2003）

13.2.2 管理的最高境界是“无为而治”

管理学上有一个观点：管理控制的最高境界就是不控制也能达到目标。这实际上就是老子所说的那句话：“无为而无不为。”基本法就是为了使公司达到无为而无不为的境界。好像我们什么都没做，公司怎么就前进了？这就是我们管理者的最高境界。谁也不会去管长江水，但它就是奔流到海不复还；华为公司将来也要像长江水一样，不需要管理层成天疲于奔命，就自动地势不可当地向成功奔去。当然这需要一个过程。为什么成功的外国公司的大老板成天打高尔夫球，而我们的高层领导疲惫不堪？就是因为我们还未达到“无为而无不为”的境界。“无为而无不为”不仅仅是无为而治，它体现的是好像不需要怎么管，但事物都在前进，为什么？这是一种文化氛围在推动前进。（来源：任正非在基本法第四稿修改会议上的讲话，1997）

一个企业的内、外发展规律是否真正认识清楚，管理是否可以做到无为而治，这是需要我们一代又一代的优秀员工不断探索的问题。只要我们努力，就一定可以从必然王国走向自由王国。（来源：《华为的红旗到底能打多久》，1998）

我在《华为的红旗到底能打多久》一文的最后讲到了“长江水”：即使我们睡着了，长江水照样不断地流，不断地优化，再不断地流，再不断地优化，循环不止，不断升华。这就是最好的无为而治。这种无为而治就是我们要追求的目标。（来源：《静水潜流，围绕客户需求持续进行优化和改进》，2002）

我们不是靠人来领导这个公司，我们用规则的确定性来对付结果的不确定。人家问我：“你怎么一天到晚游手好闲？”我说，我是管长江的堤坝的，长江不发洪水就没有我的事，长江发洪水不太大也没有我的事啊。我们都不愿意有大洪水，但即使发了大洪水，我们早就有预防大洪水的方案，也没有我的事。（来源：《与任正非的一次花园谈话》，2015）

13.2.3　我们能够留给后人的财富就是管理体系

核心竞争力对一个企业来讲是多方面的，技术与产品仅仅是一个方面，管理与服务的进步远远比技术进步重要。10 年来，公司深深地体会到了这一点。（来源：《创新是华为发展的不竭动力》，2000）

我们为什么始终重视管理？因为留给我们的财富就是管理！如果没有管理，这个企业能留给我们什么？就是一大堆债务。我们认为企业在变革过程中，至少在泡沫经济年代，我们用积累的资金引进、改良、自创的管理变革已经接近成功，摆脱了这个困境，摆脱了这种瓶颈，使我们有可能成功，而不是有可能失败。所以我认为，这种无生命的管理体系不仅我们要自己学会，而且一定要把它融会贯通，要把它推广下去，改变自己的工作作风。无生命的管理体系，是需要有生命

的员工来执行和完善的。（来源：《在理性与平实中存活》，2003）

为什么企业管理目标就是流程化的组织建设。今天大家进行管理能力的培训，IPD、ISC、CMM[①]等以及任职资格和绩效考核体系，都是一些方法论，这些方法论是看似无生命实则有生命的东西。它的无生命体现在管理者会离开，会死亡，而管理体系会代代相传；它的有生命则在于随着我们一代一代奋斗者生命的终结，管理体系会一代一代越来越成熟，因为每一代管理者都在我们的体系上添砖加瓦。所以我们将来留给人类的瑰宝是什么？以前我们就讲过华为公司什么都不会剩下，就剩下管理。为什么？所有产品都会过时，被淘汰掉；管理者本人也会更新换代，而企业文化和管理体系则会代代相传。因此我们要重视企业在这个方面的建设，这样我们公司就会在奋斗中越来越强，越来越厉害。（来源：《在理性与平实中存活》，2003）

我们留给公司的财富只有两样：一是我们的管理架构、流程与IT支撑的管理体系，二是对人的管理和激励机制。人会走的，不走也会死的，而机制是没有生命的，这种无生命的管理体系，是未来百年千年的巨大财富。这个管理体系经过管理者的不断优化，你们说值多少钱？只要我们不崩溃，这个平台就会不断发挥作用。我们公司上市后能值多少钱，其实就是这两项管理财富值多少钱。所以我们会很重视流程。（来源：任正非在流程与IT战略务虚会上的讲话及主要讨论发言，2012）

华为公司最宝贵的是无生命的管理体系，因为人的生命都是有限的。我们花了20多年时间，终于半明白了西方管理。只要公司不垮，就能无敌天下；如果公司垮了，这个文化就报废了，管理体系也没用了。我们要维持管理体系能有活力地持续运行，保持有动能，所以我们要保持盈利，逼大家不能搞低质量、低价格

① CMM，capability maturity model，能力成熟度模型。

的经营。当然，也不能强调大幅度的激进改进，提出些莫名其妙的口号来。（来源：任正非在公司质量工作汇报会上的讲话，2015）

13.3 向管理要效益

13.3.1 提高效益的潜力在提高效率，提高效率的关键在改进管理

我们的员工文化层次很高，很聪明，但如果不规范管理，那么，主意越多，人心越乱，管理就越没有希望。中研部有人给我写了个条：中研部必须要有很多活思想，规范化管理使我们效率降低，新突破降低。反对规范化管理。我就给他批了条：如果中研部的工具库、数据库，甚至每个功能模块，每段程序都不规范，拿什么去拼出一个具有创造性思维的产品呢？不规范管理将导致公司越大，效益越低，矛盾越多，越没有竞争潜力，最后就破产了。（来源：《不要叶公好龙》，1996）

改革就是要产生效益，我们要向管理要效益。如果我们这次的管理流程真真实实运行通了，我们管理的效益就大幅度提高了，投入产出的能力就增强了。如果有这种规范化的作业，就能把我们前期的改革成果巩固下来，我们就形成了一支雄师劲旅。如果没有规范化，队伍则溃不成军。改革的全面结果得不到巩固，效益就不可能提高。（来源：任正非 8 月 26 日在 MRP II 推行协调会上的讲话，1996）

必须提高单位时间的效益。怎么提高效益？就是简化管理。（来源：任正非与华为通信生产系统的座谈纪要，1997）

有利于潜力增长，有利于效益增长，有利于组织和文化的一致性。这三个原则

要成为永恒的管理主题。（来源：任正非在基本法第四稿修改会议上的讲话，1997）

有管理进步的愿望，而没有良好的管理方法与手段，必定效率低下，难免死亡。华为公司的人均效益和西方公司比较至少要低2/3以上，那么我们浪费的是什么呢？是资源和时间，这是由管理无效造成的。我们正在引进西方的各种先进管理，就是为了从根本上改变这种状况。（来源：《不做昙花一现的英雄》，1998）

管理能够大幅度提高潜在效率，华为公司的潜力也正是管理。各级部门都要格外重视管理的进步，短期内效益有可能会降下来，但从长远看会提高。（来源：《培训，培训，再培训》，1998）

每一道工序，每一个流程，都要在努力提高质量的前提下，提高效益。（来源：《小改进，大奖励》，1998）

公司这一两年形势比较好，要抓住时机，坚定不移地推行改革，要居安思危。我们最近向IBM学习，一是采购供应系统的调整，二是研发体系的改革，推行IPD，同时推行Hay公司的薪酬体系。那么我们三到五年之内，最重要的就是提升我们的管理，从管理改进中提高效率。我们现在的人均效率和IBM公司相比只是其1/6，我们能否三至五年之后把与IBM的距离缩短到1/3或1/2，如果这样，我们就释放了极大的潜能。这就是我们的核心竞争力的提高。一定要改善管理，坚决向管理要效益，唯有这个办法才能牵引我们继续发展下去。（来源：《居安思危，奋发图强》，1999）

13.3.2　提高人员效益应当是管理改进的一个重要目标

公司必须在工资增长的同时，效益更快增长，而不是工资增长速度超过了效益增长速度。我们一定要保证个人收入增长率，不超过公司劳动生产率的增长率，

这样才能持续发展。（来源：任正非在HAY项目试点会议上的讲话，2000）

每个员工都要把精力用到本职工作上去，只有本职工作做好了，才能为你的成长带来更大效益。（来源：《华为的冬天》，2001）

不抓人均效益增长，管理就不会进步。因此一个企业最重要、最核心的就是追求长远地、持续地实现人均效益增长。当然，这不仅仅是当前财务指标的人均贡献率，而且也包含了人均潜力的增长。企业不是要大，也不是要强，短时间的强，而是要有持续活下去的能力与适应力。（来源：《华为的冬天》，2001）

大家可以看到我们这三年的进步，我们从一个躁动的组织，渐渐变成一个静水潜流、安安静静的组织。安静下来以后，原子之间不再搞布朗运动了，摩擦没有了、浪费没有了，效率就提高了，成为一个以客户需求为导向的商业目标明确、流程化的组织，保证每个扳道岔的人、上岗的员工都有任职资格体系去评价，整个环节是完整的。（来源：任正非在2004年三季度国内营销工作会议上的讲话）

我们的业务量在增长，因此带来表面上人的效益是增长的。但是我们要看到，我们现在利润不是来自于管理，而是来自于增长，如果明天没有增长了，我们公司可能就利润为负、现金流为负了。我们现在就要在没有负增长之前，把内部效率提升起来。比如作战部门，你要继续改进，要增人，你就增人，但要多挣点粮食。（来源：任正非在2009年5月25日EMT办公会议、5月26日HRC[①]会议上的讲话记录）

① HRC，Human Resources Committee，人力资源委员会，是华为集团董事会下设的专业委员会，在董事会授权范围内进行人力资源管理关键政策的制定和决策，以及执行监管。

13.3.3 实事求是地设置针对性的人均效率改进目标，牵引业务单元改善投入产出

公司人力资源总量增加速度应该降低，要将人员规划和管理的重点集中到提高内部组织和人员效率、充分发挥这几年录用的大量员工作用上。要靠有效的管理而不是简单一味地以人员规模的快速膨胀来支撑业务发展。要切实提升各级组织的人员效益改进要求。人均效益改善要同业务规模发展速度相均衡、相匹配。过低的人均效益要求必然带来组织的过度膨胀和机构臃肿。人均效益的改善不搞一刀切，要根据公司整体、各业务单元、各支撑辅助部门业务发展和管理的实际情况，实事求是地确定其人均效益的提升要求，从而建立分类的、不同的效益提升目标，既促进和保障成长和拓展性业务的持续有效发展；也应提高已成熟或增长乏力业务的人均产出效益，大力改善和提升平台、机关和支撑机构的人均服务或人均支撑效率。（来源：EMT决议[2008]029号）

逐步摸索和建立公司人均效益持续改进的管理机制和办法，包括相关数据口径，考核指标的定义、评估结果应用等。通过设置合理的人均效率改进基线对公司总体人员规模形成合理约束；实事求是地设置针对性的人均效率改进目标，牵引业务单元改善投入产出。（来源：EMT决议[2009]002号）

13.3.4 提高效率，不是要增加劳动强度，而是要减少无效工作

华为公司一定要提高效率，并不是说埋头苦干就行。我们不主张加班加点，不该做的事情要坚决不做，这方面的节约才是最大的节约。算一算研发开发出来的功能，利用率不到22%，而通信行业电话功能的利用率更是不到千分之一，这个世界用来用去还是摘挂机，但我们公司过去就做不好。研发越高级的技术，大家就越兴奋，越去研究，职务和工资也越来越高，简单的技术反而不愿意去研究。如果我们减少20%的无效工作，那么既节约了成本，也不用加班加点。（来源：《CFO要走向流程化和职业化，支撑公司及时、准确、优质、低成本交付》，2009）

我们不能因短期救急或短期受益，而做长期后悔的事。不能一边救今天的火，一边埋明天的雷。（来源：《深淘滩，低作堰》，2009）

现在最主要的是流程、制度和结构的改革，这个是最重要的。流程改革以后，重复劳动才会减少，然后才会提升。而且我不是想增加劳动强度从而得到效益的提升，是要降低劳动强度得到效益的提升。不做重复工作，不做无用工作，精力集中在提高效率上。（来源：任正非在2009年5月25日EMT办公会议、5月26日HRC会议上的讲话记录）

我们现阶段要坚持精简，提高效率与效益。我们是通过弹性薪酬包管控的措施来达到这个目的，我们要坚决执行，不要动摇，也许薪酬包的确定不尽合理，但我们各级主管不应把精力用在内部讨价还价上，应集中精力去争取更大的成绩。（来源：EMT决议[2012]026号）

公司要做到“战略聚焦、简化管理”。减少会议的最终结果就是要提升运营效率，增加利润、减少人数和完成战略目标。（来源：EMT决议[2012]042号）

减少不必要的重复劳动。有时我们对人力数量要求看得太重，还没有学会把效率提高。当前公司有太多重复劳动，正如你们所提到的，运营商BG和企业网BG都在研究IP，一个容量大，一个容量小，界限上重复叠上去的一些人，可能就是浪费，累计入成本。如果把重复劳动人力释放，就能增加很多利润。（来源：任正非在IP交付保障团队座谈会上的讲话，2014）

|第十四章|

企业管理的目标是流程化组织建设

组织及工作的方向只要是朝向客户需求，就永远不会迷航。产品发展的路标是客户需求导向，企业管理的目标是流程化的组织建设。从长远来看，华为组织改革的方向是由功能型的组织结构，转化为流程型的组织结构，并由IT支持这个组织的运作。基于流程来分配权力、资源和责任的组织，就是流程化组织。

组织一个大公司很容易，要召集几万人是很容易的。但是大公司如果没有一个很好的管理体系，必然要切成很多小事业部，事业部之间资源不能共享，面对西方大系统、大平台的世界级企业很难具有竞争力。要成为大公司，我们要建立一个最简单、最有效的灵活的管理体系。管理系统太复杂，就失去了存在的价值。

公司组织结构的确定，要先理顺主干流程，再根据主干流程确定组织结构。未来公司的建制，前端是对付不确定性的精兵组织，后端是对付确定性的平台和共享组织。为了更好地服务客户，捕捉市场机会，我们把指挥所建到听得到炮声的地方，把计划预算核算权力、销售决策权力授予一线，让听得见炮声的人来决策。要通过改革把我们的组织从后端推动变成前端拉动，形成“推”“拉”结合、以“拉”为主的机制，这样组织效率就会有较大的提高。同时，通过产品线关注扩张、地区部关注盈利来实现组织之间的相互制衡。

代表处是本地运营的综合性经营组织，以最小作战单位参加作战，这就是精兵组织。代表处归代表管理，实现一元化领导，避免多头管理。代表处组织灵活机动、授权充分，不仅能够调用全球资源，快速满足客户需求，还要通过本地化落地经营，致力于在运营所在地的可持续发展，成为被当地社会所认可的企业公民。系统部的铁三角，其目的是发现机会，咬住机会，将作战规划前移，呼唤与组织力量，完成目标。同时，它们代表客户来监督华为公司，监督解决方案、交付和存量维护、干部评价，监督一切。这样我们才真正是以客户为中心的。

未来华为的组织改革，“以代表处为基础”永远都不会变化，但区域的结构，随着我们的进步和变化是可以调整的。能力的提升以项目组为中心，管理建设以代表处为基础，后面的组织和管理体系叠加在这两个基础上。以销售额为中心，是BG（业务集群）的责任；以利润为中心，是区域的责任。

地区部要成为区域的能力中心与资源中心，有效组织和协调遍布全球的公司资源为客户服务。我们借用“重装旅”的概念，来描述地区部与代表处的关系。若代表处不是一个轻型的组织，那么成本是非常高的。地区部汇聚的资源是逻辑的，并非物理的。机关解决方案团队则要专业化，在前方呼唤炮火时要能提供清晰标准的专业方案输出和指导。

战略预备队的建设，是公司转换能力的一个重要方式，是以真战实备的方式来建立后备队伍。公司要逐步通过重装旅、重大项目部、项目管理资源池这些战略预备队，来促进在项目运行中进行组织、人才、技术、管理方法及经验的循环流动。

战略问题是高层指挥基层，战术、战役问题是前方指挥后方，后方要尽力支持前方要求。公司管控模式要逐步从中央集权式，转向让听得见炮声的人来呼唤炮火，让前方组织有责、有权，后方组织赋能及监管。这种组织模式，必须建立在一个有效的管理平台上，包括流程、数据、信息、权力……机关是支持、服务和监管的中心，而不是中央管控中心。要逐步使后方的支持服务联勤化。

能力中心的建设是全球化的，不是只针对一个国家的需求，这是全球化的战略布局。要把战略能力中心放到战略资源聚集地去。

项目是经营管理的基本单元和细胞，项目经营得不好，公司的优质经营就无从谈起。公司要实现向项目为中心的转移，才能避免大公司功能组织的毛病和消除冗余，才能提高竞争力，才能使干部快速成长。项目成本核算是各级组织优良管理的基础，要实行项目概算、预算、核算和决算的闭环，以及资源的买卖机制，目标还是要以胜利为中心。

本章将阐述华为公司组织，特别是销售及营销组织和管理体系的建立原则和改革方向。

14.1 建设从客户中来、到客户中去的流程化组织

14.1.1 所有组织及工作的方向只要朝向客户需求，就永远不会迷航

我们所有的目标都是以客户需求为导向，充分满足客户需求以增强核心竞争力。我们的工作方法，其实就是IPD等一系列流程化的组织建设。明确了目标，我们就要建立流程化的组织。有了一个目标，再有一个流程化的组织，就是最有效的运作了。（来源：任正非与尼日利亚员工座谈纪要，2004）

我们建立了以客户需求为导向的公司发展目标，为了满足这个需求，后面所有的组织建设都应该是流程化的组织建设，这样才可以快速响应，同时又保持低成本。围绕这个目的来进行组织建设，需要什么就保留什么，多余的组织及人员都要裁掉，这样就会高效、低成本。非流程化的组织建设，肯定是浪费，提高了成本，肯定会成为包袱，所以不要了。不要搞平行的组织建设，平行的部门。所以我们不要平行的组织，而要搞流程化的组织建设，就是效率高。一旦抓住机会，后面都是流程化的，没有鼓出来的肿瘤，那就提高了我们的管理效率。如果没有IPD、ISC的改革的落地和成功，我们就不可能实现这两个目标。（来源：任正非在

2004 年三季度国内营销工作会议上的讲话）

我们常说，公司的管理是以业务为主导，会计为监督。指的是公司内一切为外部客户服务的业务，主导着公司的发展，这种业务的发展，也不是没有制约的，而是以会计的规范化服务与管理为监督，自动、实时地在流程中审视其业务发展的规范性、合理性、必要性以及风险性，从而在服务的同时完成监督。（来源：《把财经管理体系建成跟随公司业务快速变化的铜墙铁壁》，2005）

所有组织及工作的方向都是朝向客户需求的，它就永远不会迷航。（来源：《华为公司的核心价值观》，2007 年修改版）

以需求确定目的，以目的驱使保证，一切为前线着想，就会共同努力地控制有效流程点的设置。（来源：《谁来呼唤炮火，如何及时提供炮火支援》，2009）

所有一切要符合未来的作战需要，组织是为了作战而存在的，而不是作战服从组织的。（来源：任正非在变革战略预备队及进展汇报座谈上的讲话，2015）

14.1.2　按照主干流程构建公司的组织及管理系统

全公司组织结构的确定，要先理顺主干流程，再根据主干流程确定组织结构，其中有两个原则：①必须要收缩战线；②要变成时效型组织。（来源：产品线管理办公室工作汇报会议纪要，2000）

从长远来看，就是由功能型的组织结构，转化为流程型的组织结构，并由IT支持这个组织的运作。从目前看，就是使目前功能型的组织结构如何贴近流程，贴近客户需求，适应市场的变化，也就是让组织更有弹性，更有活力。（来源：《华为的机遇与挑战》，2000）

我们应该沿着企业的主业务流（例如，产品开发流、合同获取及合同执行流），来构建公司的组织及管理系统。目前，产品开发有IPD保证，合同获取及执行流目前还没有系统级的管理系统来保证，而这个流中，集中了公司的资金、物流、存货和所有回款。（来源：EMT纪要[2008]028号）

“投标，合同签订，交付，开票，回款”是贯穿公司运作的主业务流，承载着公司主要的物流和资金流。针对这个主业务流的流程化组织建设和管理系统的建设，是我们长期的任务。（来源：《深淘滩，低作堰》，2009）

14.1.3　基于流程分配责任、权力以及资源

我们一定要坚持IPD、ISC的流程化组织建设，活学活用好，坚决按流程来确定责任、权力以及角色设计，逐步淡化功能组织的权威。这就是我们说的微观的商业模型。（来源：《在理性与平实中存活》，2003）

主要是流程责任不清晰，指导责任不落实，处理问题的决策权的授权、行权、问责不落实。谁是责任的承担者，他应负几分责任；谁是责任人的主管者，他应分担多少责任；他在管理这个团队时，应担任什么培训、指导员工的责任；什么是领导的管制责任，承担管制责任的领导是怎么抓住组织建设的，管制不好他应负几分责任。一件小事，经过11个人的签字，竟然没有明确什么处理意见，就送到CFO处来审批。这就说明我们流程的责任重心还没有下移，流程仍然流于形式，难怪流程不快。每级责任者在签字时，都要明确自己的处理意见，不能将矛盾上移。而且不是会签人越多越可靠。一般应是责任者、主管者、分管领导，各级明确自己的责任，快速地处理事件，并不一定层数少就不可靠。（来源：《将岗位问责制落到实处》，2005）

我们将不断实行问责制，追溯责任者、主管者、领导者对事件应负的责任，

以及适当的处罚。当然，他们同时也享有准确、及时、安全服务带来的快乐。（来源：《将岗位问责制落到实处》，2005）

基于以流程来分配权力、资源以及责任的组织，就是流程化组织。跟流程化运作无关的人员及组织都必须裁掉，这就是流程化组织。因此，清晰的业务运作标准，严格按程序运作，提供一组能反映运作的表格供自己与他人使用。是十分重要的事情。（来源：《华为公司的核心价值观》，2007年修改版）

现在行政管理团队的权力太大，而流程owner（责任人）的权力太小，致使一个一个部门墙，越积越厚。这样无形中增加了较大的成本，使竞争力削弱。我们要用制度来保证对流程结果负责这种精神的传承，要让为全流程做出贡献的人，按贡献分享到成果。（来源：《逐步加深理解“以客户为中心，以奋斗者为本”的企业文化》，2008）

只有“有为”才会“有位”，任何组织只有在流程中创造价值，才可能获得成长的机会。在公司快速发展的今天，财经部门更应该加快自己的建设，真正成为流程中不可缺少的力量，这是历史赋予我们的使命，也是历史给予我们的机会。（来源：《市场经济是最好的竞争方式，经济全球化是不可阻挡的潮流》，2009）

在流程执行和业务运作的过程中，建立评审与决策相对合一的机制，对业务专家授予“事”权，建立专家决策的高效运作机制，充分发挥专家的作用和价值。（来源：任正非与财经体系干部座谈纪要，2012）

做好流程化组织建设，才能管理简化、廉洁高效。流程与IT管理部要聚焦于建设高速公路、高速铁路，会议将自然减少；主干系统（铁路中间）不设灯，接入系统（车站）设置监察管理；沿着流程梳理组织和授权。（来源：EMT决议[2012]042号）

我们要重新思考一线组织建设的有效性，一线要流程清晰，作战能力要强。每个国家代表处要建立业绩基线，然后自己与自己比，持续改进；人力资源部更重要的是管住规则，回溯调整。（来源：任正非在“班长的战争”对华为的启示和挑战汇报会上的讲话，2014）

14.1.4 在组织与流程不一致时，改组组织以适应流程

产品发展的路标是客户需求导向，企业管理的目标是流程化的组织建设，这两句话归纳了我形容的龙的组织。客户需求是经过去粗取精、去伪存真、由此及彼、由表及里的改造制作之后的精华。最贴近客户的组织理解了真正的客户需求之后，应该成为公司的最高指挥机构，就像龙头一样不断摆动，内部的企业组织应该是为了满足客户需求的流程化的组织，像龙身一样，内部相互关系，无论如何都不会发生相对变化，而追随龙头的摇摆，来满足客户需求。（来源：《产品发展的路标是客户需求导向，企业管理的目标是流程化的组织建设》，2003）

华为要形成以Marketing（市场营销）为龙头，内部组织通过IPD、ISC等管理体系相互关联相对稳定，龙头摆动其他关节也相对摆动，这就是龙头原理。（来源：任正非与阿联酋代表处座谈纪要，2004）

要把可以规范化的管理都变成扳道岔，使岗位操作标准化、制度化、简单化。就像一条龙一样，不管龙头如何舞动，其身躯内部所有关节的相互关系都不会改变，龙头就如营销，它不断地追寻客户需求，身体就随龙头不断摆动，因为身体内部所有的相互关系都不变化，使得管理简单、高效、成本低。按流程来确定责任、权力以及角色设计，逐步淡化功能组织的权威，组织的运作更多地不是依赖于企业家个人的决策。（来源：《华为公司的核心价值观》，2007年修改版）

在组织与流程不一致时，我们原则上改组组织以适应流程。（来源：《华为内控

体系建设就是要穿美国鞋，不打补丁》，2007）

14.2 建立“推拉结合，以拉为主”的流程化组织和运作体系

14.2.1 把指挥所建在听得到炮声的地方，“让听得到炮声的人呼唤炮火”

为更好地服务客户，我们把指挥所建到听得到炮声的地方，把计划预算核算权力、销售决策权力授予一线，让听得见炮声的人来决策。打不打仗，后方决定；怎么打仗，前方说了算。由前线指挥后方，而不是后方指挥前线。（来源：任正非在英国代表处的讲话纪要，2007）

变革成功后，起到的作用是什么？不是拥有资源的人通过IT来指挥前线，而是在前线指挥战争的指挥员要通过IT来调配后方的资源。应该是前线指挥后方，而不是后方指挥前线，打不打仗，后方决定；怎么打仗，前方说了算。《CEO的海军陆战队里》这本书里讲美国50万海军陆战队的作战方式，就是说的这个。这次变革完成后，我们的验证标准应该为总部是支持、服务监管的中心，而不是中央管控中心。（来源：《财经的变革是华为公司的变革，不是财务系统的变革》，2007）

要把指挥所建到听得到炮声的地方去，产品规划部门要从组织上加以调整和驱动，不能只待在深圳，要建到前线主要客户区域；同时要提升软件产品的架构和设计能力，在国际上找咨询顾问公司，引进大公司高水平的架构师；架构一定要面向未来，具有良好的开放性和持久性，否则就是高成本。（来源：EMT决议[2007]015号）

流程变革必须以客户为起点，以一线为中心，从一线开始，也只能从一线开始。平台（支撑部门）是为一线作战部队服务的，一线不需要的，就是多余的。

（来源：EMT决议[2008]030号）

要把我们的组织改革从后端推动变成前端拉动，这是一种大的改革。我们过去的组织和运作机制是“推”的机制，现在我们要将其逐步转换到“拉”的机制上去，或者说，是“推”、“拉”结合、以“拉”为主的机制。推的时候，是中央权威的强大发动机在推，一些无用的流程，不出功的岗位，是看不清的。拉的时候，看到哪一根绳子不受力，就将它剪去，连在这根绳子上的部门及人员，一并减去，全都到后备队去，这样组织效率就会有较大的提高。（来源：《谁来呼唤炮火，如何及时提供炮火支援》，2009）

我们变革要把一部分权力的指挥中心放到一线需要的地方去，让听得到炮声的人来呼唤炮火，避免公司机构过于庞大、官僚。随着LTC①流程的贯通，我们已逐渐听到了炮声。后方将是具备更强的专业服务与支持能力。（来源：埃森哲董事长Pierre拜访任正非的会谈纪要，2015）

公司组织与运作的改革要始终瞄准“流程简单清晰，组织精兵简政，奋斗能多打粮食”这个目标，我们要认识到不同组织要遵循不同的业务运作规律，只有进行差异化管理，才能真正地焕发各类组织的活力。当前公司主航道组织运作改革的重点是在坚持矩阵化管理基础上，逐步实现“一线呼唤炮火、机关转变为服务与监督”的运作改良。不断简化管理、提高效率，从屯兵组织转变为精兵组织；非主航道组织运作改革就是要去矩阵化管理或弱矩阵化管理，率先实施流程责任制，实现及时、正确、合理盈利的服务和支撑，不让腐败有滋生场所。有效地分担作战主官的压力。（来源：《非主航道组织要率先实现流程责任制，通过流程责任来选拔管理者，淘汰不作为员工，为公司管理进步摸索经验》，2015）

① LTC，Lead to Cash，线索到回款，它是华为从线索、销售、交付到回款的主业务流程。

代表处是轻装的前沿作战单位，要不断提高客户界面的综合协调能力

代表处就是像海军陆战队要轻装、要综合，地区部就是主力作战团队，有很好的专业分工，以及及时支持的牺牲精神，整体上形成海军陆战队和主力作战团队相配合的作战方案。（来源：任正非在2009年7月6日HRC会议、7月7日EMT会议上的讲话）

越到前端越不能专业化，专业化在前线作战的时候就有很多缝隙，这个缝隙就可能漏过了很多机会。前端要强调综合化。后方平台我们要适当地强调专业化，以弥补综合化小分队不足的作战能力。这两支队伍的人员，要在全公司里面不断地循环筛选，纵向循环，横向循环。几年后，您的作战能力就增强了。我还是主张，越贴近前端越要综合化，越贴近后端越要专业化。（来源：任正非在EMT办公会议上的讲话，2009）

我们把代表处改成综合化轻装的海军陆战队，避免各自为政。在最前端的作战界面体现的是综合的能力，我们强调铁三角就是强调最前端的作战是综合的。因此我们统一作战界面，让客户感觉我们是一个友善的界面。（来源：《对“三个胜利原则”的简单解释》，2010）

我们相信基层的作战一专多能的可能性是一定会实现的。前线综合作战能力提升以后，代表处具有综合能力的人，可以和地区部重装旅专业化的人才垂直循环，垂直循环就是在相同战线的不同岗位上，承担不同的职责。当然也可以同时横向循环，横向循环是指在不同战线上的不同或相同岗位间移动。所以我们认为要加强纵向循环和横向循环，这样的循环就使每个人的能力都丰富多彩地提升，造就成千上万的干部成长起来。（来源：《对“三个胜利原则”的简单解释》，2010）

将来代表处组织很精干，主要是发现战争、策划战争，主力参战的野战部队，

是协助当地组织实现目的。当代表处发现战略机会点时，重装旅就像疯子一样飞出去，帮助他们抢占“上甘岭”，使得公司整个组织编制是灵活机动的。（来源：任正非在解决方案重装旅第一期学员座谈会上的讲话，2014）

我们正在进行组织变革，将来代表处就是前沿作战单位，当管理流程打通以后，前方作战组织的编制要缩小，不足力量由战略机动部队来补充。这些机动部队干完后又飞走了。（来源：任正非在解决方案重装旅第一期学员座谈会上的讲话，2014）

代表处是综合性的直接作战组织，代表处以最小作战单位参战作战，这种就是精兵组织。代表处归代表管理，实现一元化领导，代表是全权司令官。如果是多头管理，指挥不动，这仗也没法打了。再缺少的兵员，就从战略机动部队补充，循环流动。（来源：任正非在运营商BG营销装备建设思路汇报会上的讲话，2015）

构建系统部铁三角，做厚客户界面，代表客户驱动公司满足客户需求

很多人理解铁三角是三权分立、互相监督。现在我们要再次明确，系统部的铁三角不是三权分立，他们是一个利益的统一体，就像拼刺刀一样，一个人管住120度的角，共同代表客户来对着华为，对公司进行拉动。他们代表客户，拥有一定的权力，知道什么是需要的，什么是不需要的，这样不就是“拉”的作用吗？（来源：任正非在EMT办公会议上的讲话，2009）

我们要倒过来了，第一排就是我们的作战队伍铁三角，它代表客户的需求，呼唤公司满足客户需求，最后面一个人是总裁，他不断起支持的作用。这样客户的地位在我们公司开始得到提升，这样我们就有希望。在代表处铁三角的建设过程中，也有理解问题，大家一听到三角关系就是互相监督。所谓铁三角就是在一个组里有三个角色，它是一个逻辑的概念，而不是物理的概念。这个角色是统一抱成一个团，它们是统一代表客户来督促华为公司，监督你的解决方案、你的交付和存量维护、你的干部评价，监督一切。它是代表客户监督的，这样的话我们才真正是以客户为中心的。谁为客户说话谁就拥有权力，我们现在开始走向这一步。（来源：《对“三个胜利原则”的简单解释》，2010）

我们系统部的铁三角，其目的就是发现机会，咬住机会，将作战规划前移，呼唤与组织力量，实现目标。系统部里的三角关系，并不是一个三权分立的制约体系，而是紧紧抱在一起生死与共，聚焦客户需求的共同作战单元。它们的目的只有一个，满足客户需求，成就客户的理想。它们是作为客户在公司LTC流程中的代表，驱动公司满足客户需求，它们拥有的权力实质是客户授予的。它们是站在客户的角度来审视公司运作的。由于在铁三角中有多种角色，使我们更有能力做好普遍客户关系和提升客户满意度，我们要从以往对客户决策层漫灌，改变为对普遍客户关系滴灌。（来源：《以客户为中心，以奋斗者为本，长期坚持艰苦奋斗是我们胜利之本》，2010）

铁三角由多个角色组成，当然并不一定三个角，可以有多个角色。其中的交付经理就应该更多地在交付和维护环节进行普遍客户关系的滴灌，要把水一滴一滴地滴到你该滴的地方去；做解决方案的人要跟做解决方案、做商务的客户搞好普遍关系；客户经理要对系统进行协调组织，这样从以前一个客户经理对着一个客户，变成多个角色对着多层客户，对客户关系的改善应该是好的。由于我们与客户的关系很深，我们就能看见客户真正的需求是什么，真正清楚我们应该做什么，有这一条我们就一定会胜利。（来源：《对“三个胜利原则”的简单解释》，2010）

代表处系统部建设，就是要改善客户关系。“普遍客户关系”这个名词是我们公司率先提出来的。我们应该要有普遍客户关系，不要老是盯着一个人。铁三角实际上真正起到的作用就是改善普遍客户关系，从这个过程中他们一定能发现机

会，他们要抓住这个机会，然后才开始呼唤炮火。（来源：《对“三个胜利原则”的简单解释》，2010）

解决方案组织要善于拉动产品线和资源平台围绕市场机会运作

代表处的解决方案组织最主要还是要求助，要呼唤炮火。就是说，代表处解决方案的副代表，包括合同获取这个部门，实际上只是一个前哨，对一个中小型的机会，他可能要完整地去抓住；即使能抓住也要开放，让重装旅知道，他们也会分析，能给您什么帮助。对大型的机会，他要咬住这个机会不动摇，拿出规划，然后呼唤炮火来把这个打掉。当然炮火将来是要算成本的，打下仗来是要核算的。目的是不能丢掉这个机会，但这个机会不一定是你孤胆英雄打下来的，我们在组织结构上，在文字解释上，一定要体现出这点来。否则大家又是各自为政，一人一块，打不下来就找出很多客观理由来解释，机会就被丢掉了。（来源：任正非在EMT办公会议上的讲话，2009）

今年我们将对产品与解决方案体系及后方机构进行改革，以适应让听得见炮声的人来呼唤炮火的管理模式的转变。要以满足客户需求为中心，为他们提供解决方案。我提议，在面向客户的合同获取与合同履行环节，以解决方案为参战部队，以产品线为支持部队。解决方案像一朵大云，云下面有若干小云，还有七彩云、各种需求的云……产品线作为支持部队，应是最精良的部队，不一定什么都做，但要做就要做到最好。（来源：《以客户为中心，以奋斗者为本，长期坚持艰苦奋斗是我们胜利之本》，2010）

14.2.2 地区部要成为区域的能力中心与资源中心，有效组织和协调遍布全球的公司资源为客户服务

未来我们所有的改革，“以代表处为基础”永远都不会变化，但区域的结构，

随着我们的进步和变化是可以调整的。能力的提升以项目组为中心，管理建设以代表处为基础，这两个都要抓好，后面的组织和管理体系叠加在这两个基础上。地区部的组织应该是具有很大弹性的，随着我们有偿服务的实现，大区域的资源中心（包括技术、未来战略预备队中心等），在哪些地方布局，我们要动脑筋去想这个问题。（来源：任正非在 2013 年 11 月 29 日 EMT 办公例会上的讲话）

在组织改革中，最后指挥权和决策权的授权要清晰。首先要清楚授权给区域还是BG？授给区域的权力是什么，授给BG的权力是什么？我同意有多种决策权，我讲的是最后决策权。以销售额为中心，是BG的责任；以利润为中心，是区域的责任。我认为战争决策权应该授权给区域；BG更多关注资源建设、战略建设、参加作战，为了促进销售额，要想办法让前线指挥官接受他的观点。除了消费者业务我可能同意是BG有决策权，其他业务必须是区域有决策权。（来源：任正非在“班长的战争”对华为的启示和挑战汇报会上的讲话，2014）

地区部要成为区域的能力中心与资源中心，有效组织和协调遍布全球的公司资源为客户服务；代表处成为本地运营的整体性经营组织，组织灵活机动、授权充分，不仅能够调用全球资源，快速满足客户需求，还要通过本地化落地经营，致力于在运营所在地的可持续发展，成为被当地社会所认可的企业公民。（来源：《自我批判，不断超越》，2014）

区域是指挥中心，有作战的权利、有选择产品的权利、有合同决策的权利；BG作为各军兵种给予资源，协同区域作战；片联主要推动干部循环流动机制的形成，建立作战氛围，最大的权力是干部使用权，而不是作战权，不能直接管项目。片联、BG和区域三者的关系应该是协同作战，汇聚到商业成功，而不是各自为政。（来源：任正非在销售项目经理资源池第一期学员座谈会上的讲话，2014）

区域作战部队要综合化，具备综合作战能力，负责在前方发现机会并实施方案，在需要时也要组织资源呼唤炮火。机关解决方案团队则要专业化，在前方呼唤炮火时要能提供清晰标准的专业方案输出和指导。方案执行时机关要指引前方或在必要时以重装旅方式直接参战支持。（来源：任正非在多个汇困国家调研中的讲话和要求，2015）

地区部重装旅是专业资源共享平台

我们借用“重装旅”的概念，来描述地区部与代表处的关系。若代表处不是一个轻型的组织，那么成本是非常高的，而且闲置的资源会腐化我们整个战斗力。一个地区部管十几个国家，因此，它可以是各种专业力量的共享、协调中心。当然，汇聚的力量是逻辑的，并非物理的。（来源：《以客户为中心，以奋斗者为本，长期坚持艰苦奋斗是我们胜利之本》，2010）

对地区部的重装旅的组织，是借用人家军队的一个名词来说明的，打仗嘛，肯定就是一个先头部队把敌人给咬住了，敌人就动不了了，大部队包围过去作战。由地区部建立一个机动平台，让最会打炮的人来打炮，最会开坦克的人来开坦克，最会投标的人来投标，最会做这些事情的人在地区部逻辑上集中，来支持这十几个国家的作战。如果说我们需要炮打得好，每个代表处要有一个打得好的，就需要十几个炮手，但是如果地区部有共享平台，那我们一个两个炮手就可以共享了。地区部重装旅的体现就是以共享中心为主体的，各种作战平台建设，各种经验总结，包括人员，包括作战的方法，这就是我们组建地区部的基本原则。以前地区部的官比下面多很多，行政干部很多，这次我们要求地区部减少行政干部的配置，就是要减少拥有军事指挥权的人，增加大量专家。（来源：《对“三个胜利原则”的简单解释》，2010）

成立大地区部的条件是否成熟？在全球有没有一个区域可以先成立起来试点，以前我们按撒哈拉沙漠来切分南北非洲，大非洲区域和中东有没有可能融合起来，成立大非洲地区部？把几个地区部支撑机构合成一个，实际上力量大大地增强了。我们过去重装旅的设计，作战面太小起不了作用，要么和代表处有重叠抢东西；而且也不精，重装旅掌握的也是代表处掌握的作战方法。我们在建大地区部概念的重装旅时，要培养一批真正转型的金种子，这些金种子能够去发光。（来源：任正非在2013年11月29日EMT办公例会上的讲话）

我们只是借用军队“重装旅”这个名词，是指集中优质资源，快速机动响应战场呼唤，这就是我们组织模式正在发生的一种改变。第一，重装旅拥有重型装备，当然你们的重型装备不是坦克，其实是电子化的解决方案。我们把展厅变成了全球体验中心，重装旅有很多重要的解决方案，通过网络推送到前方服务器，客户是可以来体验的。第二，重要工程的技术交付、维护，把全球优秀专家统一调配起来。（来源：任正非在解决方案重装旅第一期学员座谈会上的讲话，2014）

重大项目部和重装旅、项目管理资源池都是公司的战略预备队，也是作战部队。在作战时，首先不能架空地方部队，你们是参战部队，不是主力作战部队。你们的力量有可能比他们强，但是代表处、地区部最了解情况，要尊重地方部队的需求。第二，重大项目部和重装旅、项目管理资源池三者有区别，重大项目部侧重于商业环境，重装旅侧重于技术环境，项目管理资源池侧重于管理技能。在项目管理资源池和重装旅，只要你能做好，就可以升上来，没有必要考虑等级划分。（来源：任正非在销售项目经理资源池第一期学员座谈会上的讲话，2014）

14.2.3 未来公司的建制，前端是对付不确定性的精兵组织，后端是对付确定性的平台和共享组织

一线组织要从“屯兵”模式向“精兵”模式转化，以对付不确定性

机关要精简，流程要简单。我们要减少总部的垂直指挥和遥控，要把指挥所

放到前线去，把计划、预算、核算放到前线去，就是把管理授权到前线去，把销售决策权力放到前线去，前线应有更多的战术机动，可以灵活地面对现实情况变化。后方要加强按计划预算进行服务，用核算监控授权。权力是受约束的，这样才能既授权又约束，指挥权才能下到一线，而总部也放心。将来组织结构的部门数量从上到下是一个纺锤形。上部是总部机关，中部是地区部、产品线及其他执行部门，下部是代表处、生产线……总部机关小，部门少，是由有成功实践经验的人组成的，他们能理解前方的诉求，有清晰的战略与战术方向，决策准确，速度快，服务好，部门功能比较综合，因此部门少。中部承担了庞大的研发功能、专业功能和支撑任务，由于有许多具体的专业支持要实施，部门分工比较细一些，因此部门会多一些。而基层在操作执行上，部门的职责要综合，不能与中部组织一一对应，否则就会协调太多，内耗严重，成为前线的官僚主义，因此部门设置也比较少。（来源：任正非在英国代表处的讲话纪要，2007）

将现在的屯兵运作模式，改为精兵运作模式。提高组织的有效性、及时性、准确性。让不确定性的事情，由精兵组织来应对。让确定性的事情，由平台或共享组织来支持与服务。对不确定性的考核是风险的把握，对确定性的考核是效率与效益。（来源：埃森哲董事长Pierre拜访任正非的会谈纪要，2015）

未来我们公司的建制就是精兵组织，未来作战方针就是要精兵化。前端应该是精兵，来对付不确定性，包括技术的不确定性、客户需求的不确定性、交易条件的不确定性、交付条件的不确定性。对确定性的运营由区域平台担负起来。（来源：任正非在变革战略预备队进展汇报上的讲话，2015）

精兵组织是为了应对各种不确定性，比如客户需求、交易条件、环境变化等，关键是要判断如何降低经营风险。客户需求的不确定，主要指的是Marketing和研发，每年花这么多钱，其中有很多就是不确定的。交易条件的不确定，指的是合同环境不确定，我们现在连合同的概算都搞不清楚，很少有项目是先把概算做清

楚了再投标的。（来源：任正非在变革战略预备队誓师及颁奖典礼上的座谈纪要，2015）

未来LTC变革的贡献一定是组织的逐渐精简，有一个很好的流程制度系统和IT支持系统。后方有强大的战略机动部队，机动部队之间的交易条件也是清晰的，这样资源可以高效流动起来。慢慢运转合理的时候，代表处就不需要这么庞大的队伍，就实现了精兵。代表处现在不能精兵而是屯兵，原因是它买啥资源都买不来，不如把资源先养着。精兵主要是面对不确定性，确定性的东西可以建在区域平台，共享。（来源：任正非在变革战略预备队及进展汇报座谈上的讲话，2015）

20多年来华为与IBM合作，把华为的一堆散沙建成了平台。我们将再用10年，与埃森哲合作，把屯兵组织变成精兵组织。对交易条件、客户需求、技术实现、场景管理等的不确定性，我们使用精兵组织；对确定性就由共享平台来支持。那么在同样的销售额下，我们至少可以减少一部分人，增加的利润，就可以分给这些组织去增强作战能力。所以，你们朝着不同国家不同基线、不同行业不同基线的前进中，就有效地支持了精兵组织建设。（来源：《区域差异化考核进展汇报》会议纪要，2015）

加强战略预备队建设，建立大区协调机制，战略性地机动调整力量

战略预备队的建设，是公司转换能力的一个重要方式，是以真战实备的方式，来建立后备队伍的。公司要逐步通过重装旅、重大项目部、项目管理资源池这些战略预备队，来促进在项目运行中进行组织、人才、技术、管理方法及经验等的循环流动。从项目的实现中寻找更多的优秀干部、专家，来带领公司的循环进步。要让人人明白希望在自己手里，努力终会有结果，是金子终会发光的。不埋怨，不怀念，努力前行。那些“胜则举杯相庆，败则拼死相救”的人，虽然记功碑写不上他什么，写得出成绩的是将军，写不出成绩的可能是未来的统帅，统帅的职

责是组织好千军万马。谁搞得清统帅内心的世界怎么成长的，无私就是博大。（来源：《用乌龟精神，追上龙飞船》，2013）

重装旅是公司的战略总预备队，担负着传递技术、管理和输送人才的任务。在公司是两个BG共建一个重装旅；各地区根据合适的情况，建立不同的重装旅。“胜则举杯相庆，败则拼死相救”，应该是重装旅重要的口号。在当前以利润为中心的管理下，各区域、各代表处站在自己的利益下，疏远了“胜则举杯相庆，败则拼死相救”的文化。重装旅要担负起这个文化的传承来。（来源：任正非在重装旅集训营座谈会上的讲话，2013）

重装旅、项目管理资源池、重大项目部都是公司战略预备队，三者相互衔接。重装旅倾向于在技术上实施人才循环培养和执行；项目管理资源池主要是推动八大员的循环进步，倾向于以执行为中心；重大项目部倾向于商务和策略，对项目要有全局观。重装旅作为特别的组织形式，不要强调部门所属和为谁工作，从不同层次、不同方式进行干部和技术专家的循环流动，保证前线人员充分得到培训。我们要考虑如何培养善于快速判断事故根因的专家，培训不是关起门讲课，而是参加实战，将军是打出来的，一定要上战场。（来源：任正非在IP交付保障团队座谈会上的讲话，2014）

子公司董事会其实是“将军”资源池，是子公司治理的战略预备队。目前我们大量干部都是技术、销售出身，不懂公司治理，是土干部，我们要把他们转变过来，放到子公司董事会去学习经营管理，学习如何治理公司。（来源：任正非在海外子公司董事会推行工作汇报会上的讲话，2014）

重装旅是资源组建中心，作为战略预备队提供资源配置，作战中心只能有一个——能听到炮声的地方。重装旅的建设思路，应该是训战结合，一边“跑步”进来，一边“跑步”出去，不断增大重装旅的人员，像雪球一样越滚越大。重装旅参加抢占战略高地的全球作战，打赢了，成本摊给项目；打输了，自己拿出干粮，就是空载费用。这样公司才能建立起“胜则举杯相庆，败则拼死相救”的机制。（来源：任正非在关于重装旅组织汇报会议上的讲话，2014）

14.2.4 总部从管控中心向支持、服务、监控中心转变

战略问题是高层指挥基层，战术、战役问题是前方指挥后方

我们推行新的管理体系，授权下去后，一是会使我们的工作效率大大提高；二是切实落实我们公司是前方指挥后方。我们明确一下，战略问题是高层指挥基层，战术、战役问题是前方指挥后方，后方要尽力支持前方要求。这是后方机关存在的唯一必要条件，机关不能为前方服务，那么这个机关是不必要设置的。战略问题由高层指挥，是因为战略往往要牺牲短期利益换取长期利益，这个牺牲也得在财务上统计到受益者的财务表中去。要由高层投入保证。（来源：任正非在地区部向EMT进行2008年年中述职会议上的讲话）

我们已明确变革要以作战需求为中心，后方平台（包括设在前线的非直接作战部队）要及时、准确满足前线的需求。我们机构设置的目的，就是为作战，作战的目的，是为了取得利润。平台的客户就是前方作战部队，作战部队不需要的，就是多余的。后方平台是以支持前方为中心，按需要多少支持，来设立相应的组织，而且要提高后方业务的综合度，减少平台部门设置，减少内部协调，及时准确地服务前方。（来源：《谁来呼唤炮火，如何及时提供炮火支援》，2009）

公司管控目标要逐步从中央集权式，转向让听得见炮声的人来呼唤炮火，让前方组织有责、有权，后方组织赋能及监管。这种组织模式，必须建立在一个有效的管理平台上，包括流程、数据、信息、权力等。（来源：《用乌龟精神，追上龙飞船》，2013）

公司将用10年时间，完成从中央集权模式，转换为分权模式。更多地让听得见炮声的人来指挥战斗，同时监督权前移，以及决策执行过程透明化管理。要让各级干部、专家熟悉这种模式的转变，逐步推动发展。（来源:《训战结合，就是教会大家怎么正确地做事》，2015）

高速公路应该是有效利用资源，让汽车越跑越快，不要在高速路上扔小石子，反而成为路障。公司的机关作为专家团队，主要是协作推动，决策管理，而不是走向行政直管的方式。业务的执行决策在基层，只有把权力放到最前线去，前线才能综合化，这是一个长远目标。（来源：任正非在“从中心仓到站点打通”工作汇报会上的讲话，2015）

后方的支持服务要联勤化、共享化，提高效率和效益

后方变成系统支持力量，必须及时、有效地提供支持与服务，以及分析监控。公司机关不要轻言总部，机关不代表总部，更不代表公司，机关是后方，必须对前方支持与服务，不能颐指气使。（来源:《谁来呼唤炮火，如何及时提供炮火支援》，2007）

机关是支持、服务和监管的中心，而不是中央管控中心。（来源:《任正非在英国代表处的讲话纪要》，2007）

现在是要建立后方和前方的信任体系，这个信任体系就是平台要改变过去的定位。以前是拥有资源的人就有权力，前方担心后方不给资源，就自己把交货提前半个月。现在权力在前方，要和前方讨论，相互信任，准确发货，存货系数会降下来。这样只要后方确保哪天到货，前方也不会提前向你要货，你这边也就减少了半个月、一个星期交货的这种运作压力。（来源：任正非与IFS项目组及财经体系员工座谈纪要，2009）

我们逐步要使后方的支持服务联勤化，不要让前方不停打电话，分别协调后方各种资源。而是前方只管往前冲，后方的支持，依据前方的指令，联合所有业务，联勤服务。（来源：《以客户为中心，以奋斗者为本，长期坚持艰苦奋斗是我们胜利之本》，2010）

后方要联勤，就是联合勤务，后方之间的协调困难要留给自己，前方就是一封电子邮件，一个电话就行了。我希望我们后方也要改革，现在前方最多的抱怨就是协调难，给这个人打电话协调，给那个人打电话协调，他们两个之间的关系还需要前方打电话来协调。这就不是联勤，这样不仅效率很低，而且后方的官僚之风会越来越严重。（来源：《对“三个胜利原则”的简单解释》，2010）

要更多地强调服务综合化，不要设置太多的行政部门。相同业务应该主要归并成一个行政部门，或者至少是一个行政管理团队。不然下面提需求，分叉很多。我认为高速发展时期，分叉很多是可以理解的，华为公司成熟的业务应该进入一个稳定发展的时期，要求不能把分支搞得那么细，特别是三级以下的部门，不要分出更多的部门来，提醒你们去考虑。（来源：任正非在 2010 年 4 月 EMT 办公例会上的讲话）

针对确定性业务，比如交付、服务、财务管理、供应管理等，我们要建立平台制和共享制，关键是考虑如何提升工作效率。考核确定性业务就是效率与效益。（来源：任正非在变革战略预备队誓师及颁奖典礼上的座谈纪要，2015）

14.2.5 以全球化视野进行能力中心建设，满足全球作战需要

我想讲讲能力中心的建设。我认为在全世界最适合的人中，建立我们的全球各种能力中心，这些能力中心是用蜂群战术调动起来的。这个地方的人最有这个能力，我就在这个地方建这样的能力中心。就是根据这个地区的文化特点，根据

各方面的特点，比如印度人特别善于谈判和投标，我们就把谈判和投标的能力中心建到印度这个地方去，还有哪个地方那些人的特点是什么，我们就把我们的各种能力中心散布到全球去。这些能力中心对当地要有促进，他们不一定孤立，他们和代表处靠近、和组织靠近，耳濡目染，也会有传播的。能力中心可以是逻辑的，并非物理的。（来源：任正非在 2009 年 12 月 EMT 办公例会上的讲话）

我们一定要不仅在财务上推行共享中心，而且在业务上也要推行共享中心。现在共享中心的人只是数据对数据，天啊，你真聪明啊，看数据你就知道这是怎么回事，我觉得这个很恐怖。我们共享中心的人对服务的业务要熟悉，不然就会官僚化。如果我们财务的人员长期不懂业务，就没法跟前方沟通。所以我们的财务人员要加快自身的提升和改造，加快对业务的理解。因此我呼唤共享中心的人，你一定要尽快把自己转变成半业务型的专家。你们如果一点都不懂业务，你怎么可能会提升起来？你不成为业务专家，你怎么能做好财务？特别是共享中心，你远隔千山万水，跟人家沟通的时候，你不知道人家干什么，你给人家打电话的时候，说个半天，电话费都浪费了，最后还是说不明白。共享中心如果只以纯财务专家为基础是一定要崩溃的。（来源：任正非与 IFS 项目组及财经体系员工座谈纪要，2009）

在全世界不同国家，针对业务需要建立不同的能力中心。能力中心的建设是全球化的，不是只针对一个国家的需求。这是全球化的战略布局。（来源：《拉通项目四算，支撑项目层面经营管理》，2010）

可以考虑在印度建立投标、概算和谈判能力中心。把概算和合同谈判能力融成一个能力中心，因为合同谈判是基于概算的，概算都没明白怎么能去谈判呢？把印度籍的优秀员工拨出一些来，建立面向全球的投标、概算和谈判的能力中心，将投标、概算、谈判等活动拉通起来。（来源：《拉通项目四算，支撑项目层面经营管理》，2010）

我们要把战略能力中心放到战略资源聚集地去。举一个例子，先问大家，软件哪个国家最厉害？美国。美国哪个地区最厉害？硅谷。如果终端软件能力中心没有建在西雅图，就说我们的手机软件世界第一了，这是不可能的，所以现在要转变。既然要胸怀这个世界，就要能气吞山河，如果你都不敢把战略资源摆到那个地方去，就说要称霸世界，那是不可能的。所以每一个系统（包括战略预备队）都要重新审视自己，我们的能力中心放在哪里。（来源：任正非在战略预备队誓师典礼暨优秀队员表彰大会上的讲话，2015）

14.3 从以功能为中心向以项目为中心转变

14.3.1 未来的战争是“班长的战争”

将一线组织功能归并与分拆的权利在一定范围内授予一线作战部门主管，使其能够适时变换队形，灵活指挥作战，后方部门对于前方部门可以要求功能对齐，但是不要求组织对齐。（来源：在小国表彰会上的讲话，2013）

将来华为的作战方式也应该是综合性的，我们讲“班长的战争”，强调授权以后，精化前方作战组织，缩小后方机构，加强战略机动部队的建设。划小作战单位，不是指分工很细，而是通过配备先进武器和提供重型火力支持，使小团队的作战实力大大增强。（来源：任正非在人力资源工作汇报会上的讲话，2014）

“班长的战争”这个理念应该这么来看，大规模人员作战很笨重，缩小作战单位，更加灵活，综合作战能力提升了，机关要更综合，决策人不能更多。让组织更轻、更灵活，是适应未来社会发展的，也是我们未来组织改革的奋斗目标。（来源：任正非在人力资源工作汇报会上的讲话，2014）

在主航道组织中实现“班长战争”，一线呼唤炮火，机关转变职能；非主航道组织去矩阵化或弱矩阵化管理，简化组织管理。这就是未来公司组织变革的方向。（来源：任正非在人力资源工作汇报会上的讲话，2014）

未来的战争是“班长战争”。华为过去二十几年，一直采取中央集权的管理方式，为什么要中央集权呢？就是要组织集团冲锋。为什么要集团冲锋？因为我们火力不强，所以要集团冲锋，搞人海战术，近距离地集中火力。而今天，我们的作战方式已经改变了，怎么抓住战略机会点？这二十几年来我们向西方公司学习已经有了很大的进步，有可能一线作战部队不需要这么庞大了。流程IT的支持，以及战略机动部门的建立，未来有可能通过现代化的小单位作战部队在前方发现战略机会，迅速向后方请求强大火力，用现代化手段实施精准打击。这就是我们坚持LTC落地，实现“五个1”及账实相符的目的。（来源：任正非在2014年中子公司董事赋能研讨会上的讲话）

“班长的战争”这种灵活、轻便和高效的组织运作，其核心是在组织和系统支持下的任务式指挥，实现一线呼唤炮火。任务式指挥是通过授权和指导，支持敏捷且适应力强的下级指挥官在意图范围内发挥有纪律意识的主动性，用自己的方式最有效地实现上级指挥官的意图。（来源：任正非在“班长的战争”对华为的启示和挑战汇报会上的讲话，2014）

实现任务式指挥，需要组织整体的改变，不是班长一个人的战争，而是需要在责任、权力、组织、资源、能力、流程和信息系统等多个组织管理要素上的支撑。在责任分工方面，将战术指挥重心下沉一线，高层和机关聚焦战略制定、方向把握及资源调配；在权力授予方面，行政管理和作战指挥权力分离，基于清晰的授权规则和下属的任务准备度进行合理授权；在组织配置方面，根据作战需要，模块化的剪裁和调整一线组织；在资源布局方面，战术资源贴近一线作战部队，战略资源集中布局，快速有效响应；在能力建设方面，以战略要求为主线，开展综合性能力建设；在流程运作方面，作战流程是面对复杂多变、不确定的环境，聚焦作战能力的实现，行政管理流程则严谨全面。在信息系统支撑上，通过构建互通的信息环境，使各级指挥官在任何时间、任何地点获取到完成任务需要的信息，对作战环境形成共同的理解。（来源：任正非在“班长的战争”对华为的启示和挑战汇报会上的讲话，2014）

14.3.2 项目是经营管理的基本单元和细胞

项目管理是公司管理进步的基础细胞，要把项目管理作为华为公司最重要的一种管理往前推，华为大学的项目管理培训应该是系统工程。项目管理是个细胞，懂了项目管理，你其实当“军长”都够用的。所以项目管理是基本细胞，要管，要进步。（来源：任正非在华为大学教育学院工作汇报会上的讲话，2013）

我们要以战略预备队的方式，建立起项目管理的干部、专家资源池，要通过人员循环流动任职的方式，把先进的方法、高效的能力，传递到代表处去。（来源：《用乌龟精神，追上龙飞船》，2013）

基于项目经营结果的激励，能不能实行“只备案不审批”的机制，要相信项目经理能够把钱分好，只有这样，项目经理的责任和权利才是对等的，他才会有高度的责任心去经营好项目。（来源：IFS-PFM[①]项目向任正非汇报纪要，2013）

公司要实现项目为中心的转移，才能避免大公司的功能组织的毛病，去掉冗余，才能提高竞争力，才能使干部快速成长。（来源：任正非在“蓝血十杰”表彰会上的讲演稿，2014）

① PFM，Project Financial Management，项目财务管理。它是IFS变革子项目之一。

将来以项目为中心的管理，我们正在试点。接下来，我们逐渐使作战团队拥有更多权利，监管前移，来配合授权体系的产生。但过于激进的改革，可能会造成崩塌，公司平台的转变需要一个缓慢的过程，大家要有耐心，也需要大家共同努力，而且会有更多的优秀将军产生。（来源：《遍地英雄下夕烟，六亿神州尽舜尧》，2014）

针对项目经营，项目是最基本的细胞，项目八大员要承担对项目经营最基本的管理职责，对项目经营目标承担责任，使得代表处的经营目标由项目来承载。（来源：任正非在解决方案重装旅第一期学员座谈会上的讲话，2014）

14.3.3 项目成本核算是各级组织优良管理的基础

人力资源体系和财务体系一定要把在项目中人的成本核算抓好。只要人头费不进项目，华为公司的管理进步就根本没有可能。所以，要加强计划、预算、核算对我们事业发展的引导性作用。（来源：《改变对干部的考核机制，以适应行业转型的困难发展时期》，2006）

代表处经营管理真正的重心是项目和客户，应以项目、客户作为基础的核算单元。项目是细胞，细胞最重要。没有项目核算，系统部和代表处的经营管理都无法有效地开展。（来源：《拉通项目四算，支撑项目层面经营管理》，2010）

项目概算、预算、核算、决算是项目经营管理中的关键活动，概算是设计项目利润的过程，预算和核算是管理增收节支的过程，决算是传承经验的过程。项目四算拉通的服务对象是系统部以及各类项目组，价值在于支撑项目层面的经营管理。（来源：《拉通项目四算，支撑项目层面经营管理》，2010）

项目成本核算是各级组织优良管理的基础。（来源：《以客户为中心，以奋斗者

为本，长期坚持艰苦奋斗是我们胜利之本》，2010）

14.3.4 实行项目全预算制和资源买卖机制

要把平台预算和项目预算分开。一定要将平台费用控制在一个最低的基线，平台运作就是要贯彻“高效、优质、低成本交付”的目标。平台帮项目做事，就去跟项目要钱，从项目预算中把相关的预算要来。在这种情况下，平台会想办法把费用挤到项目中去，项目经理也会严格控制项目费用的发生，这就形成了矛盾和平衡。我们现在要建立这个机制，核心就是机关为前方服务，向前方要钱。（来源：《拉通项目四算，支撑项目层面经营管理》，2010）

年度预算的生成要基于项目或机会点，资源分配也要逐步落到项目，项目经营团队根据业务计划及授予预算向支撑组织购买资源。支撑组织要对资源的效率负责。（来源：IFS-PFM 项目向任正非汇报纪要，2013）

项目有了预算就是“指挥中心”，拥有指挥作战的权力，全面预算管理要为这种运作机制提供支撑。（来源：EMT 纪要 [2014]019 号）

项目大小是按对公司的贡献来定的，而非仅以规模来定。我们将来实行项目全预算制，先提取空耗费用，因为公司把“电”传输过来是有损耗的，剩下的钱全在项目中。项目拿着钱去买炮弹，供应链把炮弹卖给你，机关把服务卖给你，公司向你要预算。你们拿钱购买资源，我想卖一个东西给你，你们不要，为什么？因为对于你们是多余的，浪费钱。多余的就应该裁掉。现在功能部门没有预算的压力，他们没有把资源卖到项目里面去的动力，这就是机关庞大的原因，所以要有项目计划、预算的管理。项目做完要核算，项目赚没赚钱，赚多少钱还是亏损了多少钱，这就是对项目经理的评价。（来源：任正非在后备干部项目管理与经营短训项目座谈会上的讲话，2014）

攻占城墙需要多少发炮弹，现在还需要后方机关审批，前方说“我要9发炮”，后方说“6发够啦”，最后6发炮弹打过去，城墙只塌掉一半，冲锋的部队要爬这半截城墙，血流成河。未来授权，一线作战部队要几发，就给几发炮弹，打完仗后再算账。决算我们可以去数弹壳，“给了9发，怎么才有3发炮壳，剩下6发到哪里去了？”虽然现在还做不到这个授权机制，因为还没有实现端到端的项目管理，但未来5~10年最终要走到这一步。（来源：任正非在董事赋能研讨会上与候选专职董事交流讲话，2014）

过去为什么呼唤炮火呼唤不了呢？是项目没钱，项目的钱全都收到功能中心来了，项目没有预算就没钱买炮弹，现在改革的是项目只要有预算，炮弹如呼唤就必须到位。主要目标还是要以胜利为中心。（来源：任正非在第四季度区域总裁会上的讲话，2015）

我们最终的改革要从以功能为中心转向以项目为中心。以项目为中心，项目经理有计划权、预算权、结算权，项目费用在项目经理手上，项目经理根据项目需要去买炮弹数量。不能为客户创造价值的流程是多余流程，不能为客户创造价值的组织是多余组织，不能为客户创造价值的人是多余的人，不能为客户创造价值的动作是多余的动作。这样，华为公司臃肿的机关情况就会得到改善。（来源：《将军是打出来的》，2015）

14.4 管理体系建设的导向是简单、实用、灵活

14.4.1 一定要站在全局的高度来看待整体管理构架的进步

在引进消化的基础上形成华为公司自己的管理模式。我们可以聘请外国顾问公司，了解外国公司的软件、流程、模型，听一听他们的道理，我们的也有道理，

然后将两种道理进行整理、改进，形成华为公司的管理模式。然后将这个模式开放，让大家评头论足，进行论证，这样我们就进步了，最终形成华为公司的管理模型。照搬西方的不行，照搬中国的也不行，最终要磨合我们自己的管理体系。（来源：任正非在管理工程事业部CIMS系统汇报会的讲话，1997）

要成为大公司，我们需要建立灵活的管理体系。这里有两条道路可走：一条是自己摸索，另一条是向别人购买。我们采取购买的方法，因为我们自己摸索可能要花几十年时间而且还不一定能成功。我们所买的这种系统就是从客户端进来到客户端出去，端到端提供服务。这个端到端非常快捷，非常有效，中间没有水库，没有三峡，流程很顺畅。这么快速的服务，降低了人工成本，降低了财务成本，降低了管理成本，于是我们的成本可以返回给客户，继续再降价，这就是我们的生存空间。（来源：《我们未来的生存靠的是质量好、服务好、价格低》，2002）

WTO（世界贸易组织）到来之后，小公司更加难以成活，大公司在这种竞争格局中，形成能量势头是社会发展的必然。因此我们公司要转变成一个国际大公司，不能甘于做一个小公司。组织一个大公司很容易，要召集几万人是很容易的。但是大公司如果没有一个很好的管理体系，必然要切成很多小事业部，事业部之间资源不能共享，在大系统、大平台上很难具有竞争力。要成为大公司，我们需要建立灵活的管理体系。（来源：《我们未来的生存靠的是质量好、服务好、价格低》，2002）

我们一定要站在全局的高度来看待整体管理构架的进步，系统地、建设性地、简单地，建筑一个有机连接的管理体系，要端到端地打通流程，避免孤立改革带来的壁垒。我们要坚持实事求是，坚持账实相符，不准说假话。我们要努力使内部作业数据在必要的职责分离约束下，尽可能地减少一跳，提高运营效率。（来源：《用乌龟精神，追上龙飞船》，2013）

14.4.2 简单就是美

我们已逐步启动管理改革工作，我们正在建立矩阵式的逆向控制体系，使公司管理形成一个简捷的网络结构，使需要指导者以最简单、最快捷、最直达的方式获得支援，公司内每一件事、每一种内容仅有一个管理控制中心，大大压缩了组织平面，提高了效益。（来源：《目前形势与我们的任务》，1995）

提高效率，降低成本，是我们管理做实的体现。目前流程中的官僚主义还很严重。我们要把没有岗位责任的岗位精简掉，把没有或不能负起岗位责任的干部撤下岗。坚决推行成本控制，总体效益要提高……坚决压缩非生产人员和生产人员的非生产时间。（来源：《以做实为中心，迎接大发展》，1998）

管理系统太复杂，就失去了存在的价值。（来源：《活下去，是企业的硬道理》，2000）

推行的过程中首先要统一模板，矿泉水就叫矿泉水，大家都统一认识。管理有多复杂，全都是简单的事情组成的。大家不要对简单的东西不感兴趣，没兴趣你也要吃饭啊！虽然简单的工作，也要做到底，那种热血沸腾、屁股又坐不住的人就从系统中出去，就赶到社会上去。我们要的是那种像尼姑一样的人，面对青灯，面壁 10 年，一定是大师，她在练内功。那种张扬、躁动的人我们不要。流程推行说来像流水一样简单，从青藏高原流下来，到河里，再到海里，然后生成水蒸气升到空中，再化成雨雪又到青藏高原上，雪化了又流下来。所以，我认为没有能把复杂事变得简单，而且孜孜不倦地埋头苦干的人就不要做这件事，那种充满了幻想的人应该到社会上去，我们的干部在选人方面一定要重视。有人说，这个人很聪明老是想出很多点子。我觉得我们几千年都过来了，是需要大点子还是需要小点子？我认为需要的是小点子。苹果从树上是垂直掉下来的，我们就是要这么个简单的结果，那些大的事情我认为反而没必要。我们的程序已经进入比较稳定的阶段，盲目创新就是对公司的破坏啊！变革委员会将来对流程要管严一点，创新的流程不要轻易去批，一旦固化了就不要轻易改变。（来源：《坚决把流程端到端打通》，2003）

不允许随意更改制度流程，我们的管理改进要现实主义，要尽可能简单；不允许仅仅为了追求管理的完美，而做太复杂的系统改进；不是所有的东西都要IT化，要简单实用；对此变革指导委员会要加强管理。（来源：《全流程降低成本和费用，提高盈利能力》，2006）

流程必须最简单、最实用，而不是完美。（来源：EMT纪要[2008]030号）

过多的流程控制点，会降低运行效率，增加运作成本，滋生了官僚主义及教条主义。当然，因内控需要而设置合理的流程控制点是必需的。（来源：《谁来呼唤炮火，如何及时提供炮火支援》，2009）

世界是在变化的，永远没有精致完美，反对精致完美，根本不可能存在完美，追求完美就会陷入低端的事物主义，越做越糊涂，把事情僵化了。做得精致完美，就会全部是小脚女人，怎么冲锋打仗。以前我认为跳芭蕾的女孩是苗条，其实是粗腿，很有力量的，脚很大的，是以大为美。华为公司为什么能够超越西方公司？就是不追求完美，不追求精致。（来源：任正非与流程IT管理团队座谈会议纪要，2010）

简单就是美，同样的事情做得最简单、同样的功能最简单就是美。（来源：任正非与流程IT管理团队座谈会议纪要，2010）

坚决贯彻以客户为中心、以奋斗者为本的路线，逐步改革一切不适合的组织结构、流程、考核。新的时代我们一定要减少组织的层级，加强功能的综合与组织合并，实行大行政部门管理制，以此减少协调，减少会议。我们要推动精简流程，一定要推行定编定员的制度。（来源：《成功不是未来前进的可靠向导》，2011）

数据流量越来越大，公司也可能会越来越大。公司可以越来越大，管理决不允许越来越复杂。（来源：《用乌龟精神，追上龙飞船》，2013）

管理要标准化、简单化，提高效率。首先，流程责任制的主体应该及时、准确地提供服务。按标准化、简单化审查相关事项，快速通过。不能过度监控。我们经常对终端讲“标准化、简单化、生命周期内免维护化”，像“印钞票”一样生产终端产品。管理也同样要做到“标准化、简单化”，指令清晰化，就像高铁的运行。其次，为什么要设这么多关卡审查呢？公司要提高效率。机关要为前方服务，要减少证明“你妈是我妈”的问题。而且你看高铁，哪次是由铁道部部长亲自去扳道岔？没有。所以对于账务体系，就是提供一个标准筛子，把绝大多数“沙子”都筛过去。只剩两个沙子过不去，上报到有关口，灵活研究处理措施。现在公司有些运作环节的信息流还跑不过物流，说明内部阻碍很多。如果这个干部没有能力，就要赶快撤换一个有能力执行的干部上来，这就是流程责任制。（来源：任正非在监控重装旅座谈会上的讲话，2015）

14.4.3 管理体系只要实用，不要优中选优

管理是永恒的主题，ISO 9000 有完吗？没完！即使建立流程后，流程还会再丰富，还会再变化，还需要人去做很多的工作。军队用“一二一”保持步调一致，这种管理就能体现出力量来，经“一二一”练出来的，打仗就有战斗力。我们ISO 9000 这种管理也体现出力量来。公司会越来越庞大，管理也会越来越复杂，不能用权威机构不断做出各种定义来，要在不断的管理过程中去寻找自身创造的定义，规范各级组织的行为，这样就能做到整个公司大且活而不乱，管而不僵。（来源：《管理改革，任重道远》，1996）

我坚决反对搞中国版的管理、华为特色的管理，我们不是追求名，而是追求实际使用。所谓的管理创新，现阶段就是指我们要去消化西方成熟的管理。（来源：《以IT推动管理进步》，1998）

公司发展的微观商业模式就是一部有效和谐的方法论，完成企业管理诸元素从端到端、高质、快捷、有效的管理。（来源：《在理性与平实中存活》，2003）

未来华为的产品要占领世界大数据流量的制高点，除了靠创新外，要靠严格、有效、简单的现代管理体系。只有在此基础上，才能实现大视野、大战略。（来源：任正非在“蓝血十杰”表彰会上的讲演，2014）

中国历史上失败的变革都因操之过急，展开面过大，过于僵化而失败的。华为公司20年来，都是在不断改良中前进的，仅有少有的一两次跳变。华为公司的管理，只要实用，不要优中选优。（来源：《谁来呼唤炮火，如何及时提供炮火支援》，2009年）

IFS是不是一定要找到一个最佳的形式？我没有本事去拿别人公司的东西来，拿来了也未必能综合。好好向一个明白的老师学不好吗？IBM的东西，也不是拿来就能用的。什么是业界最佳？我不知道最佳是什么，我认为这个世界就没有最佳，是“适合我们使用的东西就是最好的东西”。（来源：任正非与IFS项目组及财经体系员工座谈纪要，2009）

变革本身是不可能停止的，但是变革也不是永久的，我们要强调一个相对稳定的状态，而不是不断地打破这个状态。优中选优是不正确的，因为我们不知最优在什么地方，我们需要的是实用。从哲学上来说就是，任何平衡的东西都会被打破，这样新的生命就产生了，然后就前进了。（来源：任正非与IFS项目组及财经体系员工座谈纪要，2009）

我这辈子不想流芳千古，我们一定要抑制住这种成功的欲望，抑制住光彩照到自己身上的渴望，否则就会扭曲了价值体系。光彩是短时间的，长时间是不可能光彩的。（来源：任正非在2009年7月6日HRC会议、7月7日EMT会议上的讲话）

14.4.4 均衡发展，就是抓短的一块木板

继续加强研发、营销和管理体系的建设性的、系统的均衡，建立和完善统一、合理、平衡，不断强化公司整体核心竞争力和以责任结果为导向的价值评价体系。（来源：《大树底下并不好乘凉》，1999）

华为组织结构的不均衡，是低效率的运作结构。就像一个桶装水多少取决于短的一块木板一样，不均衡的地方就是流程的瓶颈。例如，我司初创时期处于饥寒交迫、等米下锅状态。初期十分重视研发、营销以快速适应市场的做法是正确的。活不下去，哪来的科学管理？但是，随着创业初期的过去，这种偏向并没有向科学合理转变，因为晋升到高层的干部多来自研发、营销，他们在处理问题、价值评价时，有不自觉的习惯倾向，以使强的部门更强，弱的部门更弱，形成瓶颈。有时一些高层干部指责计划与预算不准确，成本核算与控制没有进入项目，会计账目的分产品、分层、分区域、分项目的核算做得不好，现金流还达不到先进水平……但如果我们的价值评价体系不能使公司的组织均衡的话，这些部门缺乏优秀干部，就更不能实现同步的进步。它不进步，你自己进步，整个财务报表会好？天知道。这种偏废不改变，华为的进步就是空话。（来源：《北国之春》，2001）

均衡发展，就是抓短的一块木板。在管理改进中，一定要强调改进我们木板最短的那一块。为什么要解决短木板呢？公司从上到下都重视研发、营销，但不重视理货系统、中央收发系统、出纳系统、订单系统等很多系统，这些不被重视

的系统就是短木板，前面干得再好，后面发不出货，还是等于没干。因此全公司一定要建立起统一的价值评价体系，统一的考评体系，才能使人员在内部流动和平衡成为可能。比如有人说我搞研发创新很厉害，但创新的价值如何体现？创新必须通过转化成商品，才能产生价值。我们重视技术、重视营销，这一点我并不反对，但每一个链条都是很重要的。拿研发与用服来说，同等级别的一个用服工程师可能要比研发人员综合处理能力还强一些。所以如果我们对售后服务体系不给予认同，那么这体系就永远不是由优秀的人来组成的。不是由优秀的人来组成，就是高成本的组织。因为他飞过去修机器，去一趟修不好，再飞过去修又不好，又飞过去还修不好。我们把工资全都赞助给民航了。如果我们一次就能修好，甚至根本不用过去，用远程指导就能修好，我们将节省多少成本啊！因此，我们要强调均衡发展，不能老是强调某一方面。比如，我们公司老发错货，发到国外的货又发回来了，发错货运费、货款利息不也要计成本吗？因此要建立起一个均衡的考核体系，才能使全公司短木板变成长木板，桶里装的水才会更多。（来源：《华为的冬天》，2001）

20 年来我们公司重视什么？重研发、市场，不重视均衡的组织管理，公司才会有那么多事。边缘系统长期得不到关怀，前面 20 年我们走完了，后面 20 年就是要走向均衡发展，媒体也是需要均衡发展的一个环节。（来源：《改善和媒体的关系》，2010）

14.4.5 授权、制衡与监管

既要坚定不移地实行权力下放，同时也要有相应严格的制度。制约企业发展壮大要求权力进行不断的再分配，要不断地下放权力，这样才能产生更多的资源并对之充分利用。但是如果对下放的资源不实施制约，任其放纵自流，就会产生腐败。权力既要下放又要制约，这是一个辩证的矛盾。虽然权力在下放过程中可能会被某些不道德的人利用而犯了错误，但权力仍要继续下放，要相信绝大多数干部的品质是好的。高薪不能养廉，要靠制度养廉。如果员工假积极一辈子，那就是真积极。所谓假积极，就是因为制度制约了他。虽然在制定流程过程中难免存在经验不足的问题，但是如果不采取这种权力下放再制约的推动，我们就永远建立不起有效的管理体系。（来源：《坚定不移地推行ISO9000》，1997）

现代管理体系就是一种不信任体系，否则就没必要流程化、认证化，加强监控，只是国际教科书上不这么称而已。虽然是不信任制度，但操作过程中是以人为善的。世界的事物是防不胜防的，但不能因为防而使整个流程运行不起来。华为公司这种体系将使我们不断地进化。（来源：《无私无畏，轻装前进》，2000）

我们常说，公司的管理是以业务为主导，会计为监督。指的是公司内一切为外部客户服务的业务，主导着公司的发展，这种业务的发展，也不是没有制约的，而是以会计的规范化服务与管理为监督，自动、实时地在流程中审视其业务发展的规范性、合理性、必要性以及风险性，从而在服务的同时完成监督。（来源：《把财经管理体系建成跟随公司业务快速变化的铜墙铁壁》，2005）

在我们这个体制里面，中层不决策的情况还是很严重的。我们干部队伍里面中层干部不决策的情况是跟当年西线的苏联红军一样的，苏联红军就是很多中层不决策，一定要等到斯大林的命令，敌人打到眼皮底下，打不打还要等命令，所以说苏联红军的教条主义情况和我们这么多年的情况很相似。我们很严重的是中层不决策，中层也不承担责任，所以高级领导直接指挥到作战基层。高层领导听不到炮响，他的指挥会存在一定问题的。重大战略问题的决策是一个很漫长的过程，高层慎重的决策可能是对的，但在攻取一个山头的问题上，高层未必比听到炮响的领导更正确，所以我们要把这个指挥权下放。（来源：《看莫斯科保卫战有感》，2008）

根据业务策略需要（如扩张、盈利），确定地区部、代表处、产品线等不同

BU[①]运营所需的必要权力，在条件比较成熟的领域开展有限授权，比如对业务单元进行商务价格、条款以及预算范围内的财务审批权进行授权；同时明确对公司具有重大影响的内容应作为公司保留权力，比如赔款条款等。通过产品线关注扩张、地区部关注盈利来实现组织之间的相互制衡。（来源：EMT纪要[2008]004号）

通过全球流程集成，把后方变成系统的支持力量。沿着流程授权、行权、监管，来实现权力的下放，以摆脱中央集权的效率低下、机构臃肿，实现客户需求驱动的流程化组织建设目标。（来源：《谁来呼唤炮火，如何及时提供炮火支援》，2009）

经营考核按区域和产品线考核，不按项目考核。公司只考核这个区域要贡献多少总利润，但具体在这个项目上亏一点，在那个项目上多赚一点，就不要让公司做主了，让区域灵活机动，这就是呼唤炮火。产品线也一样，认为在这个地方是战略可以投入，产品线自负平衡就行了。至少逐步授权，我们设几条高压线，然后逐步让区域和产品线拥有自主作战权力。（来源：任正非在2010年4月EMT办公例会上的讲话）

要不断加强权力下放，让听得见炮火的人发挥指挥作用，同时，也要加强监督和管理的作用。就是我们还要加强审计、道德遵从委员会的作用。在这个地区出现大面积腐败案子的时候，道德遵从委员会的主任要受到处分。你怎么实行的监督？当然包括财务相应人员都要承担责任。所以我们一边加强把权力放下去，一边要更强地形成监督的力量。（来源：《成功不是未来前进的可靠向导》，2011）

关于流程的监管问题，我认为流程本身就是监管，在流程里再建一个监管部门我认为不一定是非常合适的。只要坚持流程化，就能解决很多问题。如果流程

① BU，business unit，业务单元，指按产品或解决方案维度建立的产品线。

里面再搞监管，就更复杂了，流程越复杂越管不了，不知道问题出在哪里了。（来源：《从关爱的角度去实现监管》，2011）

公司内控与风险管理“三层防线”：第一层防线，在业务运作中控制风险，是最重要的防线。我们90%以上的精力是要把第一层防线建好，既要有规范性，又要有灵活性，没有灵活性就不能响应不同的客户服务需要。最终目的是要让业务主管承担起内控责任，比如是经营责任人，那也就是内控责任人，层层级级都应该这样。第二层防线，为第一层防线大量提供方法论，大量补充、循环和培养干部。第二层防线实际是帮助别人建立起正确的业务组织进行拉通管理，而不是具体事情监管，干预业务太多自己越做越大。第三层防线通过审计调查，对风险和管控结果进行独立评估和冷威慑。（来源：任正非在公司内控与风险管理“三层防线”优化方案汇报的讲话，2013）

我们加强内控监管，不应妨碍业务的快速运作。主要是建立流程责任制。要把前端的流程责任，由业务主管负责起来，占到整个监管工作的90%以上，财务和监管部门担负起来的是点对点地建立冷威慑。（来源：任正非在秘鲁代表处座谈会上的讲话，2014）

权力下放后要得到有效监管，要建立问责机制。审批不能代替监管，审批是业务体系，监管是在业务流程之外的。建立监管体系，关键是要明确谁来监管、监管的地位、监管的环节、监管的问责处置权。（来源：EMT纪要[2014]008号）

当年我们还很幼稚的时候，不会冲锋、不会管理，可能让业务主管只聚焦产粮食，把监管的责任交给了别人，但这是不正确的。如果你自己开个小饭店，饭店老板一定是最主要的监管者。为什么夫妻店的效率最高？就是老公炒菜、老婆收钱，反正都收在自己家里，放在纸盒子里，数不数都无所谓。这是效率最高的，但我们公司能不能适应这种方式呢？因为我们的作业面太大，所以只能采用流程化管理，要求每个环节的owner都要履行好监管责任，而不是说监管是审计部等其他部门的事。这是我们的目标。所以我们让转岗的主管先在重装旅里学习监管，将来走向流程owner和业务主管的时候，已经知道如何管好你的队伍，就减少了我们用另一张皮来管理的复杂程度。（来源：任正非在战略预备队誓师典礼暨优秀队员表彰大会上的讲话，2015）

第十五章

从客户中来，到客户中去，以最简单、最有效的方式实现流程贯通

管理的目的就是从端到端以最简单、最有效的方式实现流程贯通。这个端到端，就是从客户的需求端来，到准确及时地满足客户需求端去。建立流程的目的就是要提高单位生产效率，减人增效。流程简洁了，目标明确了，工作程序简化了，对干部素质的要求就降低了，成本就降下来了。

流程是一个团队做事的基本规则。成功的经验总结出来就是流程。什么是流程化建设？就是标准化，程序化，模板化。清晰的流程、重复运行的流程和工作一定要模板化。要把可以规范化的管理都变成扳铁路道岔，使岗位操作标准化、制度化。

例行管理要坚决贯彻流程化管理。在管理中也要存在一条小路，允许一些不符合流程的必不可少的业务流动，僵化、片面都是不行的，这才是科学合理的。当然流过一次、两次以后就要规范化，转变成例行流程，不能老是走小路。

流程化要抓主流程，主流程要清晰，末端系统要开放。到枝节流程，有时候没有流程，可以用规则和文件管住。流程的主线条要越来越清晰，但不是要越做越细。我们在流程建设上也不能陷入僵化与教条，越往基层、越往使用者，应该越灵活。应允许基层管理者和业务人员参与流程优化及优秀实践的总结。我们在主干流程上的僵化与教条，是为了实现标准化的快捷传递与交换。末端流程的灵活机动，要因地制宜，以适应公司的庞大与复杂。

对人负责制，还是对事负责制，这是管理的两个原则。对事负责制是一种对制度负责、对标准负责、对结果质量负责和对客户负责的管理体系，它是一种开放授权的体系，而不是对人负责的收敛控制体系。流程化的核心在责任制。流程责任制就是要及时准确地提供服务和支持，追求的是要产粮食，而不是没事故。公司所有流程的改革一定要为客户服务，产生价值，凡是绕了一个大弯、不产生价值的流程都要砍掉。

执行一个良好的流程和建立一个良好的流程同样重要。业务部门的一把手要担负起建设和优化流程的责任，而不只是流程IT部的职责。

流程推行要先解决“通”的问题，先打通，再优化。流程通最根本的是数据要通。“问渠哪得清如许，为有源头活水来。”数据要做到准确高效地传送，才能做到端到端流程过程数据可视、可用，才能支撑公司管理的可视化。

本章首先讨论上述列举的流程化的一般原则，然后阐述这些原则在几大主业务流程体系建设和运行中的具体应用。

15.1 建设“从客户中来，到客户中去”的端到端流程体系，提高运营效率和效益

15.1.1 例行管理要坚决贯彻流程化管理

为什么要建设流程？长江水因一种自然的规律约束而自然奔腾，如果华为公司发展的水流到哪个部门都要部门领导去审查才能流动的话，必然会造成公司管理的低下。但是，当水大到一定程度，成了洪水时，就要去特别管理，即是一种例外管理。例行管理就要坚决贯彻流程化管理；出现例外管理时，我们会增设例外管理机构，建一条“胡志明小路”。在管理中也要存在一条小路，允许一些不符合流程的必不可少的业务流动，这才是科学合理的，僵化、片面都是不行的。当然流过一次、两次以后就要规范化，转变成例行流程。不能老是走小路，老走小路说明这个部门效率低，领导无能。……任何一条河流，如果按等流量法，各条河道在同流量都一样宽，那么流速是匀速的话，这个流水是最佳效益。这就是人工渠道的设计原理。当然流量变大、变小时，河道的截面也可变化，但要依据成本来变。流程管理也如河道管理，要疏浚，要修堤，使得没有瓶颈，可以匀速流动，让它按例行方式自然流。然后使流程在监控有效的情况下，不断加速，这样就提

高了效率。（来源：《大树底下并不好乘凉》，1999）

建立流程的目的就是要提高单位生产效率，减掉一批干部。如果一层一层都减少一批干部，我们的成本下降很快。规范化的格式与标准化的语言，使每一位管理者的管理范围与内容更加扩大。信息越来越发达，管理的层次就越来越少，维持这些层级管理的官员就会越来越少，成本就下降了。（来源：《华为的冬天》，2001）

我们的未来是什么？华为公司最终要走向哪？华为公司赶在WTO到来前用吹气的方式把自己膨胀成为一个大公司，但这个大公司的管理水平还不高，效率也不高，是堆了这么多人，有了这么多事，才形成的大公司，因此我们现在要推行IPD、ISC，使我们这个膨胀起来的公司变成高效有效的公司。这个高效有效就体现在“端到端”，实现全流程贯通。（来源：任正非在技术支援部2002年一季度例会上的讲话）

流程简洁了，很多工作变成了扳道岔，目标明确了，工作程序简化了，对干部的要求降低，成本就降低了。（来源：任正非在2004年三季度国内营销工作会议上的讲话）

管理的目的就是从端到端以最简单、最有效的方式，来实现流程贯通。这个端到端，就是从客户的需求端来，到准确及时地满足客户需求端去。这是我们的生命线，只要我们能认识到这个真理，华为就可以长久生存下去。内部管理是为及时、准确实现客户需求服务的，这是我们内部管理改革的宗旨和基础。背离这个宗旨和基础，就可能陷入烦琐哲学。（来源：《管理工作要点》，2003—2005）

流程梳理和优化要倒过来做，就是以需求确定目的，以目的驱使保证，一切为前线着想，就会共同努力，控制有效流程点的设置，从而精简不必要的流程，

精简不必要的人员，提高运行效率，为生存下去打好基础。（来源：《谁来呼唤炮火，如何及时提供炮火支援》，2009）

我们要沿主流程，加强对呼唤炮火的管理与核算，合理地控制成本，提高作业质量，这是我们利润的基础。（来源：《聚焦战略，简化管理》，2012）

流程的作用就三个：一是正确及时交付，二是赚到钱，三是没有腐败。如果这三个目的都实现了，流程越简单越好。（来源：任正非在流程与IT战略务虚会上的讲话及主要讨论发言，2012）

成功的经验总结出来就是流程。（来源：任正非和广州代表处座谈纪要，2013）

我们也不能为流程而流程，僵化地运营。流程是为提高解决问题的效率而服务的。（来源：《要培养一支能打仗、打胜仗的队伍》，2013）

当我们真正实现全流程贯通后，预计结果应该是简化管理、减少编制、操作更加及时准确，也意味着我们的利润会增长。这就是“减人、增产、涨工资”，我们才有可能接近爱立信今天的管理水平。（来源：任正非在项目管理资源池第一期学员座谈会上的讲话，2014）

不产粮食、不增加战略肥力的流程就是多余的流程，要砍掉。我们有些地方的信息流都跑不过物流，就说明内部关卡太多，机关太大。所以我们缩减行政岗位的数量，增加专家数量。机关干部找不到事干，就调到战略预备队，去上战场锻炼。机关干部一定要有基层实践经验，一定要担任过项目经理。我们的组织逐步成熟，一定要去掉重复性流程和劳动，减少没有价值的工作，简化流程。（来源：《区域差异化考核进展汇报》会议纪要，2015）

15.1.2 流程化就是标准化、程序化、模板化，但不是僵化

规范化管理的要领是工作模板化，什么叫作规范化？就是我们把所有的标准工作做成标准的模板，就按模板来做。一个新员工，看懂模板，会按模板来做，就已经国际化、职业化了，现在的文化程度，三个月就掌握了。而这个模板是前人摸索几十年才摸索出来的，你不必再去摸索。各流程管理部门、合理化管理部门，要善于引导各类已经优化的、已经证实行之有效的工作模板化。清晰的流程，重复运行的流程和工作一定要模板化。一项工作达到同样绩效，少用工，又少用时间，这才说明管理进步了。（来源：《华为的冬天》，2001）

我们过去还有另一个缺点，就是不规范。我们都来自“青纱帐”，包个白头巾，腰里别两个地雷，喜欢打游击战。现在要我们马上来发射导弹，这个肯定是有困难的。但是不造导弹，行吗？不行。如果不规范，不搞继承，我们就会有大量重复劳动、无效劳动。我们要适应新的战争运作模式。所以困难是大的，但是还是要上。（来源：《静水潜流，围绕客户需求持续进行优化和改进》，2002）

要把可以规范化的管理都变成扳铁路道岔，使岗位操作标准化、制度化。（《在理性与平实中存活》，2003）

标准化也是服务职业化的一种方法。标准化就能降低成本。服务如何标准化？要通过案例总结，汇总成方法，所有人都能用，那么用服的效率至少能提升5%。一次解决不了问题就是服务没有标准化的后果，要把问题分门别类，找到问题的规律。（来源：《加强职业化和本地化的建设》，2005）

提供了一个样板，一个模板，并不是让你绝对地、教条地去执行这个模板。你可以在这个上面做些有序的改动，总比你什么都从头想一遍好一些。什么叫作流程化？就是标准化、程序化、表格化！但不是僵化！你还要灵活机动才是。就

是说不同的东西一定有共同的部分，共同的部分我就保留下来，不共同的我就去修改，修改都是在一个模式上进行修改，既方便，又不会遗漏。要有坚定不移的管理原则与风格，但还需要灵活机动的战略战术。（来源：《上甘岭在你心中，无论何时何地都可以产生英雄》，2007）

我们公司不能只关注短期效益，而要更多关注长期的、战略性的建设，这就是我们与西方上市公司的主要区别。我们要通过流程化和职业化，将很多东西标准化，这样公司的管理运作成本就能降下来。（来源：《CFO要走向流程化和职业化，支撑公司及时、准确、优质、低成本交付》，2009）

公司在高速发展过程中，一定要坚持流程化、职业化，一定要坚持在分权过程中加强监管，不然我们可能就乱了，一放就乱，一乱就收，收完再放，放了再收，如果这样折腾几下，我们公司就完了。（来源：《CFO要走向流程化和职业化，支撑公司及时、准确、优质、低成本交付》，2009）

我们从杂乱的行政管制中走过来，依靠功能组织进行管理的方法虽然在弱化，但以流程化管理的内涵，还不够丰富。流程的上、下游还没有有效“拉通”，基于流程化工作对象的管理体系还不很完善。组织行为还不能达到可重复、可预期、可持续化的可值得信赖的程度。人们还习惯在看官大官小的指令，来确定扳道岔。以前还出现过可笑的工号文化。工作组是从行政管制走向流程管制的一种过渡形式，它对打破部门墙有一定好处，但它对破坏流程化建设有更大的坏处。而我们工作组满天飞，流程化组织变成了一个资源池，这样下去我们能建设成现代化管理体系吗？一般而言，工作组人数逐步减少的地方，流程化的建设与运作就比较成熟。（来源：《深淘滩，低作堰》，2009）

流程是一个团队做事的基本规则，肯定是需要的。现在推行IFS、LTC就是公司支持的流程，要落实、理解。但是，西方公司为什么会垮掉，因为西方社会就过于追求规范化、追求流程化，最后就把自己在基层都捆死了。所以我们在片联提出来要生龙活虎，不要僵化教条，就是希望你们广办是一个生龙活虎的组织，而不是僵化的、教条的组织。我们不要把流程搞得那么复杂，不能把一切设计得这么完美，最后使得基层的主观能动性都没有了。当然，我们认为华为的流程还没有到过分精细化的程度，基础还比较差，流程的灵活性是要通过分层分级来解决，策略性的东西是可以灵活一些、放宽一些，但是可以重复的动作和执行层面的东西，更加规范化、标准化没有坏处。（来源：任正非和广州代表处座谈纪要，2013）

在一些稳定的流程中，要逐步标准化、简单化，提高及时服务的能力，降低期间成本和管理成本。（来源：《变革的目的就是要多产粮食和增加土地肥力》，2015）

15.1.3　确立流程责任制，才能真正做到无为而治

为什么现在程序走不通？我们有了流程之后，就僵化了，按流程来走后，谁也不负责任。因此我们要建立全面的责任人推动制。直线行政系统和横向流程系统交汇到责任点，责任点岗位的人员就是责任人，我们要通过各种考核，使得在岗位上的每个员工都能承担起直线行政和横向流程责任。（来源：《基本法》会谈纪要（三），1997）

到底是实行对人负责制，还是对事负责制，这是管理的两个原则。我们公司确立的是对事负责的流程责任制。我们把权力下放给最明白、最有责任心的人，让他们对流程进行例行管理。高层实行委员会制，把例外管理的权力下放给委员会，并不断地把例外管理，转变为例行管理。流程中设立若干监控点，由上级部门不断执行监察控制。这样公司才能做到无为而治。（来源：《华为的红旗到底能打多久》，1998）

在干部路线上，我们到底是实行对事负责制，还是对人负责制？我在高级行政干部座谈会上的文章中已经强调过：实行对事负责制！其中阐述了对事与对人负责制的根本区别，对事负责制是一种扩张路线，只对目标负责；对人负责制是一种控制管理体系，这体系的弊端就是拉关系，走投机路线。（来源：《创造二次创业的土壤》，1998）

对事负责制是一种对制度负责、对标准负责、对结果质量负责和对客户负责的管理体系，它是一种开放授权的体系，而不是对人负责的收敛控制体系。（来源：《管理工作要点》，2001）

现在流程上运作的干部，他们还习惯于事事都请示上级。这是错的，已经有规定或者成为惯例的东西，不必请示，应快速让它通过。执行流程的人，是对事情负责，这就是对事负责制。事事请示，就是对人负责制，它是收敛的。我们要简化不必要确认的东西，要减少在管理中不必要、不重要的环节，否则公司怎么能高效运行呢？（来源：《华为的冬天》，2001）

任何规范的东西都需要不断创新。我们更需要组织创新，组织创新的最大特点在于不是个人英雄行为，而是经过组织试验、评议、审查之后的规范化创新。任何一个只希望自己在流程中贡献最大、青史留名的人，他一定会成为黄河的壶口，长江的三峡，成为流程的阻力。这就是无为而治的必需。（来源：《职业管理者的使命与责任》，2000）

IPD、ISC的真谛就是从客户中来到客户中去，实现端到端的服务。市场围绕客户转，用服围绕客户转，研发围绕市场和用服转，公司实现无为而治，就安全了。公司不能把生存的希望寄托在一个人身上。（来源：《公司的发展重心要放在满足客户当前的需求上》，2002）

执行一个良好的流程和建立一个良好的流程同样重要。业务部门的一把手要担负起建设和优化流程的责任，而不是流程IT部。流程IT部应该是提供服务的支持系统，帮助业务主管能够正确建设、优化和使用流程和IT工具。以前没有流程的时候我们也打胜仗了，那是因为在创业初期很多人没有流程也是当责的，现在我们有完善的流程但是大家走过场，还是做不好。所以流程、IT、贯彻、执行这一系列的问题，都是华为公司未来改革中很重要的问题。（来源：任正非在流程与IT战略务虚会上的讲话及主要讨论发言，2012）

坚定不移地推行流程化建设，同时加强流程责任制。要从流程遵从走向流程责任，业务主管和流程owner要真正承担起监管的责任。以前讲流程遵从，你顺着这个流程做就可以了。而流程责任制，要比流程遵从提升一步，你在这个地方签了字，出了事情就要承担责任。（来源：任正非在大规模消灭腐败进展汇报会上的讲话，2013）

业务主管要对流程遵从负责，要保障业务数据准确、及时、规范，并约束部门不做假；同时还要具备基础的财务管理能力，及承担监管的责任。业务数据的不准确，不规范，都将导致我们无法形成正确的财务报告。（来源：《要培养一支能打仗、打胜仗的队伍》，2013）

建立流程责任制，就是每个人都要对流程的责任负责。为什么货物管理混乱？是因为工程急需，代表随便去抽拔了一块CPU走了，没有还回来。责任人不敢报告，又不敢去追要，造成货物用时不配套。各级物流的责任人要像财务一样当责，流程责任制就建立起来了。（来源：任正非与巴西代表处及巴供中心座谈纪要，2014）

改革最主要是加强流程化和制度化，流程化的核心在责任制。（来源：任正非在2015年全球行政工作年会上的讲话）

贯彻流程责任制就是要担负责任，出了问题要问责，要让大家有威慑感。大家和审计、稽查都有很多矛盾，这些矛盾实际上是没必要的。我们实行流程责任制以后，这些事情应由你们负责，不能推到别人身上。华为公司现在的问题是不担责，而流程责任制应该解决这个问题。责任考核的是胜利，而不是保守、不履责。（来源：任正非在2015年全球行政工作年会上的讲话）

主航道部队实行矩阵管理，目的是产生更高的效益，在主航道更快地选拔优秀干部。非主航道部队去矩阵化管理，目的是实行流程责任制，更多地自主管理，减轻作战主管的负担。流程责任的目的是支持更快速的服务支持、更好的成功，不是保守地不犯错误，怕犯错误是能力不够的表现。（来源：任正非在2015年全球行政工作年会上的讲话）

一般认为流程责任制就是不能出事，强调出事要负责，缓慢拖延不负责。如果是这样的责任制，我们公司就会成为一个惰怠的公司、一个垮掉的公司。流程责任制就是要及时准确地提供服务和支持，追求的是要产粮食，而不是没事故。我们追求火车要跑得快，而不是为了不出事，就不发车。不能做到这一点，就说明他能力不行，换个有能力的上来。那出事怎么办呢？事后要追究啊。做得快又做得正确的人就应该破格提拔。（来源：任正非在变革战略预备队誓师及颁奖典礼上的座谈纪要，2015）

我们先在不影响主航道的行政、慧通组织中实施流程责任制试点，通过流程责任制来制约经营与管理的质量。我们现在总的来说还是流程责任人不承担责任，然后让监管部门去审计、“抓人”，这种亡羊补牢的做法，需要设立大量监督部门进而增加了公司管理成本，容易造成审计、监督部门同业务部门在日常工作中不必要的矛盾与冲突，不利于力出一孔，更不利于主管主动对经营和管理质量担责。但用流程责任制来制约经营和管理质量的途径是复杂的，需要大量的机制、政策摸索以及思想认识与工作方法调整。基建、行政和慧通公司的业务具有单一性、小循环独立运作特点，是有利于流程责任制改革在试错中摸索前进的。（来源：《非主航道组织要率先实现流程责任制，通过流程责任来选拔管理者，淘汰不作为员工，为公司管理进步摸索经验》，2015）

非主航道组织的流程责任制首先是保证业务正确地运行，正确运行就是需求得到了准确的理解和及时的满足、运作成本得到了合理的管理、权与利得到正确的分配，使腐败没有滋生的空间。业务正确地运行需要流程建设来固化、流程履责来确保。贯彻流程责任制就是出了问题就要真正地问责，不担负责任就要处理你，形成流程威慑感。流程责任主要是及时、正确地服务。流程owner是流程建设的责任人，流程有漏洞，产生制度性的效率低下或腐败问题，就一定要问责流程owner；业务主管是日常流程履责的责任人。不担负流程控制点责任的，或者只求形式遵从、明哲保身、不主动推动流程效率和效益持续提升的，就一定问责业务主管。（来源：《非主航道组织要率先实现流程责任制，通过流程责任来选拔管理者，淘汰不作为员工，为公司管理进步摸索经验》，2015）

15.1.4 坚决把流程端到端打通

华为公司的未来愿景是，华为公司必须做一个包括核心制造业在内的高技术企业，最主要的包括研发、销售和核心制造。围绕这三个领域，我们要实行全流程贯通，端到端的服务，即从客户端再到客户端。我们的最终生存目标就是从客户手上拿到订单，然后向客户优质地履行所有的承诺。（来源：《我们未来的生存靠的是质量好、服务好、价格低》，2002）

只有完成端到端的体系建设，才可以提高效率，降低成本，快速响应客户。现在我们不是端到端全流程顺利贯通，而是一段、一段的，在中间有不少肠梗阻、胃溃疡，导致公司效率较低。而效率低是谁出的钱？是客户。客户不会允许我们这种现象再长期存在下去了。（来源：《我们未来的生存靠的是质量好、服务好、价

格低》，2002）

坚决把流程端到端打通。……ISC端到端一定要打通，踏踏实实建立流程体系。我认为流程很重要，流程一定要实现端到端。虽然IPD现在已被研发接受了，不等于改变一个人的生活习惯是一件容易的事。将来我们可能率先输出的是ISC，比如为铁路的运输系统、货运系统提供服务等。我们的IPD做得还好，ISC做得还不够。原因可能是IBM本身在这方面就不够先进。所以我们在ISC这方面一定要继续加大投入，一定要把中间断掉的端打通，这点很重要。我们要踏踏实实建立自己的流程体系：流程定下来几个弯（监控点）比较合适，多了就是多余的。要僵化一点，盲目创新就是破坏。端到端，最简单，还能监控，就行了。（来源：《坚决把流程端到端打通》，2003）

流程推行要先解决“通”的问题，先打通，再优化，开始不要太复杂，不能纠缠在局部问题上。（来源：EMT纪要[2005]052号）

端到端流程是指从客户需求端出发，到满足客户需求端去，提供端到端服务，端到端的输入端是市场，输出端也是市场。这个端到端必须非常快捷，非常有效，中间没有水库，没有三峡，流程很顺畅。（来源：《华为公司的核心价值观》，2007年修改版）

任何管理体系的推行，都必须在公司具备充分条件，并且大家都理解和认识到这种系统性结构的必要性的时候，才能有效，否则各推各的，会给公司造成极大的浪费。譬如公司曾经有一段时间疯狂地推KPI，被我坚决叫停了，我认为当时推行的结果一定是“肠梗阻”，因为大家各自只看到眼前利益，不是端到端，而是段到段的变革，一定会局部优秀了，而全局灾难了。如果机械地推行改革，而每个人对流程制度的理解又不一致，就会把公司改得七窍八孔，乱成一团。任何时候，做任何事情都必须有端到端的视野。（来源：《CFO要走向流程化和职业化，支

撑公司及时、准确、优质、低成本交付》，2009）

公司所有流程的改革一定要为客户服务，为客户服务产生价值，凡是绕了一大弯、不产生价值的流程都要砍掉。（来源：任正非在行政流程责任制试点进展汇报会上的讲话，2014）

现在端到端交付流程有 11 个中断点，这 11 个中断点两边都是排山倒海的人对排山倒海的人。如果这个流程能打通，哪怕不是很细致，我们的效率也会有较大提高，人员可以转移到增加价值的岗位上去。（来源：任正非 6 月 24 日在后备干部总队例会上的讲话，2009）

产品配置设计是主业务流程集成打通与运营效率提升的关键，配置器处于 IPD 和 ISC、LTC 等业务的结合部。针对配置打通，要将战略预备队压上去，像细胞裂变那样将试点代表处的成果扩散开。（来源：EMT 纪要 [2014]005 号）

华为通过持续的管理变革已逐步建立起了 IPD、ISC、IFS、LTC 等流程，各流程主要提升本领域业务运作效率，但是对流程之间的集成打通关注不够，也没有从经营组织的视角驱动流程集成以支撑业务目标的达成。"五个 1"（合同/PO[①] 前处理 1 天，从订单到发货准备成品 1 天/站点设备 1 周，从订单到客户指定站点 1 个月，软件从订单到下载准备 1 分钟，站点交付验收 1 个月）是多流程及 IT 系统集成与打通的目标，通过此目标牵引，将产品开发、销售、供应、交付以及客户界面等环节集成和打通，并直接对准地区部及代表处的经营目标。（来源：EMT 决议 [2014]003 号）

所有代表处首先要关注流程打通，而不是要关注收益评估，如果关注那个收

① PO，purchase order，采购订单。

益评估的数字，大家可能又不认真去做那个流程，最后还留下后面的事情，将来会很复杂。（来源：任正非在变革战略预备队及进展汇报座谈上的讲话，2015）

15.1.5 主流程要清晰，末端系统要灵活开放

流程一定要描述正确，流程的正确不在于复杂，而在于简洁。比如吃饭，张开嘴就可以吃进去，从喉管到胃，到大肠、到小肠到肛门就出去了，这是主要流程。但是你要无穷地分解呢，还有好多好多流程。我们要抓住主要流程的正确，及时服务就是抓主要流程，主要流程做好之后要分环节地监控和管理。所以从现在的情况来看，即使是在快速变革过程中，我们也不能打破过去所有的流程。当我们没有IT支持的时候，我们一定要想到正确的流程，按正确的流程支持业务运行，不能等待。流程和IT要跟上进步，没有流程、IT的时候，业务也要运行。不要把流程和IT搞僵化了，而是要不断完善，一旦完善有了结果，打破这个结果也要有个批准。（来源：任正非与IFS项目组及财经体系员工座谈纪要，2009）

在不同的流程，在不同的地段上，都有一定的收敛口，收敛口向上一定要标准化，不然后方看不懂。向下可以有灵活性，在末端，我认为是可以有一些灵活性的。末端就在作战部队，战场是千变万化的，一定要给一些弹性，否则就是机械教条的一些笑话。在变革中强调代表处所有输出的接口，应该绝对是标准化的。但是代表处本身内部的运作可以有些不同和差异。在收敛之前，允许哪个地方有灵活机动，我认为是可以理解的，这个要根据我们的业务来。（来源：《任正非与IFS项目组及财经体系员工座谈纪要》，2009）

流程要抓主流程，主流程要清晰，到枝节流程，有时候没有流程只有定义，主线条越来越清晰，不是要越做越细。行政文件是推动流程管理的执行，当然是指主要流程，当流程与行政文件产生冲突的时候，行政文件启动流程的改革，是指技术改革，改革就是减少，越做越细，就把这个事搞死了。我们要建立一个大

平台的延续性，末端系统要灵活开放。（来源：任正非与流程IT管理团队座谈会议纪要，2010）

要看主流程，不要看次要流程，次要流程有时没有的时候，可以用行政文件来规范一下，主要流程要简洁明快。流程不能包治百病，治盲肠的不能治胃溃疡。（来源：任正非与流程IT管理团队座谈会议纪要，2010）

主干流程要简单，快速流通。以前我们的运营商管道，智能网系统、计费系统等，什么都往里面塞，我们在管道里面增加了非常多的功能，使得我们的管道系统并不快。现在我们要对管道进行梳理，去掉不必要的东西，使管道变成一个透明的管道，快速流动。把对管道的管理系统剥出来，做成简单、透明、清晰的操作系统，把功能剥离出来，做成颗粒，需要就挂上去。我们公司建设主干流程也要贯彻这种思想，现在我们的主干流程担负了很重的监控任务，我们在主干流程中增加了很多监控节点，使得主干流程的运作效率很低。我认为我们的监控节点往往不在主干流程，应该在支干流程里面。就像我们吃饭，其实就是嘴巴、食管、胃、大肠、小肠、肛门，就完了，至于肠子里面还要增加什么乳酸菌啊，这些细的东西我认为不要加到主干流程里面去。我们追求食品配方，追求完美，但我们吃进去的东西到今天还在肠子里面，变成肠梗阻堵在那里了。在主干流程上我们要把很多附加的东西去掉，就是要快速流通。我们主干流程里面透明清洁化以后，我们支干流程里面的主干流程也要减轻负担。不是说我们抓住主干流程，支干里面就没有主干了，支流里面也有主干。这样层层减轻，把很多功能剥离出去以后，我们灵活开放的就是神经末梢了。（来源：任正非在流程与IT战略务虚会上的讲话及主要讨论发言，2012）

我们在流程建设上也不能陷入僵化与教条，越往基层、越往使用者，应该越灵活。更应允许他们参与流程优化及优秀实践的总结。我们在主干流程上的僵化与教条，是为了以标准化实现快捷传递与交换。末端流程的灵活机动，要因地制

宜，适应公司的庞大与复杂。这同样都是我们的伟大。（来源：《不要盲目扩张，不要自以为已经强大》，2012）

高速铁路、高速公路一定要标准化，上下车方式或者接入方式可以千变万化。所以我们强调在主干平台、主干系统中一定要简单、清晰、快捷、安全，但是在接入系统中，我们允许灵活机动。我们主流程要为大流量服务，而不是为小流量服务。小流量要因地制宜、灵活机动，土办法是可以接受的，但是土办法上来后，一定与洋办法在主要接口上是一致的。不然，他不知道你是什么东西，至少这个数据格式要对齐。所以说，我们不会要求你们僵化教条的，不会要求全中国、全球完全统一。我们在很多指标上是比较僵化教条的，我们公司也是僵化过来的。现在我们已经有条件，我们对接入系统要放开一点，只要你标准对齐，能接得上来就行。（来源：任正非和广州代表处座谈纪要，2013）

我们在全球化推行过程中，不要僵化，不要规定接入形式是唯一的。我们应该允许代表处在公司各类规范的前提下，末端接入的时候，可以有变化。但是，将来所有的站点信息都要走向基于事实，基于准确数据，传递到后方，降低中转的成本。（来源：任正非在德国LTC教导队训战班座谈会上的讲话，2014）

15.2 规范面向市场创新的流程体系，制度化地快速推出高质量产品

15.2.1 坚定不移地推行IPD，这是走向大公司的必由之路

在产品研究方面，要处理好面向未来与面向客户的关系，找到我们与人家竞争的特点，在这方面多下功夫。最关键的，要缩短商品进入市场的时间差。（来源：《缩短商品进入市场的时间差》，1997）

产品的开发不是某一个思想火花的闪烁，也不是某一个小聪明的结果，而是一个过程，是一个真正实现商品化的全过程。（来源：《自我批判和反幼稚是公司持之以恒的方针》，1999）

从主观上来说，第一点我们还是希望在技术上有所发展，成为一个很优秀的公司，而且我们进入的产品领域是长线领域而不是短线领域。如果我们进入的是短线产品呢？我们无所谓，搞几个人做做，什么IPD，没有必要。咱们就几个人说了算，什么文档也不需要，就全记到我们脑子里面。但是作为长线产品，这样做是不行的。第二点是要缩短产品开发周期，加强资源配置密度。资源配置的密度就是有非常多的人同时作业，比如说几千人、几万人同时进行一个软件的编程，同时作业。这个作业就跟一个总参谋部在打仗一样，炮弹什么时候打，飞机什么时候出动，这是一个很复杂的综合作业。你可不要把炮弹一个个都打到自己脑袋上，战争可不是这么打的。如果我们在这个大规模综合作业的过程中，没有良好的管理方法，那么不仅没有效率而且浪费我们的资源，浪费是以死亡作为代价的。在战争中，如果说这个总参谋部的作战体系没有一个非常严谨的作战方案和部署的话，那么肯定不可能打胜仗。对华为公司来说，如果我们有这么多资源来支撑失败倒还好，但现在我们没有这么多资源可失败。可能失败一次还可以爬起来，失败两次也还可以，但是连续几百次的失败，我们华为公司肯定就寿终正寝了。（来源：《学习IPD内涵，保证变革成功》，1999）

我们在第一阶段成立了一个IPD工作组，现在的这个IPD工作组还要进行进一步的改组，将最理解IBM IPD内涵的人组织起来，去推广培训。这也是考核他们的关键事件。不要把IPD行为变成研发部门的行为，IPD是全流程的行为，各个部门都要走到IPD里来。每一个试点PDT的小组里面要增加两个财务人员、两个采购人员、两个生产计划人员……一个是观察员，一个是主要的小组成员，等PDT试点结束后并要扩展到另外一个PDT的时候，那个主要的小组成员退出来，观察员承担主要职责，并再增加一个观察员。经过这样的不断滚动，可以将我们公司的所有中高层干部全部滚动参加一次实践。这也是对他们前途负责的一次培训。我们还要成立IPMT①这个组织结构，并要真正开始行使权力。就IPD来说，学得明白就上岗，学不明白就撤掉。我们就是这个原则，否则我们无法整改。（来源：任正非在IPD第一阶段最终报告汇报会上的讲话，1999）

规范化的管理让大家不舒服，但是还是要走规范化管理的道路。如果不搞规范化，公司一定死亡，可以肯定一个不规范的公司不可能长久维持优势。规范的最后目的是要提高质量与速度，当前为了实现IPD，推行规范化，会牺牲一些速度，但规范以后速度是可以加快的。质量与时间的统一要统一到为时间服务，时间就是金钱。因此，仅规范化而不注意时间，所有机会都变成马后炮，难免也会死亡。要坚持熬过这一段规范化的时间，熬过去以后我们的开发速度就会大大提高。（来源：研发管理委员会会议纪要，2001）

推行IPD等项目可能会使公司在一定时间内发展速度减慢，但即使在减慢的过程中，创新的机制也不能停，要有创新的空间和因地制宜的灵活性。我们要坚定不移地推行IPD，这是走向大公司的必由之路，而且我们已经看见曙光了，为什么不走到底？翻过了这座山，IPD成熟后会大幅度地提高有效速度。华为公司的能力在于市场的“锅盖”被撬开后，我们有大平台，我们有强大的能力盖住盖子、盖住这个市场，盖好了盖子，别人想撬也撬不开。这种后发制人的能力从何而来？要靠规范化的管理，靠推行IPD。这种能力是大公司和小公司的区别。所以，推行IPD是我们公司坚定不移的方针，我们对IPD一定要有信心！（来源：《分层授权，大胆创新，快速响应客户需求》，2001）

当时我们在选择顾问公司时，是在IBM和CISCO（思科）之间进行选择的，我分别听了两家讲课。我认为CISCO系统是非常优秀的，但我认为中国人学不到，

① IPMT，Integrated Portfolio Management Team，集成组合管理团队，代表公司对某一产品线的投资的损益及商业成功负责的跨部门团队。

因为CISCO的管理太活。华为人思想很活，两个很活的在一起是一场灾难，因此我们没有引进CISCO，而引进了IBM。当时还有一个考虑，IBM与我们没有竞争性，没有对抗性，只有互补关系，所以我们选择了IBM。4年下来，实践证明我们的选择是正确的。（来源：《我们未来的生存靠的是质量好、服务好、价格低》，2002）

现在分析一下，IBM顾问提供的IPD、ISC有没有用，有没有价值？是有价值的。回想华为公司到现在为止犯过的错误，我们怎样认识IPD是有价值的？我说，IPD最根本的是使营销方法发生了改变。我们以前做产品时，只管自己做，做完了向客户推销，说产品如何的好。这种我们做什么客户就买什么的模式在需求旺盛的时候是可行的，我们也习惯于这种模式。但是现在形势发生了变化，如果我们埋头做出"好东西"，然后再推销给客户，那东西就卖不出去。因此，我们要真正认识到客户需求导向是一个企业生存发展的一条非常正确的道路。从本质上讲，IPD是研究方法、适应模式、战略决策模式的改变，我们坚持走这一条路是正确的。（来源：《产品发展的路标是客户需求导向，企业管理的目标是流程化的组织建设》，2003）

这几年IPD、ISC等的管理变革有非常大的贡献，这是我们这些年坚持改革不动摇的结果。在IPD、ISC还没有落地时，我们就碰到了严重的IT泡沫破灭危机，面对我们公司有可能出现的巨额亏损，同时面临着我们还要付出巨额的变革顾问费，我们是坚持往前走？还是不走？我们选择了坚持往前走。如果我们不往前走，那么IPD、ISC这种流程化的变革就可能半途而废，就没用了。"没用了，那过几年咱们再搞一次吧。"不可能，我看大家更没有信心，就像饼烙煳了，不可能再烙一样。如果这样华为公司永远不可能成为大公司，有可能就成为一个产品、一个小地区搞成一个小团队。小团队能不能活下去呢？也可以活下去，也就是苟延残喘两三年，小平台一定不能对付高水平、高质量、优服务、低成本。（来源：任正非在2004年三季度国内营销工作会议上的讲话）

IPD、ISC改革确实是艰难的，这个艰难来自内部的阻力。以前革命时，是拿枪打别人，越打越舒服，革别人的命总是舒服的。现在的改革是革自己的命，那就不舒服了。现在IPD、ISC改革实际上就是革自己的命。为什么不舒服？第一，IPD改革成功，大批改革者就要下台了。因为不需要这么多人、这么多管理干部了，这么多人谁来养活呢？流程简洁了，很多工作变成了扳道岔，目标明确了，工作程序简化了，对干部的要求降低，成本就降低了。第二，相当多的高级干部就没有权了，流程化改革改到末端去了，可能科长权力最大，调动资源去做事。但他也只能按流程规范操作，也不能违反制度，所以实际科长也没有权。（来源：任正非在2004年三季度国内营销工作会议上的讲话）

通过平台化、构件化的交付，降低研发成本，提高研发效率和产品质量，构筑信息安全，缩短产品上市周期，使得我们以更低的运作成本更快地响应客户需求。（来源：《从汶川特大地震一片瓦砾中，一座百年前建的教堂不倒所想到的》，2008）

15.2.2 既要有十分规范、卓有远见的长远项目评审体系，也要有灵活机动、不失原则的短线评价机制

我们一定要注重以业务为主导，一定要在整个发展中注重产品和业务导向。管理的目的、认识新技术的目的是为了业务，不能停下来关起门来搞管理，也不能孤立地去研究技术。规范化也是为了提高速度，所以业务主线要突出。同时要允许一些小项目有一定的自由度，要有十分规范、卓有远见的长远项目评审体系，也要有灵活机动、不失原则的短线评价机制。所以对于小项目，可以不受工作方法的限制，给他多一些发展空间，多一些风险决策，让他有快速成功的可能性。一旦成功，证明只是一个小产品，小市场，可以不再去规范它。一旦机会扩大以后，成为有希望有前途的商品，让IPD过一过，它就可能成为一个规范化的大项目。要给小项目提供一些机会。（来源：研发管理委员会会议纪要，2001）

公司坚定不移地全面推行IPD、ISC。但不同项目、不同级别的IPMT（包括项目经理）可以有一点因地制宜。马克思主义普遍真理要和当地实践相结合，项目操作要与实际情况相结合。我们允许多个IPMT存在，甚至一些太大的IPMT，也可以生出一两个小IPMT来。允许基层决策组织因地制宜，灵活处理，我们不能搞教条主义。当然，一些重要的、影响总体方案的事项必须要有呈报，但可以去做，去探索。（来源：《分层授权，大胆创新，快速响应客户需求》，2001）

我们现在有了IPD、CMM等方法和规范，但在实际操作时，一定会涉及与周边相关部门的结合，存在推行条件复杂、不足或不符合的情况，因此在实际结合的过程中，我们应该允许其有一定的自主性、灵活性。根据实际情况，可以允许10%的小项目、小产品不走IPD大流程的方式。小产品可以放开，不走大的IPD管理体系，走IPD的精简流程，先让其投产，保证快速上市，抢占势头，等小项目成长为大产品、有大销售量时再投入力量规范化，集中兵力逐步升级，否则以大平台来要求小产品，成本高，产品推出速度慢。（来源：《分层授权，大胆创新，快速响应客户需求》，2001）

很庆幸的是，IPD、ISC在IBM顾问的帮助下，到现在我们终于可以说没有失败。注意，我们为什么还不能说成功呢？因为IPD、ISC成不成功还依赖于未来数百年而不是数十年实践的努力和检验。是的，不是数十年而是数百年。因为即使一代一代人不在了，这个世界还会留下管理，管理还会不断地优化、发展下去。管理做得如何，需要很长时间的实践检验。（来源：《产品发展的路标是客户需求导向，企业管理的目标是流程化的组织建设》，2003）

清晰的工作方向是非常重要的，但我说清晰的工作方向，并不表示不能调整方向，做出必要的改变。现在，我们有IPD流程，有PDT决策方式等一系列手段，可不断修正我们在前进过程中的方向。（来源：任正非在PSST体系干部大会上的讲话，2008）

IPD要肯定。IPD继续去优化，有可能会做得更好。IPD到了企业业务、终端以后，你们就去裁减，简化流程与管理，这个袖子不要，就剪掉，那个扣子不要，就摘掉……然后就出来企业业务IPD、终端IPD。（来源：任正非在流程与IT战略务虚会上的讲话及主要讨论发言，2012）

15.3 贯通面向客户做生意的流程体系，实现有效益的扩张

15.3.1 LTC主干流程一旦突破，公司整个流程系统就贯通了

销售的4个要素是：解决方案、客户关系、融资、交付。以前我们只重视客户关系，对交付和融资都不重视，不重视财务体系的建设，结果是解决方案和客户关系稍强一点，但交付和融资弱了。我们要改变一下，要强调4个要素的均衡成长。（来源：任正非在地区部向EMT进行年中述职会议上的讲话，2008）

“投标、合同签订、交付、开票、回款”是贯穿公司运作的主业务流，承载着公司主要的物流和资金流。针对这个主业务流的流程化组织建设和管理系统的建设，是我们长期的任务。由于我们从小公司走来，相比业界西方公司我们一直处于较低水平，运作与交付上的交叉、不衔接、重复低效、全流程不顺畅现象还较为严重。DSO[①]、ITO[②]较业界同行还有较大差距，库存和资金周转的改善和E2E（端到端）的成本降低有很大的改进空间，是公司运作上“深淘滩、低作堰”的主战场，另一个业务流IPD是设计中构筑成本优势的主战场。（来源：《深淘滩，低作堰》，2009）

目前的合同执行，从最前端的项目投标到最后的回款，各功能部门是“铁路

① DSO，days sales outstanding，应收账款回收期。

② ITO，inventory turn over，库存周转率或库存周转天数。

警察，分段管理”，但在此基础上，必须要有一个角色或小组，进行端到端全流程的监控和协调，并对最终结果负责，这个角色就是流程owner。（来源：EMT纪要[2008]013号）

必须把流程变革的重心放在一线，聚焦一线的业务需求，从一线开始往回（总部/机关）进行流程及其管理的梳理。以支持、服务一线的需求为基础，来设立必要的三级、二级部门。流程主要是为一线作战服务，流程是手段，支撑一线、服务市场才是目的。以IPD、LTC（合同获取、合同执行到回款）为例，IPD运行的主体是PDT（产品开发团队），LTC运行的主体是代表处，尤其是代表处的销售项目团队和交付项目团队；IPD是聚焦解决产品开发的工作效率、工作质量、运作成本问题，LTC是聚焦解决售前行销、销售、售后交付服务的工作质量、工作效率、运作成本问题。（来源：EMT决议[2008]030号）

主干流程现在最薄弱、最难的是LTC。如何把区域组织搞清楚，如何把LTC这个面向作战的流程落到区域，是下一阶段LTC改革的重点。我们也不要把困难想得太多，其实就这一点。LTC这个主干流程一旦突破，我们整个流程系统就贯通了。LTC不能落实，IFS的落实也是空话。现在上游在撒尿，下游不知道，然后为了清理这泡尿要把整个长江水拿过来进行污水处理，每年我们光报废就三十几个亿。源头在哪里？在合同的前端。我们现在集中力量把LTC的前端打通是有机会的，前端只有两类系统：大系统、小系统。国家也只有两类：大国、小国。我们把小国做一个简单的模型，把广州代表处做成一个大国的模型。然后在德国做一个试点，把地区部融进来，其实我们可能只用两三年时间，市场系统就贯通了。我们所有集中会战就是抓住一个大的，抓住一个小的，做好这两种模型，我们希望很大，前途光明。（来源：任正非在流程与IT战略务虚会上的讲话及主要讨论发言，2012）

LTC应该怎么推行？我认为我们的领导层最重要的是理解、支持这个东西就可以了，不要做专家做的事。允许别人做，不阻碍别人做，这个事情就能做成。如果领导不理解、不支持，那么推行就会困难重重，一把手不改变观念是不可能成功的。（来源：任正非在流程与IT战略务虚会上的讲话及主要讨论发言，2012）

为支撑LTC流程高效运作，机关要继续推动要素评审综合化，加大对一线授权；区域要落实流程适配、遵从、优化，继续加强质量运营队伍建设。（来源：EMT纪要[2012]025号）

15.3.2 打通LTC流程的关键是全流程的数据要打通

合同全流程数据要打通。销售环节关注合同、生产环节关注订单、交付环节关注项目，既各自定义，又要确保相互之间的灵活连通，避免人为制造冗余数据。不同业务环节的诉求不一样，但基本的合同及相关数据信息的定义应保持统一，要以集成视角定义端到端合同数据，由LTC项目组落实。（来源：EMT纪要[2014]008号）

LTC变革强调首先是通，不要总是强调优化，急于去推出什么优化方案。必须要有系统思维，不要自己局部搞得很精，结果把全盘搞复杂化了。阻挠了端到端流程的通畅，有可能就会变出问题来。（来源：任正非在变革战略预备队誓师及颁奖典礼上的座谈纪要，2015）

流程通最根本是数据要通。“问渠哪得清如许，为有源头活水来。”数据要做到准确高效地传送，才能做到端到端流程过程数据可视、可用，才能支撑公司的管理可视化。我们现在的数据一是不准确，二是数据传送速度甚至低过物流速度。主要是因为我们不重视数据录入工作，而且信息流各环节责任不清晰。首先，要重视数据录入工作，保证录入准确。要让有实践经验的人来负责录入，不要唯学历论。其次，信息流要跑快，要向高铁学习，每个环节都要落实流程责任制，一

定要按规律及时准确地运作。(来源：任正非在变革战略预备队誓师及颁奖典礼上的座谈纪要，2015)

15.3.3 好的合同条款是实现高质量交付和盈利的基础

要提高合同质量，压缩合同风险，逐步使我们从农民的广种薄收，转向有效益的扩张。公司将逐步加紧合同风险的评估与控制，逐步地提高合同质量。我们要聚焦到目标营运商，加大对融资、货款回收的标准化作业的规范管理。(来源：任正非与市场融资小组的座谈纪要，2005)

好的合同条款是实现高质量交付和盈利的基础，在合同谈判中要敢于坚持我们的原则立场，把好合同条款关，不能无原则地退让。(来源：EMT纪要[2008]013号)

我们只有两个阶段：合同获取阶段、合同交付阶段。贯穿其中的魂就是执行的成本，以及最后的利润。(来源：IFS项目向任正非专题汇报纪要，2009)

合同是运作出来的，不是评出来的。提升合同质量的关键是要在前期项目运作和客户关系上下功夫，不能只盯着合同条款，更不能单纯地商务让利和无限承诺。(来源：EMT纪要[2011]012号)

公司不赞成销售订货冲刺，冲刺的结果是牺牲了合同质量，也透支了未来。(来源：EMT纪要[2011]011号)

我们合同条款的随意性太多，这种合同条款的随意性，对我们公司来说风险非常大。我们现在前方任何一个人合同签字就生效的方法要改进。要建立公司统一的交易管理中心，不能谁都有权签合同，要建立合同与签约的批准机制，合同要由授权人按要求进行签署，所有面向客户的“契约化文件”要统一出口，契约化文件包括但不限于标书、报价、澄清函、合同、附件及按当地法律会被作为合同构成部分的胶片、邮件等。（来源：任正非在2012年8月31日EMT办公例会上的讲话）

华为公司这25年的发展，基本踩对了鼓点。在世界整体经济大爬坡的时候，我们强调规模化增长，只要有规模，只要有合同，就有可能摊薄我们的固定成本，就一定有利润。当时如果卖高价，客户能买我们的吗？肯定不会。现在这种惯性思维在公司里还是很严重，大家抓订单、抓合同，不管是否是垃圾质量，只要能装到销售额里，就盲目做大做强。在前两年，如果没有我们加强合同质量管理和坚定不移地转变战略目标，坚持以利润为中心，那么今天我们可能不是坐在这里开会，而是让大家回家了。（来源：《喜马拉雅山的水为什么不能流入亚马孙河？》，2014）

华为公司有没有场景师？有。华为有光传输经理、无线经理、路由器经理、交付经理、客户经理、服务经理等，他们不是场景师。但如果能把这几种搞透，有综合能力了，那他就是场景师了。如果还能够理解所在国家的商法环境、交付环境、不同客户的交易条件、交易习惯等，就是高级场景师了。（来源：任正非在合同场景师建设思路汇报上的讲话，2015）

合同经理主要是对付确定性，沿着流程，对效率、效益负责；合同场景师主要对付不确定性，减少风险，逐步将不确定性转化为确定性。（来源：任正非在合同场景师建设思路汇报上的讲话，2015）

针对合同场景师的培训，我们强调以区域为中心，由区域牵头拿出需求来，BG做好资源准备。如果以产品为中心，又会变成各自为政。现在面对的客户需求是综合化的，那么场景师就必须具备综合能力。如果一个场景师综合不了，可以

多安排几个场景师拼上去，也要满足客户需求。（来源：任正非在合同场景师建设思路汇报上的讲话，2015）

15.4 创建敏捷的供应链和交付平台

15.4.1 计划是龙头

计划制定的工作方法要彻底改变。如果计划没有经过反复论证的过程，如果在工作作风上缺少一种踏实的精神，不深入到实际中去，不了解火热的生活，背离实际去做，搞官僚主义，计划过大造成公司资金的巨大积压。如果计划编得过低了，供货供不上，就会丢失机会。（来源：《抓住历史机遇，迎接1998年大发展》，1997）

计划系统应该拿出一套市场调查的模型和方式来，收集各种反映，预测未来3~5个月的走势如何，请各部门专家来评估。如果经过评估以后，结果这计划还是做大了，库存积压很多，我们不怨天尤人，只能怪我们自己没本事，我们也只好认了；如果计划做小了，供货供不上，也只能怪自己。计划是龙头，要分解到各个执行者，一定要让执行者弄明白他们的任务是什么。只有将信息准确地传达下去了，才有可能一层一层地去执行。（来源：《抓住历史机遇，迎接1998年大发展》，1997）

营销计划是龙头，是多变的，这就要靠判断，在市场系统内进行控制。生产系统计划将来灵活性要加强。销售滚动要货计划在营销系统中提出来后，到了生产总部计划调度处，它处理什么呢？它以控制安全库存作为调控基础，是内部宏观调控。采购系统计划部门，主要是分解采购滚动要货计划，其重要的职责是控制齐套性。它只对材料能否齐套负责任，至于有无安全库存、计划是否做大了，不是它的责任。（来源：任正非与华为通信生产系统的座谈纪要，1997）

计划是龙头，制订计划的人员一定要明白业务，地区部要成立计划、预算与核算部，要让明白业务的人来做头。只有计划做好了，后面的预算才有依据，通过核算来修正、考核计划与预算。为什么我们的运费控制不住？如果计划做好了，海运比例提升了，运费自然就下去了。（来源：任正非在BT系统部、英国代表处汇报会上的讲话，2007）

要逐步实现工程交付计划与生产发货计划的集成，按站点发货，以站点为中心交付和验收、回款等管理。按站点发货与管理是提高运营资产管理效率的主要途径，也可以实现快速、低成本的交付。（来源：EMT决议[2007]040号）

我希望供应链变得柔性一些，计划的响应速度快一些。库存可能会构成最终的死亡，可能一次或两次库存大量积压就死掉了。积极进攻不一定库存很大，在供应上我们一定要研究怎么积极响应，怎么缩短供应周期，怎么加大供应柔性。我宁可成长慢一些，也不要库存。而且随着产品越来越时装化，库存的风险越来越大。（来源：《做事要霸气，做人要谦卑，要按消费品的规律，敢于追求最大的增长和胜利》，2011）

我们要从源头抓起，一次把事情做好。如果计划不准确，后端协调难度非常大；如果计划准确，后端管理也就简单了，要一次把事情做好。（来源：任正非在“从中心仓到站点打通”工作汇报会上的讲话，2014）

要把项目计划做准，由欧洲供应中心直接供货给欧盟各国，实际效率会大大提升。因为货物量很大，缩短了在途货物周期。同时可根据要货周期来调整船期，减少成本，前线分摊成本也降低。（来源：任正非在“从中心仓到站点打通”工作汇报会上的讲话，2015）

15.4.2 供应链面向客户缩短货期、快速响应需求，提升客户满意度，不一味追求最低供应成本

集成供应链项目是一个非常庞大的工程，是一个周边配合、集体行动、全系统的行为。公司决心很大，公司的措施很简单，谁阻挠我们前进，就把谁撤掉，我们不允许有绊脚石存在。全公司上下一条心，一定要把项目做成功。（来源：《全公司上下一条心，把ISC项目做成功》，1999）

集成供应链解决了，公司的运营管理问题就基本上解决了。公司就是一条主流，就像长江是一条主流，长江上面还有很多小溪，供应链就是长江这条主流。（来源：《全公司上下一条心，把ISC项目做成功》，1999）

我们集成供应链不只是一种物质的供应链，实际上集财务、集各项管理于一体。因此，我们现在财务流程重整项目的范围要往上拉一点，沿着供应链往上拉，覆盖到整个供应链。我认为整个财务的流程和集成供应链流程的重整完全可以融在一起。（来源：《全公司上下一条心，把ISC项目做成功》，1999）

我们要建立核心生产能力，否则我们对供应链理解不深，供应链不能打通。我们之所以管道系统做得好，是因为我们保持了核心生产能力。我们保持一部分生产能力，掌握了这部分能力，这样对外包合作就比较清晰。我支持终端恢复这个东西，要建立这个东西。不要完全甩出去，这样太机会主义，一旦出现风险，就满盘皆输。如果核心制造领域恢复有困难，可以请以前的离职员工回来，把这个筹建起来。我们恢复短薄精小的制造能力应该不难，我们可以找一些日韩专家。（来源：《做事要霸气，做人要谦卑，要按消费品的规律，敢于追求最大的增长和胜利》，2011）

ISC里面，制造系统应该基本成熟了，但供应链系统问题比较大，没有和GTS

拉通。大家集中精力，ISC有没有可能用两三年拉通？我们先把肠子通了再说，优化再逐步进行。流程建设首先要打通，打通后再优化。（来源：任正非在流程与IT战略务虚会上的讲话及主要讨论发言，2012）

加强炮弹的供应管理，目标是降低内部运作成本，提高服务质量，以及及时、准确地交付，不然就没有利润了。这个投入是值得的。炮弹的成本构成主要是研发与供应链。（来源：《聚焦战略，简化管理》，2012）

供应链的布局主要基于科学管理，不考虑商业环境改善因素。供应链的流量是千亿级的，若为了顺应拐一个弯，不知道工作量需要增加多少。我们要缩短供应时间，供应链布局主要考虑的是如何建立科学有效的供应体系。（来源：任正非在欧洲商业环境研讨会上的讲话，2013）

建立科学的供应网络：供应中心面向客户缩短货期、快速响应需求，提升客户满意度同时助力区域运营改善，保持公司持续经营，不一味追求最低供应成本，供应链在这方面的探索方向是正确的。（来源：EMT纪要[2013]027号）

简单化、标准化的产品未来要走电商平台交付，后端的所有操作均对一线可视，简化内外部交易界面。（来源：EMT纪要[2013]027号）

德国、奥地利、瑞士的职业教育很强，愿意潜心投入制造业，从基层做起。所以德国制造产业水平世界一流，我们要学习德国的技工和专家培养体制；日本有先进的质量管理经验，质量可以考虑从日本引进优秀人才，做好质量管控。（来源：EMT纪要[2013]027号）

15.4.3 一次把事情做好

我们对仓库管理进行改革，就是为了让流程贯通。供应模式简单化，就是强调一次把事情做好，一次把站点计划做好。将来供应中心也要虚拟化，我们会逐步减少供应中心的数量与规模。（来源：任正非在小国综合管理变革汇报会上的讲话，2014）

我理解的中心仓库未来应该是虚拟化的，从合同到站点，全流程一次把事情做对，是我们追求的目标，尽可能多地一次把站点搞清楚，尽可能逐步减少区域中心仓库的二次分拣式生产。（来源：《第一次就把事情做对》，2014）

代表处要保证要货的准确性，如果发生退货使我们要打折扣，回收的损失就会影响你的薪酬包。这样才能使代表处每个人都认真对待要货准确性，防止大家囤货，造成公司的成本费用不可控。（来源：任正非与巴西代表处及巴供中心座谈纪要，2014）

过去我们在区域的账实是不一致的，其实很大一部分原因就是供应链发货以后就把SO[①]关了，具体的物料信息在区域就没有了。我们在流程上（在货发站点和验收完成这两个点）切两刀，形成两个断面，要求任何一个环节都应该账实相符。这个流程中，没有水蒸发，应该是100%一致的。现阶段没要求100%准确，希望通过三年时间的改进，实现“账实相符”，五年实现“五个1”。当然也可以“五个2”、“五个3”，只要逐年进步就行。（来源：《三年，从士兵到将军》，2014）

目前配置打通只覆盖了我们90%左右标准化的业务场景，这部分场景全部快捷通过；剩下10%无法打通的特殊场景（如按线报价、按容量报价等），可以走人

① SO，sales order，销售订单。

工，请高级专家来做。不需要追求所有的地方都必须做到纯粹的电子化、快捷化，若为了这百分之几的打通付出超额的代价，那就是负能量，没必要。比如，牛走在马路上，谁也不知道它在哪里会拉屎，为了解决这个问题，非要搞个自动化流程跟着这头牛，那么流程就会非常复杂。为什么要人？人是智能化的，机器智能化也是人授予的。（来源：《三年，从士兵到将军》，2014）

快捷通过的部分进入主航道，区域所有合同都要有编码，上到系统里承载，消除断点。我认为供应链和相关部门要在一起研究编码通用的问题。怎么能够在全世界扫描这个码，就知道账实相符的信息？目前的信息和过去的存量信息是否能够清晰地知道？（来源：《三年，从士兵到将军》，2014）

15.5 以客户体验牵引服务流程体系的建设

15.5.1 服务将成为未来市场竞争的制胜法宝

随着市场竞争的日益激烈，好的服务能够大大促进市场开拓。……服务将成为未来市场竞争中战胜国外对手的重要法宝。……优良服务肯定能够促进销售。……哪个厂家服务好，必定是他们选择、购买产品的最主要因素，技术支援在今后的市场上将会发挥相当重要的作用。（来源：《居安思危，奋发图强》，1999）

未来，客户技术支援专家将是公司的宝贵资源。因为产品及网络技术越来越复杂，他们必须具备丰富的知识和经验，而又能吃大苦。因此要多多培养技术尖子。技术尖子要放到研发、中试、生产中循环流动，使之成为我们新产品的维护主力。就是要让技术尖子在研发的后期、在中试的后期、在生产的过程中就介入进去，从这里出去后，他们就是今后技术支援工作的种子，就成为一支能打大战、打硬战的钢铁队伍的核心、骨干。（来源：《扩充队伍，准备大仗》，2000）

那技术支援最高的理想是什么？——手到病除！像华佗一样。你们有没有这样的“华佗”？你们的“华佗”是谁？（来源:《加强客户服务中心建设，提高远程支持效能》，2000）

技术支援部是公司全流程贯通中最重要的一环，也是最难实现全流程贯通的一环。它很难在10年内全部IT化，因为公司其他所有部门都在做增量：生产部门只生产今年的订货，市场只签今年的订货，研发只研究新产品；只有技术支援部是在做存量，公司10年存在网上的产品都要归用服管。因此，对用服来说将来交汇到你们手中的将是最难的，把10年前的东西突然变为电子流，难度是非常巨大的。（来源：任正非在技术支援部2002年一季度例会上的讲话）

15.5.2 通过非常贴近客户需求的真诚的服务取得客户的信任

这些年来，我们能够在竞争中生存，也是因为我们有“服务好”这一条。哈佛写的华为案例中，总结华为公司之所以能够在国际竞争中取得胜利，最重要的一点“是通过非常贴近客户需求的、真诚的服务取得了客户的信任”，这就是整个华为公司的职业化精神。我们之所以取得客户的认可，就是依靠了很好的服务，以后要巩固“服务好”这一风格，但我们服务的职业化还很不够。（来源:《加强职业化和本地化的建设》，2005）

在项目报价时要有成本基线的支撑，项目报价结果作为项目交付的预算，并作为一条主线贯穿整个项目管理。项目经理不仅要对交付负责，还要对项目的财务指标负责。销售和交付的目的都是为了回款。（来源:《围绕客户PO打通，支撑“回款、收入、项目预核算”》，2009）

远程交付可以很大地节省成本，这是大趋势，大方向，产品开发上要支撑远程交付。对于办公平台，可以和基建进行协商设计，让新基地的办公平台适应维

护业务集中远程交付的开展。（来源：《聚焦商业成功，英雄不问出处》，2014）

用服在伴随着国际化的进程中，要逐渐使自己的队伍国际化，管理机构国际化，流程制度国际化。（来源：任正非在技术支援部2002年一季度例会上的讲话）

15.6 加强战略规划、经营计划与预算的闭环管理

15.6.1 战略驱动业务计划，业务计划驱动预算，预算保证战略落地

战略规划委员会要做的工作之一，是鼓励公司全体员工各种思想火花的出现，而不是限制。这不仅在其成员的组成上不能用少数服从多数的方式来确定，在看待机会的问题上不能单以现有的技术、市场来做判断，而且，对一些思想火花还必须给予尝试的机会，要允许失败。（来源：《从混沌中寻找机会，牵引公司未来发展》，1997）

我们必须在混沌中寻找战略方向。规划就是要抓住机会点，委员会是火花荟萃的地方，它预研的方向是可做可不做的，允许失败，但一定要保证有完整的档案记录，以给后人指明道路。（来源：《从混沌中寻找机会，牵引公司未来发展》，1997）

《华为公司基本法》中重要的一条是人力资本的增值，要优先于财务资本的增值。要创造机会、创造效益，财务要贯穿到整个公司的所有管理中去，各个环节都要讲核算。为什么我们的财务管理还融入不到各个系统中去呢？这就是我们财务自己还没有到达到标准，财务还停留在算账上，还没有进入管理，而不是公司不重视财务。例如我们还没有科学的预算体系，提供各个岗位的准确预算；成本核算也是在算，还没有去管理。以财务为纽带的管理体系如何深入到各个部门

去？一抓预算管理，二抓成本核算。只有有了科学、合理的预算体系，才能产生良好的考核体系。（来源：任正非与财务系统座谈纪要，1997）

建立计划预算核算体系的目的是为了作战。计划预算核算体系应该对地区部总裁负责，对代表处代表负责，对产品线总裁负责，为他们的作战服务。计划预算核算管理的基本单元是地区部、代表处、产品线，经营计划权力要下放到基本单元，这些单元的主管要利用这套方法指挥作战。（来源：EMT 纪要[2007]024 号）

公司要逐步实行分灶吃饭。每块业务都要找到自己的发展规律，并对自己的损益负责。不同类型的业务在商业模式、盈利模型、资源投入等诸多方面都不尽相同，所以我们在管理上不能过于整齐划一，否则缺少战斗力。（来源：EMT 纪要[2010]006 号）

提高公司及BU、MU①、FU②等的中长期战略规划和战略管理能力。公司的业务管理要逐步从以BP③为“主轮”，转向以SP④为“主轮”进行运转和监控，更多地牵引高管关注长期战略，定期进行战略审视和述职，同时加强区域、产品线和各部门的战略协同性，保障战略对标、战略与行动的一致性。SP/BP的循环管理机制要和高管考核、财务计划衔接，实现落地。（来源：EMT 决议[2011]019 号）

我们要先抬头看目标，低头思责任，然后才是去研究如何用计划预算驱动。预算是资源配置支持战略实现的手段。一定要先大方向清晰，错的事不要干；一定要机会与管理点非常明白，才知道如何干；推动预算工作的开展，不一定要埋

① MU，marketing unit，市场单元，指面向区域或客户维度的组织。
② FU，function unit，职能单元，指提供专业支撑，支持和服务业务的组织。
③ BP，business plan，业务计划，指华为公司一年发展规划。
④ SP，strategy plan，战略规划，指公司及各规划单元的中长期发展规划。

头苦干，这是一件十分辛苦而意义较大的工作。而且预算要与过程目标弹性连接、浮动，通过决算来审视预算对结果的贡献。（来源：《聚焦战略，简化管理》，2012）

我们要逐步形成自外向内，以利润中心为基础的预算决算体系，各BG、SBG[①]的投入被其产出牵引，机关平台的投入被公司的整体产出牵引，机关的权力、规模要适应让听得见炮声的人来呼唤炮火的组织方式的变革。（来源：EMT决议[2012]026号）

15.6.2 预算管理的主要作用是牵引公司前进，而不是有多少资源做多少事

销售目标作为各业务部门的牵引目标，不作为资源配置的依据，可作为资源配置的参考。但不能僵化地去使用这个资源配置，否则我们就可能会造成浪费。业务部门按现实目标进行承诺，先按现实目标配置资源，按挑战目标的资源需求不能一步到位，应该分步实施，按挑战目标的实际达成度决定是否增配资源，否则业务部门的考核指标就下来了。（来源：任正非对2005年规划/预算工作指示会议纪要，2004）

预算管理的主要作用是牵引公司前进、牵引目标实现，不能是有多少资源做多少事，要提高收入增长的质量。要不断研究弹性系数的科学性，这个系数在全球不同地区、不同产品领域是个性化、差异化的；弹性指标是综合的（比如将贡献毛利、现金流、产出按一定权重组成弹性指标），要有多种弹性系数，逐渐走向科学管理。（来源：EMT决议[2006]009号）

要实现从刚性预算到弹性预算的转变。业务上去了，预算也相应弹上去，同时要提升机关的服务效率，在标准作业时间内完成审批，保证前线在业务增长后

---

① SBG，service business group，服务BG，公司面向服务的业务运营中心。

就自然、合理、迅速地获得更多的资源。（来源：EMT纪要[2006]021号）

计划、预算、核算下放到地区部是什么意思？就是我把计划给你了，你可以按计划去组织资源来进攻，资源的费用是由预算来约束的，预算用完我是要核算你的。销售额暴涨了，你的预算自然就暴涨。如果说你的销售额上不去，你把预算花完了，那说明你无能。但是你不花钱，也不能带来市场的前进。怎么审时度势呢？这就是为什么要选拔合格的经营管理者。管理者就是要根据业务现实来灵活掌控，如果僵化地用计划、预算是不可能管理好的。现在我们要把这些权力都放给地区部，全球一刀切，那么这个吃水线（公司期间费用分摊率）是不科学、不合理的。计划部门不仅是计划，包括核算也要抓起来才是闭环的。既然核算做出来了，我们就会摸索不同地区、不同国家、不同产品的不同吃水线，我们以这个为基础，考核的标准就清晰化了。（来源：EMT纪要[2008]028号）

代表处作为公司基本利润中心单元，对综合财务指标负责。为确保经营目标的达成，代表处要根据预测和核算的结果，对经营重心和资源投向进行及时调整。地区部作为利润中心，对地区部总体预算目标的达成承担直接责任。同时地区部应对所辖区域内各个BG的预算目标进行统筹，并根据预测和核算的结果，对地区部各BG的经营重心和资源投向进行协调，支持地区部各BG经营目标的达成。（来源：EMT决议[2012]027号）

15.6.3 实行计划预算核算的闭环管理

公司历来主张和要求持续降低运营成本、节约运营费用，通过持续改进提高效率，不断改善公司运营水平，提高盈利能力。自上一次IT冬天以来，我们在费用预算、核算和闭环管理方面是很宽松、缺位的，在花钱上没有任何约束。各级主管只知道缺人，从不担心没钱花，花了多少也不关注，花的钱所带来的价值及贡献更缺乏评价和审视。运营成本和运营费用弹性是很大的，我们在继续执行自下而上的预算机制、继续执行弹性预算机制的同时，需要建立起严格的费用预算、核算和闭环管理系统，避免并逐渐杜绝“长官”驱动的费用授予和管理方法。（来源：EMT决议[2008]032号）

各业务单元在具体制订计划时，使用的是能体现公司管理思想、科学合理并且具有约束功能的工具，制订出的计划是理性、客观、真实的。这个有约束力的工具是正的现金流、正的利润流，以及人均效益的提高。（来源：EMT纪要[2008]036号）

我们的利润来源于客户，因此，我们的预算源头也应该是客户。只有把面向客户销售的预算做清楚，才能向后分解成可靠的、扎实的产品及区域维度的年度预算。预算与核算的规则应该一致，用同一规则制定预算，也要用同一规则完成核算，这样才能实现“预算闭环”。（来源：《聚焦战略，简化管理》，2012）

BG、SBG和地区部要根据业务特点，将预算和核算打开到合适的层级（如SPDT[①]、客户、项目等），并按照生命周期的不同阶段或业务的成熟程度，确定合理的投入规模、强度和节奏，实事求是地进行管理和改进。（来源：EMT决议[2012]027号）

我们要实现计划预算核算的闭环管理，以保障业务可持续发展，规避风险和敢于投资要平衡发展。（来源：《用乌龟精神，追上龙飞船》，2013）

---

① SPDT，Super Product Development Team，超级产品开发团队。它作为一个独立产业的经营团队，直接面向外部独立的细分市场，对本产业内的端到端经营损益及客户满意度负责。

| 第十六章 |

打造数字化全连接企业

华为的潜力在管理，而管理的重要工具是IT。一个企业的信息化，应该包含把企业所有管理成熟的流程、制度根植于数据库里面，根植于IT网络里面，使任何行政业务处理都能够通过企业信息化系统来支持。在信息系统支撑上，通过构建互通的信息环境，使各级主管在任何时间、任何地点都能获取完成任务需要的信息，对作战环境形成共同的理解。在IT建设上，要以一线需求为导向，前瞻性地规划和建设全球性IT支持能力，包括组织、技术架构、基础设施、应用、运维、管理体系和信息安全体系等。

“要想富，先修路”。先把路修通，延伸到最基层，把作战条件创造出来。关于各业务部门的公共平台性投入（如IT及信息安全、产品开发与服务平台、物流平台等），要适度超前。IT建设要快于变革进度。大公司要靠自动化、信息化、数字化才能管理好。我们有希望领先世界，但首先公司内部的基础网络要适应未来信息社会，否则让我们去驾驭信息社会，那是天方夜谭。

我们要建立世界最优质的IT网，IT系统建设要有长远眼光及结构性思维。IT部门要买一个现代化，而不是自己再搞一个现代化，要用“欧美砖”来建一个万里长城。要通过购买业界先进软件包，为流程变革提供路标指引，并固化变革成果。公司支持在IT系统建设上多投入，但是要算投入产出比，要讲清楚投入了多少，减少了多少实际在岗编制。IT系统仅靠先进武器还不够，还要有科学化管理。

IT建设工作的评价标准只有一个，就是要做好，要适用，要真正改善了管理。我们的IT不能追求尽善尽美，追求尽善尽美是做不到的，反而会束缚了我们。要适用，要简便，不然就是IT的悲剧。使用IT一定能大幅度提高管理效率，但不要迷信，因为创造性思维在于员工，而IT只是一个实现工具。

要用互联网的方式把公司内部流程打通。互联网的特性是对标准化、数字化的内容传输的便利性和规模化，其本质作用在于用信息化改造实体经济，增强其优质、低成本和快速响应客户需求的能力，提升实体经济的核心竞争力。要踏踏实实地用互联网的方式和技术优化我们的内部流程，使内部管理（包括供应链、研发、营销等）端到端简单、有效，过程透明。

信息安全是公司重大的系统工程，要有构架性思考，要从整体看如何构建未来安全环境，如何在社会结构上构建安全，如何在技术架构上构建安全，如何在实施措施、操作上构建安全。我们是为了开放，才搞信息安全，只有需要的人看得到他应看到的东西，才叫信息安全。加强内部开放，重点防护核心资产。

本章主要讨论公司IT系统建设的指导方针。

16.1　要想富，先修路

16.1.1　华为的潜力在管理，而管理的重要工具是IT

华为公司要大规模地推行网络化的管理、矩阵管理，推行计算机体系化管理。（来源:《要建立一个均衡的平台》，1995）

市场信息系统实施“共建共享”，积极营造“人人都是系统建设者，人人都是系统获益者”，群策群力，充分调动市场部全体参与建设。要建立用户信息系统，要铺天盖地地散发资料，并让产品的最新资料地毯式地轰炸并准确着陆，使新产品在最短的时间直接告之用户。要分类归纳战略用户，对关键用户进行长期虔诚的持之以恒的市场宣传工作。（来源:《目前形势与我们的任务》，1995）

全公司全面改革的序幕已经拉开了，最终落实就落在这个微流程的修改问题上，一个是ISO 9000，一个是MRP Ⅱ。如果ISO 9000和MRP Ⅱ的推广我们失败了，证明我们全面轰轰烈烈的改革没有成效，没有支撑点，那么华为公司的管理效率就不能提高。MRP Ⅱ在别的地方能成功，在华为公司也应该能成功，不成

功的理由是不存在的。（来源：任正非8月26日在MRP II推行协调会上的讲话，1996）

用MRP II管理软件，将业务流程程式化，实现管理网络化数据化，进而强化我们公司的经营计划（预算）、经营统计分析与经营（经济）审计综合管理。（来源：《再论反骄破满，在思想上艰苦奋斗》，1996）

在华为当前最重要的是管理，而管理的重要工具又是IT。华为的潜力也在管理，管理提高了，管理思想和方法都进步了，华为的能力就增加了。（来源：《以IT推动管理进步》，1998）

管理没有IT可不可以？我相信是可以的，IBM最初就没有IT，但IT可以大大提高管理的效率和速度，缩短产品的上市周期，可以创造利润。靠人管人的方式可不可以？可以！但是人多了，会干得慢一点，信息多了会丢掉一些。使用IT一定能大幅度提高管理效率，但不要迷信，因为创造性思维在于员工，而IT只是一个实现工具。大家要主动，不要一切等顾问，要齐心协力学习。顾问作为老师是引路，IT能不能真正成功，关键在我们自己。（来源：《培训，培训，再培训》，1998）

建设IT要作为重中之重来抓，市场对我们很重要，但IT建设远远超过市场的合作，必须要把握好这个原则。若不治理好内部，市场再大发展公司就会陷入混乱。要在竞争对手面前站起来，主要是改善管理。（来源：任正非在SIC[①]汇报会议上的讲话纪要，2000）

要转变为大公司怎么办？原来那种“哥们儿喝酒，到大排档吃个菜，管理命

① SIC，System Integration Center，系统集成中心。

令一传达，大家就回去分头干活儿了”的老方法是行不通了。我们必须要建立IT，必须用IPD、ISC和财务IT连接起来，做一个IT来支撑公司管理体系的成长。（来源：任正非在技术支援部一季度例会上的讲话，2002）

管理信息系统是公司经营运作和管理控制的支撑平台和工具，旨在提高流程运作和职能控制的效率，增强企业的竞争能力，开发和利用信息资源，并有效支持管理决策。（来源：任正非在“班长的战争”对华为的启示和挑战汇报会上的讲话，2015）

我们应该走进新的未来时代，这个时代叫人工智能。首先，我们要强调工业自动化。工业自动化了以后，才可能走进信息化。只有信息化后，才能智能化。中国走向信息化，我认为还需要努力。中国的工业现在还没有走完自动化，还有很多工业连半自动化都做不到。这个时候，我们提出了类似工业4.0的方案，超前了社会实际，最后会成为夹心饼干。所以我们国家要踏踏实实地迈过工业自动化。工业自动化以后，就不需要这么多简单的劳动者了。当前应从提高教育水平、从人的质量入手。华为二三十年努力向西方学习，今天也不能说信息化了，因为我们端到端的流程还打不通。我们考虑五年以后，有可能走向信息化，能达到工业3.0这个状态。再花二三十年，华为才有可能向世界品牌迈进，因此这个路程很漫长，太着急的口号可能摧毁这个产业。（来源：《与任正非的一次花园谈话》，2015）

16.1.2 公共平台性投入要适度超前

我们在全球凡是有机构的地方，我们的IT就支撑到那里，而且我们所有的员工都能享受到这个系统的服务，这是我们建立的一个企业信息化网络。也就是说，我们现在几乎所有的行政和业务运作基本流程都能够实时完成沟通、信息共享、业务审批和跨部门协调，不受地理位置和业务流程环节的限制。（来源：《华为公司的核心价值观》，2007年修改版）

建立IT系统及信息是为了服务作战。公司要求各类相关IT系统及信息在公司内部进一步开放，要让各工作岗位都能及时、高效、准确地获取工作需要的信息和数据，确保业务快速通过，不能只讲信息安全而牺牲流程的顺畅运行。（来源：EMT纪要[2009]011号）

关于各业务部门的公共平台性投入（如IT及信息安全、产品开发与服务平台、物流平台等），要适度超前，构建为各产品线、功能部门共享的公共性平台，以降低公司总体运作成本，并支撑未来业务的增长。（来源：任正非对2005年规划/预算工作指示会议纪要，2005）

IT建设要快于变革进度，公司对IT是没有预算限制的。不能等到变革有需求了，IT再启动。基于代表处几种标准化活动，IT工具要赶快建设到位。（来源：任正非在变革战略预备队进展汇报上的讲话，2015）

IT系统一定要产生对未来的支持，超前你们一步实现支持到最基层。公司一定要打现代化战争，IT是靠买来的，加快进度是容易做到的。IT布局加快和你们的改革不快，这是不矛盾的。你们的路该怎么走就怎么走，不要急。（来源：任正非在变革战略预备队誓师及颁奖典礼上的座谈纪要，2015）

“要想富，先修路”，先把路修通，延伸到最基层，把作战条件创造出来。否则炮弹都呼唤不来，如何谈精兵，各个代表处只能屯兵作战。（来源：任正非在监控重装旅座谈会上的讲话，2015）

过去，世界上最难的一件事就是开轮船，礁石位置、洋流流向、打舵时机等步步充满风险。一条30万吨的油轮要过马六甲海峡，海峡水深24米，船吃水24.5米，不涨潮还过不去。船长加大油门，二十几分钟后船才感觉加速起来，但这二十几分钟时间太长，如何把握。我上次去加勒比海，坐17万吨的美国油轮，没看到驾驶员操作。靠岸也是自动的。所以，驾驶几十万吨的油轮一定要靠信息化、自动化操作，大公司也同样要靠自动化、信息化、数字化才能管理好。（来源：任正非在GTS站点信息库、地理信息库、网络动态运行信息库和集成交付平台建设汇报会上的讲话，2015）

未来二三十年，是人类社会最重要的时期，从几千年的传统社会转变为信息社会。我们都不明白转变形式，但好在华为15万员工齐心协力拿着“桨”，终于把“航空母舰”划到太平洋边了，我们有希望领先世界。首先公司内部的基础网络要先适应未来信息社会，否则让我们去驾驭信息社会，那是天方夜谭。（来源：《依托欧美先进软件包构建高质量的IT系统》，2015）

16.2 我们的目标是建设世界最优质的IT网

16.2.1 要用“欧美砖”来建一座万里长城

我认为要开放，能买来的系统就买，不要自己做。你们是一个系统集成，但是系统集成不是机械、教条的集成，而是充分地消化和吸收的集成。为了建设一个大管理体系，我们设计一个系统的格局，然后各处去买，在引进的基础上，我们以消化为主，而不要自主研究。（来源：任正非在管理工程事业部CIMS系统汇报会的讲话，1997）

要想富，IT部门要先修路，要通过购买业界先进软件包，为流程变革提供路标指引，并固化变革成果。IT部门要买一个现代化，而不是自己再搞一个现代化，要用“欧美砖”来建一座万里长城。（来源：任正非在变革战略预备队誓师及颁奖典礼上的座谈纪要，2015）

买IT工具的时候，不要完全考虑低价，国产软件和进口软件还是有本质上的区别。要考虑未来的业务结构，比如升级、扩大规模等，IT系统要能跟上去。我们与其把钱用于人海战术，还不如花在购买好的软件和好的顾问公司。我们公司在大规模作战中，如果就行政这个零件坏了，整个公司作战系统就会被拖垮。（来源：任正非在行政流程责任制试点进展汇报会上的讲话，2014）

公司扩张要有合理性发展、弹性发展，现在其实很多欧美软件都做得到。而且我们引进“欧美砖”构建的是整个IT系统，不仅是IT主干。我们也没有排斥企业网开发的IT系统，作为供应商之一，如果“华为砖”能达到“欧美砖”的水平，也可以用“华为砖”。但我们不能总是自主开发，不能为了现阶段的节约，修建出低价格、低成本、低质量的“长城”，不久又要推倒用“欧美砖”重建。为什么不能一次性建好混凝土结构呢？我支持在IT系统建设上可以多投入，但是要算投入产出比，你们要讲清楚投入了多少，公司减少了多少实际在岗编制。当然，对于有些防护，可能只需要炮弹打击到500米，就不用买能打击到8000米的炮弹，没有必要每个武器都追求“最精、最优”。（来源：《依托欧美先进软件包构建高质量的IT系统》，2015）

2000年前，秦始皇修建万里长城多伟大，先不说修建过程是否容易，但你看建得多好。今天我们也应该有这样的想法，才有领先世界的战略眼光。我们坚定不移地用“欧美砖”修建自己的“万里长城”，学习互联网精神来改善内部管理，穿互联网的鞋，走自己的路。（来源：《依托欧美先进软件包构建高质量的IT系统》，2015）

16.2.2 IT系统建设要有长远眼光及结构性思维

我们IT建设的思想方针是：我们坚定不移地坚信IBM的体系，坚信IBM的顾问能对我们负责任，全力以赴支持、配合。在支持与配合过程中，允许有思考，但不是独立思考。为什么允许思考？IBM毕竟是一种美国模式，华为公司能不能完全接受这种美国模式还是存在一定问题的。允许思考，重在理解与推行，不要独立思考，我们还提不出系统建设方案。（来源：任正非与IBM顾问陈青茹的谈话，2001）

在IT建设上，以一线需求为导向，前瞻性地规划和建设全球性IT支持能力，包括组织、技术架构、基础设施、应用、运维、管理体系和信息安全体系等。通过建立高可用性IT系统，支撑公司业务在海外持续放量发展，实现不间断、高速高效的运行和服务。建成公司级的IT共享中心，以支撑公司统一的财务共享中心、采购共享中心和供应链共享中心等的管理与运作。（来源：《公司董事会工作报告》，2004）

要有统一的平台，否则将来法国电信一个平台，英国电信一个平台，我们的成本太高了。但要实现平台的对接，我们的平台到国外去人家要能看得懂。（来源：EMT纪要[2005]029号）

讲到企业的信息化，很多人认为企业的信息化就是办公自动化，很多企业提出来一两年就把企业信息化目标搞完。但从我们这么多年对企业信息化的理解来看，这只是九牛一毛，差得很远。主要是企业管理的商业模型数学化难于归纳完成，一个企业的信息化，应该包含把企业所有管理成熟的流程制度根植于数据库里面，根植于IT网络里面，使任何行政业务处理都能够通过企业信息化系统来支持。经过数年的努力，我们已经建立起一个面向全球的企业信息化系统，90%以上的行政和业务都可以在这个信息化系统里面完成。（来源：《华为公司的核心价值观》，2007年修改版）

流程IT有两块，一块是从公司到代表处中心仓IT支持，另外一块是代表处中心仓到站点IT支持。从公司到代表处中心仓这段主干流程是高铁、高速公路，反正就是直接要到达这个地方。从公司到代表处中心仓这段已经很好地固化了，相信一两年内就能达到目标。在代表处中心仓汇聚以后，要综合性地到站点。全球170多个国家实际情况是不一样的，我们从中心仓库到站点将来会有几种类型。这段我们允许“活”，但是不能有180种活法。这段流程IT的场景，我们最终能归纳出几种来，需要我们在落地中不断地去探索。但是探索归探索，执行归执行，不能你探索了以后，就可以随意乱动，这是不允许的。（来源：任正非在德国LTC教导队训战班座谈会上的讲话，2014）

我们的目标明确，要建立世界最优质的IT网，IT建设系统要有长远眼光及结构性思维。IT系统仅靠先进武器还不够，还要有科学化管理。（来源：《依托欧美先进软件包构建高质量的IT系统》，2015）

16.2.3 我们的IT不能追求尽善尽美，要适用，要简便，否则反而束缚了我们

我们即将开始的公司《基本法》的起草、业务流程重整、管理信息系统的引进、ISO 9000的贯彻，是促使管理体系更为科学合理的手段和措施，也是今明两年公司的战略重点。这些管理手段的实施，将充分保证公司的管理体系向标准化、科学化、国际化靠拢。（来源：《目前形势与我们的任务》，1995）

在IT建设上，硬件设施最好一步到位，要选择扩容和增改较为容易的产品。软件系统要一块一块地上，开始时可以上两三块，多了也消化不了。所有干部要先培训后上岗，不行的要下岗。（来源：《以IT推动管理进步》，1998）

在引进IT管理系统方面我们也要反幼稚。我跟我们的员工讲过，在买IT系统时，我们要买的是一个成熟的系统，大家都在用，我们也能理解，我们要使用得优秀。所谓的优秀，是指我们可以使用得很顺畅，能解决我们管理需要的问题，这要比使用一个我们还不理解、媒介宣传是最先进的新系统要好。什么是最先进

系统？关键是我们能使用得好，能够解决我们的问题，这才是我们最需要的。我认为这是最先进的。我们切忌产生中国版本、华为版本的幻想。（来源：《IPD关系到公司未来的生存与发展》，1999）

我们的IT不能追求尽善尽美，追求尽善尽美是做不到的，反而束缚了我们。要适用，要简便，不然就是IT的悲剧。（来源：《IPD关系到公司未来的生存与发展》，1999）

IPD和ISC不要有太多的横向往来。IPD和供应链就像两个环，会有交叉点，但这样的交叉点不要多。这样就减少两个系统之间的相互管理。新旧系统不要同时优化，之间要建立防火墙，防火墙是用人堆起来的。不要全面优化现行管理，而应抓住主线条进行，一些未进行优化的老系统就不适应现在的管理，可以新老之间建一道防火墙。新老系统转换不过来的就人工处理，迟早会把人工减下来。新系统已经建立起来，老系统并没有停止运作，两个系统之间就是隔离墙。不能指望新系统一建成，老系统就好了，这不现实。两个系统、流程的交叉点一定要减少。只有交叉点里面才设关卡，用人把洪水堵住，逐渐减少旧系统对新系统的干扰。（来源：任正非在SIC汇报会议上的讲话纪要，2000）

不管是新旧系统的集成，还是新系统之间的集成，总是要一点点地开始干，我们的员工总是要求全面开始干，一下子就全部都是最先进的。就像买家具，钱不够多就先买张床。买的床单太小，只能铺一半，那就先铺一半，用了两个月后，再买一条床单总是可以的。IT建设也是这样，怎么可能一下子就建成一个很好的IT系统呢？总是从一个地方突破，突破了这个系统就开始减人，就让新系统躲到防火墙后面去，再建另一个，一个个地投进来。（来源：任正非在SIC汇报会议上的讲话纪要，2000）

IT建设工作评价只有一个标准：就是要做好。要适用、要会用、要发挥好、

要真正改善管理，不追求华而不实。（来源：任正非在SIC汇报会议上的讲话纪要，2000）

IT在华为公司是重中之重，目的就是要做好，不一定是世界上最先进的，也不一定是世界上最好的，而一定是最实用的。（来源：任正非在SIC汇报会议上的讲话纪要，2000）

公司IT策略为优先满足业务需求，满足后有余力再内部优化。（来源：EMT纪要[2005]052号）

IT如何支持战略指挥授权系统，如何落实流程责任制？不能说点了按钮，命令就下达了，谁监管、谁统计、谁测试？共享中心变革的目的是要标准化、简单化，让大家使用方便。（来源：《依托欧美先进软件包构建高质量的IT系统》，2015）

16.3 用互联网方式打通全流程，降低内外交易成本

16.3.1 公司不要炒作互联网精神，应踏踏实实地夯实基础平台，实现与客户、与供应商的互联互通

不要为互联网的成功冲动，我们也是互联网公司，是为互联网传递数据流量的管道做铁皮。能做太平洋这么粗的管道铁皮的公司以后会越来越少，做信息传送管道的公司还会有千百家，做信息管理的公司可能有千万家。别光羡慕别人的风光，别那么互联网冲动。有互联网冲动的员工，应该踏踏实实地用互联网的方式，优化内部供应交易的电子化，提高效率，及时、准确地运行。我们现在的年度结算单据流量已超过25000亿（人民币），供应点也超过5000个。年度结算单据的发展速度很快会超过五万亿的流量。深刻地分析合同场景，提高合同准确性，

降低损耗，这也是贡献，为什么不做好内“互联网”呢?! 我们要数十年地坚持聚焦在信息管道的能力提升上，别把我们的巨轮拖出主航道。(来源:《用乌龟精神，追上龙飞船》，2013)

未来3~5年公司整体战略聚焦管道主航道做到最好，供应链战略对齐公司整体战略，我们可以借鉴互联网行业好的思想，将内部供应简化。我们必须确保供应质量，短期追求可比竞争优势，不盲目跟风和扩张，面向未来要吸引高水平人才。(来源:《桂林战略务虚会主要结论》，2014)

我们公司不要去炒作互联网精神，应踏踏实实地去夯实基础平台，让端到端的实施过程透明化。比如，从供应链到代表处仓库的端到端，可能短时期内实现全流程贯通；但从代表处仓库到站点这个端到端，现在还存在问题，那就努力去改变。(来源：任正非在关于重装旅组织汇报会议上的讲话，2014)

互联网现在已经改变了做事的方式，使传送层级减少，速度加快。我们今天坚持用五年时间推行LTC落地，实现账实相符，五个1工程，继续“蓝血十杰”的数字工程的目的，就是用互联网的精神，为改变内部的电子管理打下坚实基础，并实现与客户、与供应商的互联互通。(来源：任正非在“蓝血十杰”表彰会上的讲演稿，2014)

16.3.2 用互联网的方式把公司内部流程打通

从历史角度看，蒸汽机和电力都曾在产业和社会生活中起过革命性的作用，但这些技术革命不是颠覆而是极大地推动了社会和生产的进步。互联网也不例外，其本质作用在于用信息化改造实体经济，增强其优质、低成本和快速响应客户需求的能力，一句话，提升实体经济的核心竞争力。(来源：任正非在“蓝血十杰”表彰会上的讲演稿，2014)

我们的运作效率还很低，浪费还很多，互联网有很多优秀的地方值得我们学习，有互联网冲动的员工要踏踏实实地用互联网的方式和技术，优化我们的内部流程，实现我们内部管理（包括供应链、研发、营销等）端到端的简单、有效，过程透明。首先是我们的业务，然后才是用互联网的方式来支撑，不要搞颠倒了。（来源：任正非在2013运营商网络BG战略务虚会上的讲话及主要讨论发言）

将内部流程打通，要作为公司未来两年内的主要任务。我坚决支持用互联网的方式把公司内部流程打通。现在我们的内部电子交易系统极为不畅，在执行合同中，还有那么多损失，说明流程系统根本没有打通到最基层。华为公司为什么要找用户的信息轨迹，而不去找供应链末端5000多个点的供应规律？我们每年报废、退货、汇率损失将近100亿元，为什么不在这100亿元里找自己存在的问题（如供应链交易），非要去外面挣两毛钱？不能看到别人碗里的肉（互联网）炒得很厉害，我们不要那么互联网冲动。互联网拼命想把我们的航船拉进小河沟，但是17万吨GPS（全球定位系统）无人驾驶的巨轮，如何进入小河沟？我们要先把内联网做好。（来源：任正非在2013运营商网络BG战略务虚会上的讲话及主要讨论发言）

坚决贯彻全流程打通，这就是我们最重要的互联网。（来源：《三年，从士兵到将军！》，2014）

首先IT接入系统一定要畅通，否则“让前方呼唤炮火”就是一句空话，用10年时间建立精兵组织的想法也不可能实现。（来源：任正非在监控重装旅座谈会上的讲话，2015）

将来区域是作战指挥中心，攻占山头时呼唤炮火，战略预备队协同作战，BG提供各类兵种资源。如何准确、及时地调动资源，牵一发而动全身？整个组织的改革是系统工程，需要IT系统支持，否则不可能实现。如果IT系统不支持，前线团队“叫天天不应，叫地地不灵”，如何呼唤炮火？600里加急送“鸡毛信”，那需要多少编制？又如，一线呼唤炮火“坦克”，“坦克”到了，但是“油”没有到，“炮弹”没有到，“坦克”有什么用呢？（来源：《依托欧美先进软件包构建高质量的IT系统》，2015）

当未来三至五年改革落地，不仅支撑公司战略性发展，还可以加快资金周转效率，节约重复劳动造成的运作成本，穿互联网的鞋，走自己的路。如果把节约出来的分给大家，更会让全世界的优秀人才云集到我们这里，又会有多少将星灿烂！（来源：任正非在“从中心仓到站点打通”工作汇报会上的讲话，2015）

16.4 数据是公司的核心资产，流程通最根本是数据要通

16.4.1 数据是公司的核心资产，信息系统是公司生死攸关的系统

我三年前讲信息重要，你们不重视。市场部有四大支柱：定价中心、销售计划部、信息中心、干部部。信息中心是我们公司的战略轰炸机，是对我们公司生死攸关的系统，你们不重视。我亲自来抓，我相信一定能抓好。信息中心发6万套资料如果有2万套准确地轰炸到重要客户手上，你们说这个轰炸有效果吗？战略轰炸的意义在于前期市场导引。它看重的目标是5年、10年的市场。信息中心应站在全球市场的概念上，海外市场部的信息也应归口到信息系统，作为信息系统的一个模块。我们公司能有今天，与我们的资料发行、华为人报发行系统是息息相关的。这个系统做的是一件事半功倍的事。（来源：市场信息中心部门工作汇报会谈纪要，1996）

信息工作主要有两类问题。第一类是信息的输入、输出问题：信息的输入是否流畅，是否每次客户到访、办事处与客户接触、合同签订都有录入人。在解决

信息输入这个大口问题的同时也要考虑信息的输出问题（即对信息的分类）。信息的输入、输出问题是最重要的。第二类是信息垃圾问题：以前的信息输入肯定存在很多垃圾。对这些垃圾的处理是确认制，只确认有用的信息，而不是否定制。对于输入到系统里来的正确信息，将它做个标记，比如1996年确认的记下来，这个名单至少可以保存三年，然后再每一年进行确认。这样，这个系统就滚动起来了。只有有效地控制垃圾才能保证我们市场轰炸的准确性，保持我们这个信息系统的常更常新，我们就有希望。（来源：市场信息中心部门工作汇报会谈纪要，1996）

没有统一的编码体系，就没法实现公司运作的自动化。编码是指明了一件事物的唯一性，编码本身与公司应用软件之间没有必然的联系和矛盾，软件的更换不会对编码的规定有影响。（来源：《四个统一，促进发展》，1998）

每一次维护后最好整理用户档案，但往往忙不过来。我认为每一次维护以后，档案可以先不整理，但必须以原始记录形式直接输入数据库系统，甚至可以用光扫描。当设备整个结构发生变化，如扩容、新增合同、改变连接方式时，就要对档案进行升级整理，同时要与现场实际情况进行核对，保证档案完整与正确。（来源：《建立面向用户、面向全体员工的技术支援资料体系》，1999）

数据是公司的核心资产，数据准确是有效的内控基础。（来源：EMT纪要[2014]024号）

16.4.2 流程通最根本是数据要通，数据治理要正本清源

BOM[①]作为一个数据中心，其工作十分重要，它不仅仅要求工作人员具备高度

① BOM，bill of materials，物料清单。通常情况下，该清单是在产品设计阶段生成的，供计划、采购、订单管理、生产、发货、成本核算等部门使用。

责任心，还要具备相应的技能。BOM的任何一个小错，都可能导致公司重大的经济损失，而且一错，很难纠正，除非重新追溯到问题的源头。这好比是长江，上游污染了，下游想清亮是不可能的。BOM出了问题，生产就不可能井井有条，不可能很正规，仓库的材料亦不会无积压。正本一定要清源，现在，我们就要从BOM抓起。（来源：《正本清源，从BOM抓起》，1998）

合同的核心条款（交付条款、付款条款等）极有价值，销售体系要将完整、正确的合同信息向下游环节传递。（来源：《围绕客户PO打通，支撑“回款、收入、项目预核算”》，2009）

合同更改是销售过程中不可避免的。合同变更的关键不在于“变更”本身，而在于确保将变更信息准确地传递给合同管理和交付履行组织。（来源：《围绕客户PO打通，支撑“回款、收入、项目预核算”》，2009）

客户需求越来越多元化，整个行业走向“时装化”是大趋势。在这个大趋势下，我们的竞争力已经逐渐不在技术层面，而更多地集中在管理层面。客户PO全流程打通的核心问题是，我们内部履行的PO与客户维度的PO不一致，使得客户维度的PO信息在公司内部履行时缺失，同时公司的IT系统也不能自动化、集成化地处理PO，IT要在2009年7月31日前打通。这个打通不仅要在数据流上打通，还要业务流的打通，真正被业务所使用的IT才是有价值的IT。（来源：《围绕客户PO打通，支撑“回款、收入、项目预核算”》，2009）

未来5年，在数据治理方面努力使信息管理成熟度达到3.0分水平，其相应表现为：数出一孔，经营数据可追溯，经营预测可信赖。（来源：EMT纪要[2014]024号）

系统建设好后，每个环节、每个岗位都要高质量地录入信息，才能减少浪费。

发错货的原因：首先是合同需求没有理解清楚，没有做出正确合同；合同做正确了，没有正确的录入；录入正确了，没有正确的生产……都会导致发错货。甚至正确的货到了一线仓库也会发错，为什么呢？发货的人读不懂合同，然后就发错货了。这样一算下来，公司浪费极其大。我们把这些做好，就能实现账实相符，就能挤出更多效益来，所以信息录入要严格、要准确。（来源：任正非在GTS站点信息库、地理信息库、网络动态运行信息库和集成交付平台建设汇报会上的讲话，2015）

财务数据的真实、准确依赖于前端流程规范和数据清洁。账务要勇于面对困难，把最优秀的员工派到前线，把账务要求带到作业的过程中去，通过参与业务来落实账务要求。只有规范前端业务行为，才能提高财务数据质量。（来源：任正非与毛里求斯员工座谈会议纪要，2015）

将来有些信息不要进入大循环，在小循环结束后，无用信息即可删除，以此减轻信息包的数量。否则背负那么大的信息包去运转，无论做多大的带宽，运行速度都不会快。比如，我们要求经营性财务数据保存15年，但非经营性财务数据是不需要这样做的，例如伙食、房租等，经过伙委会审计核实后，就可以销账了。（来源：《依托欧美先进软件包构建高质量的IT系统》，2015）

16.5　基于数据和事实进行科学管理

16.5.1　互联网时代，科学管理没有过时

不单单是技术、市场等方面要进步，我们要使管理严格、有序、简单，内部交易逐步电子化、信息化，基于透明的数据共同作业。（来源：《用乌龟精神，追上龙飞船》，2013）

有一种流行的观点认为，在互联网时代，过去的工业科学管理的思想和方法已经过时了，现在需要的是创新，是想象力，是颠覆，是超越。我们认为互联网还没有改变事物的本质，现在汽车还必须首先是车子，豆腐必须是豆腐。当然不等于将来不会改变。（来源：任正非在“蓝血十杰”表彰会上的讲演，2014）

过去“蓝血十杰”用数据分析和市场导向，强调效率来管理变革，使福特公司摆脱了老式的生产方式，他们的管理贡献也帮助美国很快成为工业强国。这个实践今天归纳起来，就是基于数据和事实来进行科学管理。在这个时代，我们还是要继续学习“蓝血十杰”，对数据、对事实要有宗教般的崇拜，根据数据和流程来综合管理。互联网主要是解决了信息传送的速度和广度的问题，它不能改变事物的本质。不要认为现在是互联网时代，过去工业管理的科学就都过时了。也不要认为科学管理和创新是对立的。更不能动不动就强调颠覆，而是要老老实实地向西方学习，把管理落地。（来源：任正非在德国LTC教导队训战班座谈会上的讲话，2014）

16.5.2 严格的数据、事实与理性的分析，是科学管理的基础

华为公司在从小公司到大公司发展的时候，每次膨胀都没有出现大的问题，我们那时拍脑袋牵引这个计划发展，这种不科学的方法不能长远延续下去。但是你们都不搞调查研究，坐在那儿玩计算机，也不叫科学管理，科学管理的特征就是实事求是。计划不能坐在电脑面前根据历史数据曲线来预测，我们的市场从来就没有稳定过，而是像游击队一样，抓住了机会，就多一块市场，没有抓住机会，就少一块市场，规律性不明确。以后我们会逐步走向稳定，走向成熟，走向可预测，但是预测不完全是数据化的，还涉及国家的宏观环境和产业政策等各个方面。（来源：《抓住历史机遇，迎接1998年大发展》，1997）

精细化管理就是要有计划，有预算，有核算，各个指标数据都有据可依。代

表处围绕计划进行经营管理，就是要围绕这些财务数据进行。只有财务数据清楚了，财务分析也就清楚了，管理指标才能清楚，就能明白需要改进的地方与方向，从而指导业务发展方向并制定合理可行的业务策略与行动措施。（来源：任正非在BT系统部、英国代表处汇报会上的讲话，2007）

我们科学地掌握生产规律，以适应未来时代的发展，是需要严格的数据、事实与理性的分析的。没有此为基础，就谈不上科学，更不可能作为技术革命的弄潮儿。（来源：任正非在“蓝血十杰”表彰会上的讲演稿，2014）

16.6 信息安全关系到公司的生死存亡

16.6.1 我们要高度重视信息安全，各级干部要加强员工的思想教育

华为十几年的发展，已经积累了一定的财富，这个财富是我们大家的财富，任何人无偿使用它和侵占它都是侵犯我们所有员工的利益。因此，大家都要来防范我们的技术流失和被偷盗的行为的发生。信息安全的保护，不是光靠一个专门的机构、组织或是几个人就能实现，而需要靠所有员工，只有这样才会有公司的安全，公司才能得到很好的发展。（来源：《加强道德素养教育，提高人均效益，满怀信心迎接未来》，2002）

信息安全关系着公司的生死存亡。员工在参与公司产品研发、生产、销售等过程中，一是不要侵犯别人的知识产权，二是不要将公司的智力资产泄漏出去甚至据为己有。诚信和信息安全作为对每个员工的最基本要求，任何人只要违反，都必将受到处罚。（来源：《致新员工书》，2005）

当然信息安全也要重视，员工如果为了贪几个小钱就给对手提供情报，出卖

了自己的灵魂，一辈子都会背着心理阴影。将来升得越高心里越难受，当到高级干部更难受，对方一个小兵就可时时威胁您，您不继续提供情报的话，就要揭发您，您当了CEO，当了董事长，怎么办？各个代表处要约束员工不去做那些偷鸡摸狗的事情，已经做的就跟公司坦白，不说出来以后可能还会做，说出来以后肯定不会做了。公司贯彻坦白从宽的原则，不会拿着这个软钉子约束你。我们只有原谅一时误入歧途的人，只要他们认真改过，我们也同等信任，才可能从对手那儿团结回更多的人。（来源：任正非在地区部向EMT进行年中述职会议上的讲话，2008）

在努力创造成果、打造百年教堂的同时，要坚持信息安全管理。一个人，一个家庭积累财富的过程是缓慢的。例如，一个家庭的富裕过程，人们要承受恋爱有可能不成功；成功了还要去抚养婴儿，还不能让孩子乱吃抗生素成为残疾儿；然后小学、中学，晚上忙到半夜还在辅导，孩子不明白为什么要学习，而给你平添烦恼；周末还要去学奥数、钢琴、小提琴、芭蕾……上大学还担心他们早恋，荒废了学业，苦口婆心劝说，还遭遇逆反心理的对抗。大学毕业后还要实习，还不知哪一年才成熟，能为家里挣一点钱，从小到大这一下子，就去了几十年。几十年中，无数的沟沟坎坎，人生坎坷，想不到的一瞬间……不是人人都能成功的。那么期望又转向下一代，或下一代的下一代……因此，财富的积累，历尽了岁月与艰辛，但财富的毁灭却在一瞬间。例如，风华正茂时遭遇危及生命的车祸；一把大火将你所有一切付之一炬；地震震塌了你没有买过保险的房屋……我们历几代人建立的平台，实质上是软件代码和设计文档等组成的，如果遭遇拷贝，就是财富毁于一旦。因此我们要高度重视信息安全，理解信息安全一时的过激行为。但我们在信息安全上要学“灰色”，不要防卫过度。（来源：《从汶川特大地震一片瓦砾中，一座百年前建的教堂不倒所想到的》，2008）

随着决策前移，信息安全越来越重要，我们各级干部要加强员工的思想教育，号召每一个员工不要为恶性竞争对手提供情报，不要因小失大，给自己的青春留下污点。不要将来回首往事，为这么一点点钱，出卖自己的灵魂而感到羞耻。（来源：《以客户为中心，以奋斗者为本，长期坚持艰苦奋斗是我们胜利之本》，2010）

16.6.2 信息安全是公司重大的系统工程，要有构架性思考，从整体看如何构建未来安全环境

在信息安全上要学“灰色”。公司在管理哲学上，一再强调“灰色”。十大管理要点中有阐述。对你们来说，就是不要防卫过度。我们一定要明确我们在防范谁，防范什么内容。这点不清晰就会出现全面防御。这样做的后果，不仅重点防御会弱化，而且一些次要部门、次要信息（非机密）的运作缓慢，就像每一个华为员工要乘防弹汽车一样，不科学，不合理。那样内部运作成本会很高。（来源：任正非在行政采购及信息安全问题座谈会上的讲话，2007）

不能孤立地抓信息安全，要与商业战略紧密结合起来。只有把信息安全与商业战略紧密结合起来，真正在产品上拉开与竞争对手的差距，让竞争对手没法跟我们共享供应商，这才是最大的信息安全。如果与竞争对手功能上是一样的，设计上是一样的，想做信息安全也很难。要把平台交付件和ASIC[①]作为实现信息安全的有效手段，摆脱低层次同质化竞争。如果产品拉不开差距，市场竞争白热化，我们的成果和成绩一定会大打折扣。一旦我们团队陷入沼泽和泥泞，市场获利肯定少了，大家前途就不好了。要干得好，要有发展机会，就必须保护好我们自己创造的劳动成果。（来源：《从汶川特大地震一片瓦砾中，一座百年前建的教堂不倒所想到的》，2008）

我们现在要重新来审视安全。从过去防范恶性竞争对手，走向防止网络瘫痪、网络病毒……从过去为了防范一两个坏人的层层设防，转变为千万大军的信息共

① ASIC，application-specific integrated circuit，专用集成电路。

享、协同。信息安全是公司重大的系统工程，要产生一批“望星空”的人，要有构架性思考，从整体看如何构建未来安全环境。如何在社会结构上构建安全？如何在技术架构上构建安全？如何在实施措施、操作上构建安全？……我们一定要看见未来的需求，有正确的假设，才有正确的思想，才有正确的方向，才有正确的战略。（来源：任正非在“关于内部网络安全工作方向的决议”与流程IT部门沟通会上的讲话，2014）

未来3~5年，是我们争夺世界市场的关键历史时期，网络环境肯定会越来越不安全。因此在保密、防护方面要投入很大力量，该花钱就花，多使用西方的先进武器。攻下了“上甘岭”，下面的钻石矿全是你的，所以为什么非要用“洛阳铲”，才有自主创新的光荣呢？（来源：任正非在“关于内部网络安全工作方向的决议”与流程IT部门沟通会上的讲话，2014）

“修城墙”，建立先进可靠的网络安全系统。安全系统的防护对象是黑客及恶意的网络进攻、瘫痪、病毒……一定要确保公司网络安全。防护不针对任何政府，不针对任何西方公司，他们有法律约束行为，不会恶意破坏网络。这样我们建万里长城的围城，就尽可能用西方的砖。安全防护系统建设要敢于投入，采用业界最优秀的产品和技术，无论花多少钱，都要建立好。（来源：任正非在“关于内部网络安全工作方向的决议”与流程IT部门沟通会上的讲话，2014）

16.6.3 加强内部开放，重点防护核心资产

打败对手要靠自身的强大，而不仅是靠保密，公司要强大到可以将源代码公布，竞争对手拿到了都没有什么用。就像美国打仗，哪天几时进攻都告诉对方了，但还是照样打赢。（来源：任正非在地区部向EMT进行年中述职会议上的讲话，2008）

我们是为了开放，才搞信息安全，只有需要的人看得到他应看到的东西，才叫信息安全。我们还是要加大投入，提高设计水平、装备标准，使内部更加自由宽敞。（来源：《从关爱的角度去实现监管》，2011）

我支持公司内部开放，不要怕资料被人偷走，我们的队伍比别人厉害，他搞到一两支枪炮有什么用？而且即使去保密，也不一定都能防范住，反而导致自己的作战队伍能力不行。可以建立公司内部类似微信的平台，有授权的人员才能使用，不对外开放。如在战略预备队这个圈里，所有内容全开放，大家可以下载资料、交朋友……用户按不同战场分类，通过内部圈联络起来，其实也是一个信息安全圈。他自己建立了一个作战圈，可以横跨拉丁美洲、欧洲……因为公司下载的是同一种表格，他不知道如何使用，在朋友圈里发个求助，对他作战能力提升有帮助。（来源：《从关爱的角度去实现监管》，2011）

加强内部开放，只重点防护核心资产。在围墙内，我们还有一道防护网，只对有商业价值的核心资产进行重点防护。非主要核心技术，要先内部开源。在特别核心技术上，业务部门可在开发设计上合理设计几个断裂点，然后我们只需要重点保护好断裂点，其实就保护了所有的技术安全。即使失密，对方也不能不断升级。断裂点不一定只是在技术上，也可能在整个世界的格局上设计断裂点。断裂点这几个地方的城墙要很厚，不能轻易攻得进来。现在我们是全面保护，其实就只有薄薄的一层网，又不知道别人从哪里进攻，所以需要360度防御，别人拿刀尖轻轻戳一下，这层薄网就破了。然后我们又进行一层、两层、三层……360度包围，防御成本太高，而且任何静态防御都不可能防住动态进攻。（来源：任正非在“关于内部网络安全工作方向的决议”与流程IT部门沟通会上的讲话，2014）

技术要保密，对内要开放。过去我们内部不开放，造成重复开发，而且互相不交流，其实消耗了公司的很大成本。我们最终目的是要打粮食，结果没有打粮食的工具，打不到粮食，保密有什么用呢？所以在公司内部，只有逐步开放、开源，才能避免研发重复投资，才能避免市场得不到合理支持。各部门互相借鉴，加强共享，提升效率。而且内部开放后，公司内部人际关系还会得到改善，前方和后方的关系改善了，市场和研发的关系也改善了。（来源：任正非在“关于内部网络安全工作方向的决议”与流程IT部门沟通会上的讲话，2014）

第十七章

管理变革的方针

西方公司自科学管理运动以来，历经百年锤炼出的现代企业管理体系，凝聚了无数企业盛衰的经验教训，是人类智慧的结晶，是人类的宝贵财富。我们应当用谦虚的态度下大力气把它系统地学过来。只有建立起现代企业管理体系，我们的大规模产品创新才能导向商业成功，我们的一切努力才能导向结果，我们的经验和知识才能得以积累和传承，我们才能真正实现站在巨人肩膀上的进步。

公司的管理哲学，就像天上的“云”；“云”一定要下成“雨”才有用，“雨”就是公司的经营活动；“雨”一定要流到“沟”里才能发电，才能保证执行的准确度；要重视“沟”这个平台的建设。我们现在就是要推动按西方的管理方法，回溯我们的变革，并使流程端到端地贯通。管理变革甚至比技术和人力资源变革还要难。为什么？因为流程流经的都是人，每个人的权力都可能影响流程责任制的建设。

管理变革要继续坚持从实用的目的出发，达到适用目的的原则。在管理变革中，要继续坚持遵循“七反对”的原则。“坚决反对完美主义，坚决反对烦琐哲学，坚决反对盲目的创新，坚决反对没有全局效益提升的局部优化，坚决反对没有全局观的干部主导变革，坚决反对没有业务实践经验的人参加变革，坚决反对没有充分论证的流程进入实用。”

开放、妥协、灰度是华为文化的精髓，也是一个领导者的风范。中华文化之所以活到今天，与其兼收并蓄的包容性是有关的。我们要有灰度的概念，在变革中不要走极端，任何极端的变革，都会对原有的积累产生破坏，适得其反。领袖就是掌握灰度。我们的各级干部要真正领悟妥协的艺术，学会宽容，保持开放的心态，就会真正达到灰度的境界，就能够在正确的道路上走得更远，走得更扎实。

在未来变革过程中，我们强调目的才是最重要的。变革的目的就是要多产粮食、提升一线作战能力和增加土壤肥力，凡是不能为这两个目的服务的，都要逐步简化。这样才可能在以客户为中心的奋斗目标下，持续保持竞争的优势。

成功不是走向未来的可靠向导，我们需要将危机意识更广、更深地传播到每一个华为人身上。华为还是一个十分年轻的公司，充满了活力和激情，也充塞着幼稚与自傲，管理也还不够规范，如果故步自封，不自我批判，就会走向失败。只有长期坚持自我批判，才有光明的未来。自我批判让我们走到了今天；我们还能向前走多远，取决于我们还能继续坚持自我批判多久。

本章将围绕上述管理变革的指导方针展开深入讨论。

17.1 引进世界领先企业的先进管理体系，要“先僵化，后优化，再固化”

17.1.1 在学习西方先进管理方面，我们的方针是“削足适履”

前一段时期是解决一个流程畅通的问题，ISO 9000我们已经做到了，到了一个比较好的境界，但是它存在僵化、教条的东西；MRP II是我们从外国搬来的，缺乏弹性，我们通过合理化委员会来修改，一段一段地修改流程，一个一个节点地修改。经过这样的处理后，我们的管理体系就变得实用了，有弹性了。通过不断地微观优化，使得我们的ISO 9000和MRP II管理更加合理，企业管理更加有效。对一些僵化、教条的管理，逐渐通过内部的消化和安全化使它具有弹性。华为公司的优化不断进行下去，下个世纪为什么不是我们的？就应该是我们的。（来源：《为了跨世纪的发展，必须推行合理化活动》，1997）

所谓“削足适履”，不是坏事，而是与国际接轨。我们引进了一双美国新鞋，刚穿总会夹脚。我们一时又不知如何使它变成中国布鞋。如果我们把美国鞋开几个洞，那么这样的管理体系我们也不敢用。因此，在一段时间我们必须削足适履。

（来源：《我最痛恨聪明人》，1998）

世界上还有非常好的管理，但是我们不能什么管理都学，什么管理都学习的结果只能是一个白痴。因为这个往这边管，那个往那边管，综合起来就抵消为零。所以我们只向一个顾问学习，只学一种模型。我们这些年的改革失败就是老有新花样、新东西出来，然后一样都没有用。因此我认为踏踏实实，沉下心来，就穿一双美国鞋。只有虚心向他们学习，我们才能战胜他们。（来源：《学习IPD内涵，保证变革成功》，1999）

我们要深刻理解IBM这套管理方法的内涵，谁理解得更深，我认为考评上可以给予鼓励。他说：我理解得很深了，我能不能改？可以的，10年、20年后你来改，但现在你没有这个权力，因此我认为在这个时候需要有一个非常严谨的学习方法。一定要在理解的基础上去创新，而不是在没有充分理解以前就表明一些东西，那你是在出风头。我想就该把那些出风头的人从我们这个小组中请出去。（来源：《学习IPD内涵，保证变革成功》，1999）

我们切忌产生中国版本、华为版本的幻想。引进要先僵化，后优化，还要注意固化。在当前二三年之内以理解消化为主，二三年后，可以有适当的改进。（来源：《IPD关系到公司未来的生存与发展》，1999）

在管理改进和学习西方先进管理方面，我们的方针是“削足适履”，对系统先僵化，后优化，再固化。我们必须全面、充分、真实地理解顾问公司提供的西方公司的薪酬思想，而不是简单机械地引进片面、支离破碎的东西。我们有很大的决心向西方学习。在华为公司，你们经调查会感觉到，很多方面不是在创新，而是在规范，这就是我们向西方学习的一个很痛苦的过程。正像一个小孩，在小的时候，为生存而劳碌，腰都压弯了，长大后骨骼定形后改起来很困难。因此，在我们向西方学习的过程中，要防止东方人好幻想的习惯，否则不可能真正学习到

管理的真谛。（来源：《活下去，是企业的硬道理》，2000）

我们三五年内都要穿一双美国鞋。顾问说什么就是什么，我们试试看。当然不理解的可以思考，允许思考，但不允许独立思考。不能独立出方案，出报告。有的员工很爱公司，但我认为不要有狭隘的民族自尊心，狭隘的华为自豪感，我说过，要反对狭隘的民族自尊心，反对狭隘的企业自豪感，反对狭隘的品牌意识。这样我们才会成为未来难以战胜的公司。（来源：任正非与IBM顾问陈青茹的谈话，2001）

西方公司是很善于管理的，他们有悠久的历史，在管理问题方面比我们先进是可以理解的，但我们努力学习，走得快一点也是可以实现的，因为我们是跟在别人的后面走，我们还有洋顾问的拐杖带着走，不是单靠自己摸索，为什么不能走到前面呢？（来源：《为客户服务是公司存在的唯一理由》，2002）

引进世界领先企业的先进管理体系，坚持"先僵化，后优化，再固化"的原则。我们一定要真正理解人家上百年积累的经验，一定要先搞明白人家的整体管理框架，为什么是这样的体系。刚刚知道一点点，就发表议论，其实就是干扰了向别人学习。（来源：《华为公司的核心价值观》，2007年修改版）

从1998年起，邀请IBM等多家世界著名顾问公司，先后开展了IT S&P、IPD、ISC、IFS和CRM等管理变革项目，先僵化，再固化，后优化。僵化是让流程先跑起来，固化是在跑的过程中理解和学习流程，优化则是在理解的基础上持续优化。我们要防止在没有对流程深刻理解时的"优化"。经过十几年的持续努力，取得了显著的成效，基本上建立起了一个集中统一的管理平台和较完整的流程体系，支撑公司进入了ICT领域的领先行列。（来源：任正非在"蓝血十杰"表彰会上的讲演，2014）

17.1.2 坚定不移地把西方公司科学的管理体系在华为落地

大家知道，外国公司经理的管理压力没有华为公司大，因为外国这块土壤近百年来产生了非常优良的管理环境。有人也许会说，我们不进入国际竞争，将来也能管好这个企业。我认为科学是没有国界的，资本主义国家几十年的管理经验、管理方法值得我们借鉴。（来源：《不要叶公好龙》，1996）

我们要学习“蓝血十杰”对数据和事实的科学精神，学习他们从点滴做起建立现代企业管理体系大厦的职业精神，学习他们敬重市场法则在缜密的调查研究基础上进行决策的理性主义。要使各部门、各岗位就其所承担的主要职责（业务管理、财务管理、人员管理）获得集成化的、高效的流程支持，而不是各类流程看似各自都实现了端到端打通，但到了真正使用流程的部门和岗位那里却是“九龙治水”，无法配合，效率低下。（来源：任正非在“蓝血十杰”表彰会上的讲演，2014）

西方公司自科学管理运动以来，历经百年锤炼出的现代企业管理体系，凝聚了无数企业盛衰的经验教训，是人类智慧的结晶，是人类的宝贵财富。我们应当用谦虚的态度下大力气把它系统地学过来。只有建立起现代企业管理体系，我们的一切努力才能导向结果，我们的大规模产品创新才能导向商业成功，我们的经验和知识才能得以积累和传承，我们才能真正实现站在巨人肩膀上的进步。（来源：任正非在“蓝血十杰”表彰会上的讲演，2014）

重新研读西方顾问公司提供的IFS/IPD/ISC/LTC导读，把华为管理和西方管理概念性地融会贯通。我们虽然支付了昂贵的咨询费给IBM，但IBM教会了我们如何爬树，我们爬到树上摘到了苹果，这就是老师发挥了作用。老师不可能教得天衣无缝，他教给你一把钥匙去开门。华为不可能创造一个管理，不要别出心裁地自主创新，使公司航道多跳一跳，提高成本。所以在改革十几年后的今天，我让郭平带人将IFS/IPD/ISC/LTC四个导读合成一个，定性不定量，沿着IFS/IPD/ISC/LTC，照样挖一条西方这样的运河出来。迄今为止，我们引进这么多管理，聘用了30多个顾问公司提供顾问服务，每年要支付3000多万美元，华为是否真正消化了一套可推行的表格？（来源：任正非在2013运营商网络BG战略务虚会上的讲话及主要讨论发言）

管理变革甚至比技术和人力资源变革还要难。为什么？因为流程流经的都是人，每个人的权力都可能影响流程责任制的建设。25年以来，在管理变革上我们花了几十亿美元让西方公司提供顾问服务，能走到今天真是不容易。在别人看来，华为的管理已经够好了。但在我来看，华为的管理还没有落地，就是还没有实现端到端的流程贯穿。（来源：任正非在德国LTC教导队训战班座谈会上的讲话，2014）

公司多年来一直在学习和引进西方公司的管理体系和管理流程，如IPD、ISC、IFS、CRM等。引进这些流程的时候，由于当时的认识、能力、适配等原因，实际上做了一些舍弃。目前公司管理中存在断点、低效、不通等问题，和当初没有充分利用这些管理系统有很大的关系。（来源：EMT纪要[2014]005号）

17.1.3 华为的管理哲学是“云”，一定要下成“雨”才有用，“雨”一定要流到“沟”里才能保证执行的准确度

公司的管理哲学，就是天上的“云”。管理哲学、战略诉求、行业环境等内在及外在因素，共同形成了牵引公司运营的“云”。云下的雨，流到沟里，保证执行的准确度。“云”总要下点雨，这些雨沿着“沟”流入大海，就完成了水的循环。“雨”就是公司的经营活动，有业务活动，也有财务活动；在“沟”的关键节点上，还有财务的监控活动，水要沿着沟流，还要保证速度和质量。（来源：财经流程建设向任正非汇报纪要，2013）

我们一定要有一条“沟”，将华为的水流集中起来发电，IFS/IPD/ISC/LTC要融会贯通，成为一条沟。华为的哲学是“云”，一定要下成“雨”才有用，“雨”一定要流到“沟”里才能发电。若没有“沟”，“雨”到处泛滥，能量也就泛滥了。（来源：关于“严格、有序、简化的认真管理是实现超越的关键”的座谈纪要，2013）

云是管理哲学，雨是经营活动，雨流到地上，一定要汇集到沟里面去，否则它就不能发电。这条沟在西方公司给我们提供的顾问文件里已经挖好了，但是我们没有读懂。华为公司可能有一些小溪流，已经形成了管理，但不是端到端的，有些是段到段的。这一段好像很优秀，但要翻一个大墙才流到下一段去，所付出的代价其实和这个沟没有挖是差不多的。我们现在最重要的就是要挖这条沟，要让这些段到段的流程，能够端到端地贯通。（来源：任正非在德国LTC教导队训战班座谈会上的讲话，2014）

20年来，我们花费十数亿美元从西方引进了管理。今天我们来回顾走过的历程，我们虽然在管理上已取得了巨大的进步，创造了较高的企业效率，但还没真正认识到这200多年来西方工业革命的真谛。所以我提出了“云、雨、沟”的概念，就是所有的水都要汇到沟里，才能发电。这条沟在IT S&P、IPD、IFS、ISC、LTC、CRM等的序言中已有描述，我们还没有深刻理解。没有挖出这么一条能汇合各种水流的沟，还没有实现流程的混流。我们现在就是要推动按西方的管理方法，回溯我们的变革，并使流程端到端地贯通。（来源：任正非在“蓝血十杰”表彰会上的讲演，2014）

“云、雨、沟”，我们首先要重视“沟”这个平台的建设。以前的改革总是说要优化流程，但不知道目标方向，反而让流程变得更复杂。现在我们的目标方向越来越清晰，在三年内实现账实相符、五年实现“五个1”，这才会使作战权力前移成为可能，实现“班长的战争”。（来源：任正非在“从中心仓到站点打通”工作汇报会上的讲话，2015）

17.2 不断改良，先立后破，无穷逼近合理

17.2.1 管理变革的“七反对”原则

坚决反对完美主义

管理的改革是永无止境的。到了我们的管理工程验收的时候，我们又面临着如何在更高层次深入管理改革的问题。除非到我们公司破产的那一天，我们才可能不要管理改革，这一点决不会动摇。（来源：任正非 8 月 26 日在MRP II推行协调会上的讲话，1996）

华为公司从创办到现在，从来没有追求完美，追求完美我们就根本动不了。我们在推行各种政策时，只要大的环节想明白就推行，然后在推行过程中慢慢优化。华为企业文化的一个特征是，只要有新增长点就不能追求完美，追求完美就不可能有增长点，一定要追求实事求是、可操作性、可运行性。（来源：《基本法》会谈纪要，1997）

我坚决反对完美主义，就是要以及时、准确、低成本地实现交付，反对画蛇添足，故意增加流程，延误了作业时间，造成高成本。在具体操作中，我们强调在保质保量及时交付的基础上，一次把事情做好。（来源：《改变对干部的考核机制，以适应行业转型的困难发展时期》，2006）

坚决反对盲目创新

我们的价值评价体系里面既有英国的规范化管理，又有美国的创新精神，因此我们公司最后不会像英国一样做得很死板。那么我们公司要求面对流程，要求规范化管理，大家认为规范化管理会不会把华为公司管理得跟英国一样

呢？中国人的劣根性之一就是永远不愿规范，盲目创新是我们不灭的灵魂。中国人老是想这个会了，再搞搞那个，好奇心是中国人的特征。即使我们推行规范化管理后，中国人的创新精神仍是压也压不住的火花，不过创新不像以前那么幼稚了，而是有序的、有价值的创新。（来源：《创业创新必须以提升企业核心竞争力为中心》，1999）

要处理好管理创新与稳定流程的关系。尽管我们要管理创新、制度创新，但对一个正常的公司来说，频繁地变革，内外秩序就很难安定地保障和延续。不变革又不能提升我们的整体核心竞争力与岗位工作效率。变革，究竟变什么？这是严肃的问题，各级部门切忌草率。一个有效的流程应长期稳定运行，不因有一点问题就常去改动它，改动的成本会抵消改进的效益。（来源：《华为的冬天》，2001）

我非常反对盲目创新。由于冲动，以及没有严格的认证、试验，会使破坏性的创新纳入使用，造成体系运行的迟滞。我们在变革的过程中，要大力提倡改良，谨慎使用改革。不要为了创新而创新，为了表明自己能干就改一下，一改就是流程运行的高成本。这一点至少在管理体系上要落实下来，成熟的体系为什么不引进使用？为什么要盲目创新？英国人习惯渐进式的变革，有350年稳定的历史，形成了稳定而优良的发展体系。要是英国人老创新，老革命，就把轨道创到地狱里面去了。一个稳定的体系，才能保证良好的运作和低成本，所以，我们在管理体系上坚决反对盲目创新。更要反对“自主创新”，好的东西都要引进来使用，要最小量地开发，获得好的管理方法。（来源：《改变对干部的考核机制，以适应行业转型的困难发展时期》，2006）

我们要变革的量只有5%或者更少，95%情况下都应该是规范的，稳定的，不要盲目去创新。这样对于5%的不规范的部分，允许探索与变革，其目的就是要促进发展。我认为，我们在某个时期会强调这样，在另一个时期我们会强调那样，其实那就是变革那5%。所以，我们的目标方向是很清晰的，就是必须要发展，不发展就是死亡。如果我们说100%都变就会有发展，我认为没有可能性。100%都变了以后未必会有发展。打乱了全局的互联，走向一种新的平衡是极其艰难的，而且混乱中，效益低下，不会有提高的。大刀阔斧变革，是痴人说梦。（来源：《人力资源工作要为业务发展服务，不能走向僵化》，2008）

在管理和流程上要坚决反对盲目创新，要在原有的基础上不断改良和优化。我们要持续百年地不断改良，不要随意地改革，改来改去的。只有历经数年充分认证，才能进行必要的革命。坚持百年，我们不死就是胜利。（来源：《从汶川特大地震一片瓦砾中，一座百年前建的教堂不倒所想到的》，2008）

坚决反对烦琐哲学

我们要坚决反对形而上学、幼稚浮躁、机械教条和唯心主义。在管理进步中一定要实事求是，特别要反对形左实右：表面看上去做得很正确，其实效率是很低的。（来源：《华为的冬天》，2001）

我反对烦琐哲学。把流程做得复杂得很，复杂的目的是要显示自己的能力，消磨公司的生命。一将功成万骨枯。为了证明你能耐，不惜公司的流程在烦琐中运行，我是不容忍的。（来源：《改变对干部的考核机制，以适应行业转型的困难发展时期》，2006）

华为公司做了一个弄不明白的所谓大管理，然后越来越复杂。未来每个改革都是对全流程，看哪些地方可以形成管理节点，能否在概念上融合起来。我们最终就是要做到账实相符，然后公司内部管理就清晰化，也简化了。（来源：关于“严格、有序、简化的认真管理是实现超越的关键”的座谈纪要，2013）

坚决反对没有全局效益提升的局部优化

局部管理的创新，应看它是否有利于全局的进步。我们已进入一个稳定发展时期，那种管理上的大胆探索不能提倡。（来源：《管理工作要点》，2003—2005）

我反对没有全局效益提升的局部优化，这样的优化对最终产出没有做出贡献，所以我主张保持稳定，不要去修改它，否则增加了改进的工作量与周边协调的工作量，这也是成本。我更反对没有全局观的干部主导变革，这样的人主导工作，会使流程扭曲来、扭曲去，越改越糟。我们选拔干部管变革时要先看能不能管理全局变革。（来源：《改变对干部的考核机制，以适应行业转型的困难发展时期》，2006）

坚决反对没有全局观的干部主导变革

流程变革必须以有成功业务实践经验的干部为主，流程专家为辅，聚焦主业务流，从业务作战一线开始展开。（来源：EMT 决议[2008]030 号）

存在就是相对合理，千万不要在自认为最优的盲目冲动下，乱推行变革。不管你是否可能产生最优方案，即使真正能产生，也不能停止正在进行的逐步优化的活动。这些胡指挥的人，都是没有实践经验的，拿公司生命开玩笑。（来源：关于“严格、有序、简化的认真管理是实现超越的关键”的座谈纪要，2013）

坚决反对没有业务实践经验的人参加变革

反对没有业务实践经验的人参加变革。在自己所服务的业务中不懂得业务，怎么会有变革经验？一定要有实践经验。（来源：《改变对干部的考核机制，以适应行业转型的困难发展时期》，2006）

不要有变革亢奋症。……现在我们可能会有一个问题：就是华为公司内部员工的变革亢奋症。这种亢奋症，会让我们变革的速度太快，什么都没有准备好，他们在兴奋之下，就推动飞机起飞了，我担心飞机到了天上就没有油了。我们的员工是很年轻的，现在有了变革这艘大船，他们好不容易上来了，坐在大船上，到了这个位置，他们误认为自己是世界领袖，他们着急得很，希望能在一个晚上把公司推到世界第一，从而证明自己是世界领袖。（来源：《变革最重要的问题是一定要落地》，2007）

坚决反对没经过充分认证的流程进入实用

坚决反对没经过充分认证的流程进入实用。变革要在原来实际运用的基础上加以改良，切忌大刀阔斧。提上来的干部如果随意推翻过去的流程，改革力度过大，要立即免职，避免管理出现大的振荡，造成高成本。任何变革项目的立项，必须由需求这个流程的有关领导及部门参与立项的评议与审批。在拟好变革的流程制度后，要得到使用部门的评议、表决，之后要进行各相关口的人员参加认证。只有在此基础上，才允许进入试用状态。变革任务的承担部门，是一个工具，不允许大权独揽，独断专行。（来源：《改变对干部的考核机制，以适应行业转型的困难发展时期》，2006）

17.2.2 不断改良，不断优化，无穷逼近合理

对于过去的规章制度，持“祖宗之法不可变”的态度是错误的，但“变法”一定要保证科学性，要保持不断的协调，要先“立”后“破”，这样才能避免旧的已经废除，新的还未产生，制度上的真空地带引起混乱。要吸取现代科学精髓，但也要重视老方法。公司在组织变革上，要采取“补台”而非拆台的政策，赞成改良，不希望“天翻地覆”的改革。（来源：任正非在中央研究部干部就职仪式上的讲话，1995）

未来信息产业将越来越大，越来越复杂，管理不开放是越来越不可能了。我们不能回避矛盾，必须积极开展管理上的创新，去迎接未来的机会与挑战。每个员工从现在起，就必须做出真正实意的承诺，脚踏实地，一步一个脚印，一点一滴，循序渐进，去努力改进我们的管理，提高我们管理的能力与有效性。只有这样，我们才能到达成功的彼岸。（来源：《再论反骄破满，在思想上艰苦奋斗》，1996）

我们应该放慢速度一步步走，就是我们一定要否定好大喜功，否定全面胜利。华为公司从来就没有全面胜利过，组织改革改了两年了，还在改，还没有改到制造系统。因此，一点点进步是非常重要的，不要急于全面进步，全面作战的最终结果就是我们自己提心吊胆。如果没有预备队，没有对问题最严重最坏的情况做出考虑，全面压上去后，一旦失败，就会产生连锁性的情绪化波动，这一点要请大家注意。我们宁可放慢速度，不要急于求成。（来源：任正非 8 月 26 日在MRP II推行协调会上的讲话，1996）

坚持以流程优化为主导的管理体系的建设。不断地去优化非增值流程与增值流程，不断改良，不断优化，无穷逼近合理。小改进、大奖励，是我们长期坚持的方针。（来源：《大树底下并不好乘凉》，1999）

公司组织的调整与建设是改良，不是改革，是渐进式的，不是疾风骤雨式的，要有张有弛，把握节奏。（来源：《华为的机遇与挑战》，2000）

在管理上，我不是一个激进主义者，而是一个改良主义者，主张不断地管理进步，一小步一小步地改进、一小步一小步地进步。任何事情不要等到问题成堆，才去做英雄弹指一挥间的“力挽巨澜”，而是要不断地疏导。即使别人误认为你没有抓管理的能力，也不能为了个人名声而去“大刀阔斧”。（来源：《活下去，是企业的硬道理》，2000）

尽管我们要管理创新、制度创新，以不断提升公司整体核心竞争力与岗位工作效率，但对一个正常的公司来说，常变革，内外秩序就很难得以安定地保障和延续。改革，究竟改什么？这是十分严肃的问题，各级部门切忌草率行动。一个有效的程序应长期稳定运行，不因有一点问题就常去改动它，改动的成本会抵消改进的效益。各级领导一定要把好这个关，宁可保守一些，也不可太激进，缺少主见，变成了群众主义。（来源：《为什么要自我批判》，2000）

华为公司老喊“狼来了”，喊多了，大家有些不信了。但狼真的会来了。今年我们要广泛展开对危机的讨论，讨论华为有什么危机，你的部门有什么危机，你的科室有什么危机，你的流程的那一点有什么危机。还能改进吗？还能再改进吗？还能提高人均效益吗？如果讨论清楚了，那我们可能就不死，就延续了我们的生命。怎样提高管理效率？我们每年都写了一些管理要点，这些要点能不能对你的工作有些改进？如果改进一点，我们就前进了。（来源：《华为的冬天》，2001）

“小改进、大奖励”是我们长期坚持不懈的改良方针。应在小改进的基础上，不断归纳，综合分析。研究其与公司总体目标流程的符合，与周边流程的和谐。要简化、优化、再固化。要以贡献率的提高来评价改进。（来源：《管理工作要点》，2001）

我们已经成熟的管理，不要用随意创新去破坏它，而是在使用中不断严肃认真地完善它，这种无生命的管理，只会随时间的推移越来越有水平。一代一代人死去，而无生命的管理在一代一代优化中越来越成熟。（来源：《产品发展的路标是客户需求导向，企业管理的目标是流程化的组织建设》，2003）

任何创新都是必须支付变革成本的，总成本大于总贡献的创新是有害于公司的。而且公司已经积累了这么多管理程序，随意的创新是对过去投入的浪费。（来源：《持续提高人均效益，建设高绩效企业文化》，2004）

改进管理是一个持久持续的过程，不要太激进。如果我们每年进步 0.1%，100 年就能进步 10%，持续长久改进下去是非常了不起的。（来源：任正非在BT系统部、英国代表处汇报会上的讲话，2007）

我们不要忌讳我们的病灶，要敢于改革一切不适应及时、准确、优质、低成本实现端到端服务的东西。公司的运作虽然这些年相对于最初的粗放运作，有了较大的进步，但面对未来市场发展趋缓，要更多地从管理进步中要效益。我们从来就不主张较大幅度的变革，而主张不断地改良。我们现在仍然要耐得住性子，谋定而后动。（来源：《深淘滩，低作堰》，2009）

华为公司创立 20 多年来，实际上没有停止过变革，但是我们不主张大起大落的变革，这是要付出生命代价的……我们这么多年的变革都是缓慢的、改良式的变革，大家可能不感觉在变革，变革不能大起大落，不是产生一大堆英雄人物叱咤风云就算变革，这样的话公司就垮了。为了你一个人的成功，我们万骨都枯了。（来源：任正非与IFS项目组及财经体系员工座谈纪要，2009）

英国光荣革命与法国大革命相比，我更赞成英国光荣革命。英国光荣革命就像扁鹊长兄治病一样无声无息，英国就改革完了。200 多年前的法国是拿破仑时代，它差点把英国消灭了。300 多年前，那个时候英国弱势，法国强势。英国就爆发了光荣革命，大地主、大资产阶级和国王讨价还价，要争取自己的权利，限制国王的权力，就出来了君主立宪、王权虚设、临朝不临政的运作机制。英国一个人没死，光荣革命就完成了，就出来了英国的议会制度。资产阶级民主带动英国蓬勃发展，在随后的 100 多年时间里，把全世界几乎占完了。而法国大革命轰轰烈烈，血流成河啊，让作家找到了兴奋点，热血澎湃，出来好多好作品。人们记住了法国大革命，忽略了英国光荣革命，但是英国发了大财，把全世界都占了。法国内斗了一二百年。（来源：任正非和广州代表处座谈纪要，2013）

华为坚决不能有激进的改革，任何东西都有继承性，要缓慢地改变。存在就是合理。我们不要用理想化的改革，乱变动现实。我一贯是“改良”，而不是“改革”。我们可不要再幻想彻底推倒一切重来，那是口号，不是真正的商业模式。十进制的改革是不会有效果的，我不在乎别人如何改革，我们不能这样做。（来源：任正非在2013运营商网络BG战略务虚会上的讲话及主要讨论发言）

改革不能急于求成，一点点慢慢走，我们提出可以用5~10年时间来逐步实现。如果改革快了，上线和下线都找不到对口，流程关节就断了；而且走快了容易摔跤，再爬起来修复账务、修复业务要花很多精力。希望大家认真付出努力，一年比一年进步，总有一天，我们的管理会赶上西方公司。（来源：任正非在监控重装旅座谈会上的讲话，2015）

17.3 管理变革的关键是落地

17.3.1 坚定不移地把管理变革进行到底，这是我们走向国际化的根本保证

所有新员工进入公司的时候，在新员工培训中心要接受流程培训，这个流程不光是IPD，还包括采购供应链的流程重整、任职资格的流程重整等。要告诉他们我们公司在最近这两年要发生天翻地覆的变化，叫作适者生存，逆者亡，也就是说只要不跟着这个潮流走，你可能就没有工作岗位和位置。必须要学习和适应我们这套管理的流程，全公司要有一种危机感，你只要不跟随这个转换，你可能就没有了岗位、可能就没有了工作机会，因此要使每个人在不同的岗位上、不同的条件上得到不同形式的学习和教育。（来源：任正非在IPD第一阶段最终报告汇报会上的讲话，1999）

变革中虽然有困难，但我们还是要坚定不移地把变革进行到底，这是我们走

向国际化的根本保证。推行IPD、ISC给我们带来一些困难，有时候也会动摇我们的信心，但我们还是要搞。我们认为坚持一下就是胜利，这样就能和别的公司拉开差距。有人说，人家不搞IPD、ISC也照样好好的。但我们也看到，他们没有一样比我们做得更好。因此说，IPD、ISC还是可以让我们做更大的产品。有人也埋怨，我们的效率低了，但大家有没有发现，我们最近这几年，大家的工资涨了一点，工作量却降了一点？这不说明效率提高了？因此，IPD、ISC还是有好处的，我们还是要坚定不移地把变革进行到底。（来源：《静水潜流，围绕客户需求持续进行优化和改进》，2002）

为什么我们要搞IPD、ISC和财务的IT？为什么我们引进这些东西时，要讲一些哲学、历史、社会学？就是为了让大家理解，任何一种新制度的产生和推行，都需要一定的环境和土壤。在什么样环境的土壤里新制度才能生存？之前老师讲IBM是在濒临破产时才开始重整的，IBM的改革成本是华为公司不可能支付的，华为公司不可能到了那一步才进行改革。我们要未雨绸缪，加快我们的改革步伐，在新的一年里，全面地推行已经为前人证明了的IPD、ISC管理制度。（来源：《我们未来的生存靠的是质量好、服务好、价格低》，2002）

任何一个变革最重要的问题是一定要落地。不能落地也不能上天，浮在中间，那是什么用也没有。因此我们认为，任何一个变革，不在于它的开工，不在于它的研讨与推行，而在于这个项目能否落地，能否真正地起到切实的作用。（来源：《变革最重要的问题是一定要落地》，2007）

公司变革管理面临的最大挑战是跨功能部门的集成，要系统管理各变革项目相互间的结合部和关联关系，最终形成公司管理体系的端到端“龙骨”。（来源：EMT纪要[2014]005号）

自发性的革命可能需要5000年，贯彻性的革命也许只需30年。“推”是必要的，但不是机关的一批书生纸上谈兵去“推”，而是把一批拥有一线实践经验的将军循环回来去“推”。机关干部要循环流动，要让有真本事的人上来指挥战争。变革要推拉结合，要和一线业务相结合，一线要有变的动力。今后要强化对一线的盈利考核、运营效率考核，让一线认识到变革对自身业务改进的价值，加强一线对变革“拉”的动力，从“要一线变”转变为“一线自己要变”。面向客户的业务流变革包括了多个项目，这些变革项目在一线落地时要根据业务流总体方案进行适当的组合与打包，别九龙治水。代表处是火车站，要让铁路、公路都通到这个火车站。可以选择一两个代表处进行综合变革，将各变革项目的落地在这个代表处进行综合，培养各方面的力量，积累综合变革经验。（来源：《简化管理，选拔使用有全局观的干部，数据及信息透明》，2014）

变革要扎扎实实，推进不能急躁。变革节奏我不会逼你们，宽度、深度、进度由你们自己决定。我接受变革可以慢一点，我现在讲话，好多是讲 5~10 年，也可能你们说不要 5~10 年，那我没有催促你们啊，就希望能一点点反映出来我们的进步就行了。变革不是一下子就见实效，收益不是很快体现，关键是要打通。（来源：任正非在变革战略预备队及进展汇报座谈上的讲话，2015）

最后一公里的IT建设，能保证我们变革成果被固化下来。IT系统一定要产生对未来的支持（来源：任正非在变革战略预备队及进展汇报座谈上的讲话，2015）

LTC变革落地后，我最担忧的就是“回潮”。如果没有IT支撑，变革就容易产生倒退、回潮。我们一定要逼着IT超前往前走，把工具齐全化，就是你一上网就是IT了。IT操作就换守城部队上去，他们不知道过去怎么操作的，上来只会按新的流程规范操作。或者，让过去操作的人，去打一场仗再回来。不是回到原岗位，而是换到别的岗位。这样就复辟不了，LTC变革就真正落地了。（来源：任正非在变革战略预备队进展汇报上的讲话，2015）

17.3.2 变革要先易后难

通过小国综合管理变革，我们要有一批真正有真知灼见的人成长起来。我们要建一个战略预备队，就是从公司抽一些有实践经验的基层员工，包括GTS、财务、供应链等一批有志青年上战场。在小国实现了LTC落地、账实相符和“五个1”以后，一批攻城部队就往中等国家走，留下一批守城部队负责经营。这样我们从小国，到中型国家，到大国，全球会战完了，三年你不就从士兵到将军了吗?（来源：任正非在德国LTC教导队训战班座谈会上的讲话，2014）

变革推行和账实相符的推进一般是先易后难，比如，今年实现小国的账实相符，培养和选拔100个金种子；第二年把这些金种子种到中等国家去，中等国家账实相符，同时扩大金种子的规模与层级；第三年让这些种子去大国开花、结果，实现大国的账实相符。当然，从小国还是大国开始工作比较容易，由你们来定。这样三年我们在全球实现账实相符。若纯粹靠财务来实现账实相符，是不现实的，因为他们没有实战经验。可以从供应链找一批12级（华大认证过）左右有实践经验的老员工，英语又过了关；以及GTS的老员工，他们在管理上有经验；再从财务找一批优秀的种子，经过华为大学的培训、考试以后，组成“混凝土”工作队。在容易的地方开始实战，同时训练、培养干部，到第三年大会战时一定要出一批将军。（来源:《三年，从士兵到将军！》，2014）

将来管理变革应该是两批人，一批是攻城部队，一批是守城部队。当一个国家的流程打通以后，变革部队要一分为二,一部分去继续攻城，一部分留下守城。守城部队也有相应的守城薪酬标准待遇，不一定是低薪。小国守城部队守住了城，将来也可以到中等国家、大国去参加守城。（来源：任正非在小国综合管理变革汇报会上的讲话，2014）

小国容易做到综合治理，大国综合治理难度大，管小国的人搞明白后，再来

治理大国，才会对综合变革有清晰的思路。（来源：任正非在“从中心仓到站点打通”工作汇报会上的讲话，2015）

对于变革目标设定，要有现实主义精神，不要追求理想主义。公司应该围绕一个近期目标来变革，这个目标就是今天比昨天进步了，同时横向来看，比别人还先进一点。现实的标准是在变化的，变革没有一个绝对的成功标准。我们今天的现实问题就是流程不通、信息不通、效率不高，相对好了就行。（来源：任正非在变革战略预备队誓师及颁奖典礼上的座谈纪要，2015）

17.3.3 要加强变革战略预备队建设，巩固管理变革的成果

内部人才市场、战略预备队的建设，是公司转换能力的一个重要方式，是以真战实备的方式来建立后备队伍的。内部人才市场，是寻找加西亚与奋斗者的地方，而不是落后者的摇篮。内部人才市场促进的流动，不仅让员工寻找自己最适合发挥能量的岗位，也是促进各部门主管改进管理的措施，流动就焕发出生命力。（来源：《用乌龟精神，追上龙飞船》，2008）

变革实际上就是改朝换代，要加强战略预备队的建设，特别是高级干部，更要让他们卷进来。变革战略预备队要大，不仅是变革队伍自己用，还要给别的部门输送。战略预备队到底在哪些地方培养？培养多少？你们要有计划和预算。要扩大变革战略预备队的数量和种类，根据岗位种类来建立不同种类的战略预备队。不同层次的人在不同的澡池里洗澡，而且允许不同层次的人混在一个池子里面一起洗澡，让不同层次的人也可以交流和沟通。（来源：任正非在变革战略预备队进展汇报上的讲话，2015）

我们不仅重视攻城部队的培养，还要注重守城部队的培养。下一步，一定会出现攻城部队、守城部队相分离的情形。变革正在落地，攻城部队、守城部队已

经进入作业状态，要合理地使用人。守城部队要根据岗位特点，允许有实践经验的专科生承担。我们选拔一批优秀的技师进入实践岗位，做几年以后，又产生一批守城部队，巩固这次变革。如果变革成果不能巩固，最终可能会被老方法“复辟”。我们下定决心，不准“复辟”。（来源：任正非在合同场景师建设思路汇报上的讲话，2015）

现在是变革的攻坚期，在这个历史阶段，我们有可能要乔太守乱点鸳鸯谱，看到干部不合适，就换合适的上去，一定要把这个城攻下来。换下来的干部就进战略预备队，让战略预备队去检验他。城攻下来后，守城部队一定要上去。守城部队，只要有基础能力和责任心，就可以很快胜任。要重视守城部队中几个关键岗位的后备培养，守城部队还是要强调用一些有实践经验的人。（来源：任正非在变革战略预备队进展汇报上的讲话，2015）

所有战略预备队都要有精气神，保持组织必胜的信心。你们看，变革战略预备队唱歌、起队名……看上去很幼稚，但只要坚持这种精神不断优化，总会找到一条路，这就是“精气神”。士气、斗志就是一层膜，当爆开以后，可能就进入另一种状态了。（来源：任正非在战略预备队业务汇报上的讲话，2015）

17.4 开放、妥协、灰度

17.4.1 开放、妥协的关键是如何掌握好灰度

我们处在一个变革时期，从过去的高速增长、强调规模，转向以强调效益的管理变革，以满足客户需求为目标，从而获得持续生存的能力。在这个变革时期，我们都要有心理承受能力，必须接受变革的事实，学会变革的方法。同时，我们要有灰色的观念，在变革中不要走极端，有些事情是需要变革，但是任何极端的

变革，都会对原有的积累产生破坏，适得其反。（来源：《持续提高人均效益，建设高绩效企业文化》，2004）

开放、妥协、灰度是华为文化的精髓，也是一个领导者的风范。中华文化之所以活到今天，与其兼收并蓄的包容性是有关的。今天我们所说的中华文化，早已不是原教旨的孔孟文化了，几千年来已被人们不断诠释，早已近代化、现代化了。中华文化也是开放的文化，我们不能自己封闭它。向一切人学习，应该是华为文化的一个特色，华为开放就能永存，不开放就会昙花一现。在前进的路上，随着时间、空间的变化，必要的妥协是重要的。没有宽容就没有妥协；没有妥协，就没有灰度；不能依据不同的时间、空间，掌握一定的灰度，就难有合理审时度势的正确决策。开放、妥协的关键是如何掌握好灰度。（来源：《逐步加深理解“以客户为中心，以奋斗者为本”的企业文化》，2008）

一个清晰方向是在混沌中产生的，是从灰色中脱颖而出的，而方向是随时间与空间而变的，它常常又会变得不清晰。并不是非白即黑，非此即彼。合理地掌握合适的灰度，是使各种影响发展的要素在一定时期里达到和谐。这种和谐的过程叫妥协，这种和谐的结果叫灰度。（来源：《开放、妥协与灰度》，2010）

“妥协”一词似乎人人都懂，用不着深究，其实不然，妥协的内涵和底蕴比它的字面含义丰富得多，而懂得它与实践更是完全不同的两回事。我们华为的干部，太多比较年轻，血气方刚，干劲冲天，不大懂得必要的妥协，也会产生较大的阻力。我们纵观中国历史上的变法，虽然对中国社会进步产生了不灭的影响，但大多没有达到变革者的理想。我认为，面对他们所处的时代环境，他们的变革太激进，太僵化，冲破阻力的方法太苛刻。如果他们用较长时间来实践，而不是太急迫，太全面，收效也许会好一些。其实就是缺少灰度。方向是坚定不移的，但并不是一条直线，也许是不断左右摇摆的曲线，在某些时段中来说，还会画一个圈，但是我们离得远一些，或粗一些看，它的方向仍是直指前方。（来源：《开放、妥协

与灰度》，2010）

人与人的差异是客观存在的。所谓宽容，本质就是容忍人与人之间的差异。不同性格、不同特长、不同偏好的人能否凝聚在组织目标和愿景的旗帜下，靠的就是管理者的宽容。宽容别人，其实就是宽容我们自己。多一点对别人的宽容，其实，我们生命中就多了一点空间。宽容是一种坚强，而不是软弱。宽容所体现出来的退让是有目的有计划的，主动权掌握在自己的手中。无奈和迫不得已不能算宽容。只有勇敢的人才懂得如何宽容；懦夫绝不会宽容，这不是他的本性。宽容是一种美德。只有宽容才会团结大多数人与你统一认知方向，只有妥协才会使坚定不移的正确方向减少对抗，只有如此才能达到你的正确目的。（来源：《开放、妥协与灰度》，2010）

坚持正确的方向，与妥协并不矛盾，相反妥协是对坚定不移方向的坚持。当然，方向是不可以妥协的，原则也是不可妥协的。但是，实现目标方向过程中的一切都可以妥协，只要它有利于目标的实现，为什么不能妥协一下？当目标方向清楚了，如果此路不通，我们妥协一下，绕个弯，总比原地踏步要好，干吗要一头撞到南墙上？（来源：《开放、妥协与灰度》，2009）

在一些人的眼中，妥协似乎是软弱和不坚定的表现，似乎只有毫不妥协，方能显示出英雄本色。但是，这种非此即彼的思维方式，实际上是认定人与人之间的关系是征服与被征服的关系，没有任何妥协的余地。“妥协”其实是非常务实、通权达变的丛林智慧，凡是人性丛林里的智者，都懂得恰当时机接受别人妥协，或向别人提出妥协。毕竟人要生存，靠的是理性，而不是意气。“妥协”是双方或多方在某种条件下达成的共识，在解决问题上，它不是最好的办法，但在更好的方法出现之前，它却是最好的方法，因为它有不少的好处。妥协并不意味着放弃原则，一味地让步。明智的妥协是一种交换，是一种让步的艺术，为了达到主要目标，可以在次要目标上做适当的让步，妥协也是一种美德，而掌握这种高超的

艺术，是管理者的必备素质。（来源：《开放、妥协与灰度》，2010）

如何理解“开放、妥协、灰度”？不要认为这是一个简单问题，黑和白永远都是固定的标准，什么时候深灰一点，什么时候浅灰一点？领袖就是要掌握灰度。（来源：任正非在与法务部、董秘及无线员工座谈会上的讲话，2015）

公司这个结构就是互相制约，但又互相推动。纯粹的推动，没有刹车是很危险的，相反就会把车刹得死死的。如何走向一种辩证的关系？这就是保持开放、妥协、灰度，公司就会既充满活力，又平稳安全。（来源：任正非在与法务部、董秘及无线员工座谈会上的讲话，2015）

17.4.2　一个企业活的灵魂，就是坚持因地制宜，实事求是

解决僵化问题的唯一方法就是坚持实事求是。只要实事求是了，你就不会走错。我今天讲话的目的还是强调不要太僵化了。追求一个美的东西，看起来很美，但是没有用。我们要看起来不很美，但是很实用。要在规范化的基础上，实事求是地适应业务的发展，拿出一些措施和方法。（来源：《人力资源工作要为业务发展服务，不能走向僵化》，2008）

西方的职业化，是从100多年的市场变革中总结出来的，它这样做最有效率。穿上西装，打上领带，并非是为了好看。我们学习它，并非是完全僵化地照搬，难道穿上中山装就不行？我们20年来，有自己成功的东西。我们要善于总结我们为什么成功，以后怎样持续成功，再将这些管理哲学的理念，用西方的方法规范，使之标准化、基线化。这有利于广为传播与掌握并善用之，培养各级干部，适应工作。只有这样我们才不是一个僵化的西方样板，而是一个有活的灵魂的管理有效的企业。看西方在中国的企业成功的不多，就是照搬了西方的管理，而水土不服。一个企业活的灵魂，就是坚持因地制宜，实事求是。（来源：《深淘滩，低作

堰》，2009）

17.4.3 用规则的确定来应对结果的不确定

未来形势扑朔迷离。我们要用规则的确定来对付结果的不确定，这样不管形势发生什么变化，我们都不会手忙脚乱，沉不住气，没有主意。（来源：《市场经济是最好的竞争方式，经济全球化是不可阻挡的潮流》，2009）

首先，为什么我们要搞IFS？实际上我们要做一件事情，我们要以规则的确定来对付结果的不确定。我们对未来公司的发展实际上是不清晰的，我们不可能非常清楚公司未来能到哪一步，因为不是我们可以设计这个公司，是整个社会和环境同时都来设计这个公司。所以我们不可能理想主义地来确定我们未来的结果是什么，但是我们可以确定一个过程的规则，有了过程的规则，我们就不会混乱。由规则的确定来对付结果的不确定，这就是我们引入IFS的原因。（来源：任正非与IFS项目组及财经体系员工座谈纪要，2009）

在骨干流程上，我们要以规则的确定来对付结果的不确定。（来源：任正非与IFS项目组及财经体系员工座谈纪要，2009）

华为公司未来的胜利保障，主要是三点要素。第一，要形成一个坚强有力的领导集团，但这个核心集团要听得进批评。第二，要有严格有序的制度和规则，这个制度与规则是进取的。什么叫规则？就是确定性，以确定性应对不确定性，用规则约束发展的边界。第三，要拥有一个庞大的、勤劳勇敢的奋斗群体，这个群体的特征是善于学习。（来源：《遍地英雄下夕烟，六亿神州尽舜尧》，2014）

有人说现在修了“高速公路”，但没有业务规则，你们可以起草，然后征集所有相关部门意见，围绕业务目标“多产粮食、增加土地肥力”来形成共识。最后形成有效规则，每个部门都要遵守。什么是规则？具有确定性，不能随意更改。（来源：《依托欧美先进软件包构建高质量的IT系统》，2015）

不同国家、不同时间、不同场景，风险是不一样的，我们对各种情况应有预案，尽可能减少损失，确保我们的业务不保守运作。不能因风险我们就不前进了，也不能因前进而不顾风险。我们严格规定，绝不进行金融投机开展金融业务，绝不使用金融杠杆工具。我们不能在两条战线上同时冒风险。要踏踏实实地靠产品与服务的优质赚钱。（来源：任正非与英国研究所、北京研究所、伦敦财经风险管控中心座谈的纪要，2015）

17.5 管理变革的目的是多打粮食和提高土壤肥力

17.5.1 管理变革的目的是提升一线作战能力、多打粮食

通过持之以恒的改进，不断地增强组织活力，提高企业的整体竞争力，以及不断地提高人均效率，将是公司长期坚持的指导思想。（来源：《关于2003年经营及预算目标完成情况向董事会的述职》，2004）

价值的产生不完全在于成本降低，提高竞争力和盈利能力才是最主要的目标。我们的定位不是通过降低成本来提高竞争力。但在提高竞争力的基础上，我不排斥继续降低成本，只是把主谓关系调整一下。通过降价来提高竞争力是农民时代的商业模式，现在我们西装穿起来了，不是农民时代了，要把竞争力放在第一位，而不是把降成本放在第一位。我认为成本和质量是工业经济时代的产物和主要灵魂。今天已经不是工业经济时代，但我们还在延续工业经济时代的思维。价值的产生不完全在于成本的降低和质量的提升，我们的力量要有战略集中度，不要把力量用在不是特别有用的功能和性能上、用在不是特别有利于竞争力提升的东西

上。（来源：《力出一孔，要集中优势资源投入在主航道上，敢于去争取更大的机会与拉开更大的差距》，2011）

在未来变革过程中，我们要强调目的才是最重要的，目的就是要多产粮食、产生战略贡献和增加土地肥力，凡是不能为这两个目的服务的，都要逐步简化。变革最主要是围绕“为客户服务创造价值”来设立流程、制度，不能为这个中心服务的，我们都要简化。现在流程的烦琐，就是因为我们以前没有弄清楚目的到底是什么。（来源：《遍地英雄下夕烟，六亿神州尽舜尧》，2014）

衡量管理进步一定要有一把尺子，多产粮食；代表处订货没有增长多少，但利润增长了，其实就是管理在进步。我们要看现阶段能产生什么贡献，贡献是基于偶然性还是必然性，是可持续还是不可持续，就能得出一个大致的基线和规律，来衡量管理进步。（来源：任正非在变革战略预备队及进展汇报座谈上的讲话，2015）

改革的目的是作战。瑞典的“瓦萨”号战舰，这里装饰、那里雕刻，为了好看还加盖一层，结果出海风一吹就沉没了。我们要接受“瓦萨”号战舰沉没的教训。战舰的目的应该是作战。任何装饰都是多余的。我们在变革中，要避免画蛇添足，使流程烦琐。（来源：《坚持为世界创造价值，为价值而创新》，2015）

我们在管理上，永远要朝着以客户为中心，聚焦价值创造，不断简化管理，缩小期间费用而努力。任何多余的花絮，都要由客户承担支付，越来越多的装饰，只会让客户远离我们。因此，我们应明确任何变革都要看近期、远期是否能增产粮食。（来源：《变革的目的就是要多产粮食和增加土地肥力》，2015）

LTC落地验收的评价标准，首先一定要通，其次就看是否多产粮食，这样就挤掉很多水分，很多花样性的东西。产粮食是宏观目标，但是在具体考核中，要拿

出可分解的指标来。（来源：任正非在变革战略预备队进展汇报上的讲话，2015）

变革落地以后，流程相对标准化、简单化了，就可以减人。所以，变革不能光算财务指标贡献，还要讲人力资源贡献。也就是从等量价值贡献来看，能减多少人。（来源：任正非在变革战略预备队进展汇报上的讲话，2015）

变革的目的就是要多产粮食（销售收入、利润、优质交付、提升效率、账实相符、五个1等），以及增加土地肥力（战略贡献、客户满意、有效管理风险），不能对这两个目的直接和间接做出贡献的流程制度都要逐步简化。这样才可能在以客户为中心的奋斗目标下，持续保持竞争的优势。（来源：《变革的目的就是要多产粮食和增加土地肥力》，2015）

LTC、账实相符落地以及“五个1”目标实现，就是在筑篱笆墙，做制度化建设。我们在推行制度的过程中，已经提出了一些量化指标。比如，流程变革能否减少人力？在技术上，公司内部已经开源，研发的重复劳动减少了，研发人力能否减少？将来实现各种管理落地，管理人员能否减少一些？这些管理的简化，都是我们要解决的问题、奋斗的目标。（来源：任正非在监控重装旅座谈会上的讲话，2015）

过去华为变革没有目标，把管理搞得太复杂，增设了很多弯，增加了几万人。要慢慢收敛、慢慢精简。现在我们瞄准了目标，最终目的是多产粮食，不能多产粮食就没有意义。不能多产粮食的流程是多余的流程，不能多产粮食的部门是多余的部门，不能多产粮食的人是多余的人，我们围绕这个原则来简化管理。当然，增加土壤肥力的战略投入也是多产粮食。我们真正去执行，漏洞就减少了，流程的运行速度和人员的精简速度应该是加快了。所以，我们不能过度强调风险，设置过多的风险点。（来源：任正非在监控重装旅座谈会上的讲话，2015）

17.5.2 把危机与压力传递到每一个人、每一道流程、每一个角落

破釜沉舟，把危机意识和压力传递到每一个员工。通过无依赖的市场压力传递，使内部机制永远处于激活状态。（来源：《华为的红旗到底能打多久》，1998）

华为要用 5~10 年时间将内部关系合理地理顺，使之充满扩张的力量。不是制约与限制它的发展，也不是纵容它的扩张，而是管而不死，活而不乱，依规律行事。（来源：《要从必然王国走向自由王国》，1998）

首先讲讲什么叫作核心竞争力，如何增强核心竞争力。在《基本法》中，已经明确我们仅仅以网络设备供应商的面貌出现，而且为了成为世界一流的设备供应商，我们将永不进入信息服务业，这只是核心竞争力目标的一部分；公司各级干部不断强化自己的使命感和责任心，不断改善管理，提高管理效率，也是增强核心竞争力的一部分；研发系统从对成果负责制转化为对产品负责制，市场部集体大辞职开了公司自我批判的先河，使公司所有干部能上能下，胜任工作的能力越来越强，这都是增强公司的核心竞争力；生产系统不断从一点一点的小事改进，使工艺流程进步，行政服务系统把与公司关系不密切的系统逐渐社会化，这仍是提高公司的核心竞争力；我们要打击贪污、腐败现象，包括干部的惰怠，也是增强核心竞争力。（来源：《大树底下并不好乘凉》，1999）

“沉舟侧畔千帆过，病树前头万木春。”在世界大潮中，我们只要把危机与压力传递到每一个人，每一道流程，每一个角落，让效率不断提升，成本不断下降，我们就有希望存活下来。（来源：《在理性与平实中存活》，2003）

我们的光传输产品，七八年来降价 80%。市场经济的过剩就像绞杀战一样。绞杀战是什么呢？就如拧毛巾，这毛巾只要拧出水来，就说明还有竞争空间，毛巾拧断了企业也完了。只有毛巾拧干了，毛巾还不断，这才是最佳状态。华为公

司能长久保持这个状态吗？（来源：《人生是美好的但过程确实是痛苦的》，2008）

不能为客户创造价值的部门为多余部门，不能为客户创造价值的流程为多余流程，不能为客户创造价值的人为多余的人，不管他多么辛苦，也许他花在内部公关上的力气也是很大的，但他还是要被精减的。这样我们的组织效率一定会有提高，并直接产生相关员工的利益。因此，各级领导在变革自己的流程与组织时，要区别哪些是烦琐哲学，哪些是形式主义，哪些是教条，哪些是合理必需。（来源：《逐步加深理解“以客户为中心，以奋斗者为本”的企业文化》，2008）

17.5.3 利润一定是我们最后的目标

对不能直接进行效益考核的部门，强调自己和自己比，今天和昨天比。至少要提升5%的人均效益。你一定要有进步，不进步就下台。我们一天一天挤，水分会越挤越少，挤到一定程度，你就真正会进行末位淘汰了，你就不会在你管辖的范围袒护落后了。（来源：《改变对干部的考核机制，以适应行业转型的困难发展时期》，2006）

我们公司在前面20年是以规模为中心，是因为那个时候的规模很大，利润还比较丰厚，只要抢到规模就一定会有利润。但是现在我们正在发生改变。我们强调每个代表处，每个地区部，每条产品线，都必须以正的现金流、正的利润和正的人的效益增长为中心做进一步考核，我想三年内会发生比较大的变化。如果继续以规模为中心，公司会陷入疯狂。以利润为中心一定是我们的最后目标。（来源：任正非与PMS高端项目经理的座谈纪要，2009）

企业生产最主要的目标是服务客户获取利润，不是别的。我们走了20年，我们终于可以喊出这句话：我们经营结果以利润为中心了。但这个利润有近期的，有中长期的，有远期的。利润不是说今年收回来叫利润，再过10年收回来不叫利润，以利润为中心是我们公司管理改革一个很重要的着力点，组织、责任者等都可能由这个重点的改变而使公司整个组织改变。为什么我有信心呢？我认为这个改变最终的结果是，华为公司在这个生存时期会比昨天生存得好一点，其实就好一点点，我们就活过来了。生与死之间可能相差就一两秒钟。（来源：任正非 2009 年 3 月 25 日在后备干部总队例会上的讲话）

我们的业务量在增长，因此表面上人的效益是增长的。但是我们要看到，我们现在利润不是来自管理，而是来自增长，如果明天没有增长了，我们公司可能就利润为负、现金流为负了。我们现在就要在没有负增长之前，把内部效率提升起来。（来源：任正非在 2009 年 5 月 25 日 EMT 办公会议、5 月 26 日 HRC 会议上的讲话记录）

17.6 华为公司最大的浪费是经验的浪费

17.6.1 不断地总结经验，有所发现，有所创造，有所前进

华为诞生在这个时代，经历了 8 年的探索，所积累的宝贵的痛苦与愉快的经验教训给我们提供了更有力的机会，必将使我们更加适应这个潮流，成为这个潮流的弄潮儿。（来源：《目前形势与我们的任务》，1995）

科学家、企业家、政治家、种田能手、养猪状元、善于经营的个体户、小业主、优秀的工人……他们有些人也许生活比较富裕，但并不意味着他们不艰苦奋斗。他们不断地总结经验，不断地向他人学习，无论何时何地都有自我修正与自我批评，每日三省吾身，从中找到适合他们前进的思想、方法……，从而有所发明、有所创造、有所前进。（来源：《反骄破满，在思想上艰苦奋斗》，1996）

我们就要认真地总结经验教训，及时地修正，不断地完善我们的管理。当我们发展处于上坡阶段时，要冷静正确地看自己，多找找自己与世界的差距。（来源：《再论反骄破满，在思想上艰苦奋斗》，1996）

要总结和复制成功的管理经验。有人说华为最大的浪费是经验的浪费，有一定道理。各级部门要将一些环节好的管理方法、经验，通过案例化总结出来，开放在网上，让员工学习。也要把流程各环节的操作指导书写出来，开放给使用者、管理者、监督者。（来源：《大树底下并不好乘凉》，1999）

失败并不可怕，关键是要吸取教训。这么多的经验教训是我们最宝贵的财富，我们这些浪费最终要弥补回来，使我们真正找到一条评价员工的道路，这样损失才是值得的。（来源：任正非在HAY项目试点会议上的讲话，2000）

我们要善于总结经验，要开放。独联体地区部如果知道自己错在哪里，就一定能够成功。我们要进行自我批判，通过自我批判我们就知道自己哪里不对了，这样我们就会比别人强大。华为公司不是天生就是高水平，因此要认识到不好的地方，然后进行改正。一定要在战争中学会战争，一定要在游泳中学会游泳。（来源：《将军如果不知道自己错在哪里，就永远不会成为将军》，2007）

华为"以客户为中心"的核心价值观是我们永远不可动摇的旗帜。"蓝血十杰"是一批职业经理人，是将军。我们也需要一批各方面的统帅人物，需要在管理、研发等领域造就出一批战略家。战略家的目标永远是以为客户服务为中心。也要一批望星空的思想家，他们要能假设未来。只有有正确的假设，才有正确的思想；只有有正确的思想，才有正确的方向；只有有正确的方向，才有正确的理论；只有有正确的理论，才有正确的战略。（来源：任正非在"蓝血十杰"表彰会上的讲演稿，2014）

17.6.2 通过编写案例总结经验、共享经验、开阔视野

知识是平面的，它对事物的理解重在共性。你想想万千事物归纳出的知识，它的实用性有多少。而工作常常是个性的，因此，从学习案例入手，是知识能力比较强的人一种认识客观规律的方法，会使你进步较快。我们要善于总结，每一次总结，就是您综合知识结了一次晶。就像鱼网一样，每次总结都是做了鱼网的一个结，一丝一丝的知识，就由一个一个结结成了网。谁的结多，谁的网就大，谁的网大，谁抓的“鱼”就多。不光是成功要总结，失败也要总结。（来源：《要从必然走向自由》，2004）

现在是信息社会，知识很重要，更主要的还是视野……所以要把经验写出来，年轻人看了案例，上战场再对比一次，就升华了。电视连续剧《大工匠》里面的老师傅被称为八级工，拿锤子“铛”敲一锤是经验，但敲一百锤没有上升到理论高度，还是经验。我们有理论的人，敲一两次马上就明白怎么回事，这就是区别。现在你们要善于把经验写成案例，否则做完了沾沾自喜，经验还只留在你一个人脑子里，没有传承。（来源：任正非在重装旅集训营座谈会上的讲话，2013）

我们管理走过愚昧无知的道路，通过反复讲道理、反复向西方学习，终于会管理了。但现在没人去讲道理，只会敲键盘，将军成长的难度就更大了，所以要善于总结案例。（来源：任正非在重装旅集训营座谈会上的讲话，2013）

华大还是要坚持案例式的教学，案例有两种，一种是故事化的案例，让学员更容易看懂教材；一种是表格化的案例，可以帮助学员更好地掌握科学的方法，直接用在实际的工作里。（来源：任正非与华为大学教育学院座谈会纪要，2013）

每个人每个季度都要写案例，不写案例就写心得，多个心得叠加起来，就能写出案例来了。项目做完了不输出案例就等于浪费。当然，刚开始案例会越来越

多，但是最终案例还是要越来越少。比如你写了个案例，我写了个案例，他也写了个案例，最后去实践以后，再综合化，把三个案例归纳成一个，这就是案例的二次加工。就像书先是越读越厚，但最后是越读越薄。这样不仅案例应用便捷，服务的整体水平也随之成长了，人就进步更快了。（来源：《聚焦商业成功，英雄不问出处》，2014）

要建设3500人的网规网优专家队伍，你指望从外面招三五个我是相信的，但3500个专家主要是从我们这里产生的。每个人都要把自己做的事情写出来，贴到GTS的网上，共享了就有千百个专家出来了。做了一件事为什么不写一写呢？你只有把你的经验心得贴在网上，才能促进专家队伍的成长。我们要培养专家，大家就要开放自己的心得。你在处理这件事情的时候有什么心得，也可能是错的，共享出来，可能就有人批判你，觉得不对的地方，可以做个注释。等你退休的时候完全可以好好写本书，还可以赚点稿费。你搞实践的不写个为什么，搞开发设计的就永远都不知道这个东西有问题，我们就永远停留在最低水平上。所以要加大经验开放共享。（来源：任正非在GTS网规网优业务座谈会上的讲话，2014）

17.6.3　通过训战结合，培养掌握综合变革方法的金种子，播撒到各地去生根开花结果

要改变封闭式培训的习惯，转变为在流程操作过程中言传身教的导师制。优秀的导师是我们的干部预备队。我们以前是关起门来培训，回去以后还是走到老路上，所以我们要将封闭式培训转变到实际操作中，一步步改变工作中的不良习气和恶劣方法。（来源：《大树底下并不好乘凉》，1999）

建立金种子计划，通过实践比如iSales[①]、配置打通、交付上ERP，一个个国家

① iSales，销售流程的IT主平台。

推，成功了，就一分为二，就从这个地方补充到其他国家打仗去。新的打了胜仗以后，又产生一批人，就这样干部螺旋式洗澡，把优秀的人洗上来了，培养金种子。一大批新的干部提拔，都是有成功实践经验的，为什么不能接管代表处？为什么不能接管华为公司的总部？要雄赳赳、气昂昂杀回总部来。谁说二十几岁不能当将军？（来源：任正非在公司内控与风险管理“三层防线”优化方案汇报的讲》，2014）

训战结合就是训练和作战是一回事。所有训练的表格要和我们实际操作的表格是一模一样的，代码、标识符等也是一模一样的。我们现在就是要把赋能简单化，简单化就是我不给你讲原理，我直接给你讲作战，那么有没有人能悟出原理呢？悟出原理的将来就是战略家。训战结合的赋能和考试全以沙盘为中心。比如，在德国代表处建立教导队来培训，参加人员包括做账实相符、LTC、“五个1”工程的综合管理的员工。准备变革的代表处来几个人学习，将代表处沙盘带来，做作业、考试都以沙盘为中心。在现实工作中，我们不主张多考试，因为浪费实战时间。但是在华大培训，主张多考试，一个星期至少考三次。培训结束之前，先把你自己的沙盘讲清楚，毕业后带着沙盘回去，一边实践，一边修改，最后看结果。（来源：任正非在华大建设思路汇报会上的讲话，2014）

华为通过二十几年的作战，摸着石头过河，成长到今天不容易。如果我们采取循环作战的方式，把一部分员工抽回来赋能，再走向战场，他们一定比现在厉害。钢铁战士不经过培训，如何能当将军？赋能不是关起门来学习，要训战结合。华为大学培训和实际作战时所使用的素材（包括表格、代码、流程、标识符、格式等）要完全一致，不能只教授原理，应该教如何做。我看过德国的技工培训，先手工挫一个零件，零件要拿去实用，再来学理论，所以德国机械工业无敌于天下。（来源：任正非在关于重装旅组织汇报会议上的讲话，2014）

通过训战结合，让主管学会去正确地做事、做正确的事。我们现在满腔热情，离职业化的道路还有距离。所以我们要通过训战结合来选拔干部，选拔以后，放到最困难的项目去干一干。干好了，当地就会对你有评价，你就一层层地升上来了。所以涨级不会仅仅因为考试考得好，还要根据在作战过程中的贡献。（来源：任正非在监控重装旅座谈会上的讲话，2015）

不要总是认为他们能力不够，左挑右挑，可以找一些“高僧”去指点，让种子们在实践中成长。烧不成“瓷器”，烧成“砖”也是胜利，砌“万里长城”也是需要“砖”的。第一，我们要发现善于学习的年轻苗子，在互联网时代，学习是零距离、零时间限制的，年轻人进步成长非常快。第二，我们要承认原来改革者的伟大贡献，因为当时没有人指导他，他不明白，是摸索出来的。现在通过战略后备队来培养，又有高僧指点，会成长得更快。第三，还要考虑到把艰苦地区的员工卷进来，关怀员工的整体合理化成长。（来源：任正非在“从中心仓到站点打通”工作汇报会上的讲话，2015）

17.7 世界上只有善于自我批判的公司才能存活下来

17.7.1 “惶者生存”，不断有危机感的公司才能生存下来

华为公司发展到目前的规模，面临的挑战只会更大。要么停滞不前，逐渐消沉，要么励精图治，更上一层楼，在世界一流企业之林占一席之地。正所谓不进则退，成功不是走向未来的可靠向导，我们需要将危机意识更广、更深地传播到每一个华为人身上。谁能把我们打败？不是别人，正是我们自己。如果我们不能适时地调整自己，不去努力提高管理素质、强化管理能力，不将艰苦奋斗的传统保持下去，我们就会把自己打败。古往今来，一时成功者众多，持久的赢家很少。失败的基因往往在成功时滋生，我们只有时刻保持危机感，在内部形成主动革新、适应未来的动力，才可能永立潮头。（来源：《胜则举杯相庆，败则拼死相

救》，1997）

我们从小公司发展到今天的较大公司，一直是摸着石头过河。但我不希望我们掉到河里去，也不希望我们摸错了方向，所以必须避免管理幼稚病。与华为的过去比，我们的进步是很大的，但如果我们沾沾自喜满足于今天的进步，就不会有明天的辉煌。我们要不断地自我批判，不论进步多大，都要自我批判。世界是在永恒的否定之否定中发展的。（来源：《以IT推动管理进步》，1998）

我们在关键流程的改革中，有些人不了解业务流程却去开“流程处方”，流程七窗八孔地出问题，这也反映了幼稚病。编码标准化工作上也有同样的问题，听过编码工作汇报后，我实在担心：在这样的编码系统上如何实施我们的IT。其实华为各级管理部门都存在幼稚病，各级机构没有建立体系，不能正确认识管理体系存在的问题，不先反管理幼稚，改革的失败机会将多于成功。搞体系建设，先要站在自我批判的角度，不能故步自封，否则我们就不能成功地引进和实施IT。（来源：《以IT推动管理进步》，1998）

华为要不断进行自我批判，抛弃一切可以抛弃的东西，虚心向业界最佳学习。中国人就是因为太聪明了，5000年都受穷。日本人和德国人并不比中国人更聪明，但日本人和德国人比中国人富裕不知道有多少倍。中国人如果不把这个聪明规范化起来的话，将是聪明反被聪明误。（来源：《IPD关系到公司未来的生存与发展》，1999）

自我批判是掘松管理土壤，使优良管理扎根生长的好办法。（来源：《管理工作要点》，1999）

华为公司到底能活多久？如果从华为公司的现实来看，是一天不改进就会死亡，多改进一天，生命就多延长一天。只有我们不断去改进，生命才会不断延长。

包括比尔·盖茨都说微软离破产只有18个月，也不敢说三年后他的公司是什么样子，更何况华为公司连管理体系都没有建立起来，能盲目乐观吗？（来源：《大树底下并不好乘凉》，1999）

华为还是一个十分年轻的公司，充满了活力和激情，也充塞着幼稚与自傲，管理也还不够规范。如果故步自封，不自我批判，就会走向失败、走向死亡。（来源：《把过去的失误领回去，把明天的希望鼓起来》，2000）

自我批判是为了优化进步和建设发展而不断地超越自我，以有利于公司去除一切不能使先进文化推进的障碍，以有利于公司建立一个合理的运行程序，促进公司整体核心竞争力的提升。（来源：《把过去的失误领回去，把明天的希望鼓起来》，2000）

我们的管理系统，是从小公司发展过来的，从没有管理，到粗糙的管理；从简单的管理，到IPD（集成开发）、ISC（集成供应链）、财务的四统一、IT的初步建设。公司的管理正在走向职业化、规范化，正在走向与国际接轨。如果我们不是不断地自我批判，而是说哪位领导制定的管理动不得，某某领导讲的话不能改，改动一段流程会触及哪些部门的利益，导致要撤销XX岗位，都不敢动，那么面对全流程的管理体系如何建设得起来？没有这些管理的深刻进步，公司如何实现为客户提供低成本、高增值的服务？那么到今天市场产品竞争激烈，价格一降再降，我们就不可能再生存下去了。管理系统天天也在自我批判，没有自我批判，难以在迅速进步的社会里生存下去。（来源：《为什么要自我批判》，2000）

如果一个公司真正强大，就要敢于批评自己，如果是摇摇欲坠的公司根本不敢揭丑。如果我们想在世界上站起来，就要敢于揭自己的丑。正所谓“惶者生存”，不断有危机感的公司才一定能生存下来，因此华为公司是一定能活下来的。（来源：任正非在华为技术、安圣电气研发体系干部座谈会上的讲话，2001）

17.7.2 只有强者才会自我批判，也只有自我批判才会成为强者

我们一定要推行以自我批判为中心的组织改造和优化活动。自我批判不是为批判而批判，也不是为全面否定而批判，而是为优化和建设而批判。总的目标是要提升公司整体核心竞争力。（来源：《华为的冬天》，2001）

前几年华为最困难的时候，我们说是华为的冬天。其实这篇文章不是想说自己多么有水平，而是对我们自己犯的错误进行自我批判，当时我们也冒进、盲动了。当时为什么不冷静呢？如果当时冷静，不跟着潮水盲动，不抢占滩头阵地，我们到今天还会是几十个人的公司，个人收入可能比现在好一点，但公司永远没有规模，仍然是很小的公司。所以我们跟着浪头前进，幸好我们划水的手劲不大，划不快，朗讯、北电跑在前面，浪太大，呛水了。我们看到他们呛水了，我们就往回跑。华为的冬天就是这样，我们要清醒地认识到我们的错误，批判我们的错误，真真实实地改进我们的错误。当花儿开的时候，花蕾没有了，我们不要悲观，花蕾总要长大的。当花儿谢了，果子长出来了，我们也不要失望花儿没有了。任何否定之否定，都会伴随新的生命成长。华为这些年自我批判也是从花儿变成了果实。（来源：任正非在2004年三季度国内营销工作会议上的讲话）

世界上只有那些善于自我批判的公司才能存活下来。因此，英特尔安迪·格鲁夫的“只有偏执狂才能生存”的观点，还应该加上一句话，要善于自我批判，懂得灰色，才能生存。（来源：《要从必然走向自由》，2004）

20多年的奋斗实践，使我们领悟了自我批判对一个公司的发展有多么重要。如果我们没有坚持这条原则，华为绝不会有今天。没有自我批判，我们就不会认真听清客户的需求，就不会密切关注并学习同行的优点，就会陷入以自我为中心，必将被快速多变、竞争激烈的市场环境所淘汰；没有自我批判，我们面对一次次的生存危机，就不能深刻自我反省，自我激励，用生命的微光点燃团队的士气，

照亮前进的方向；没有自我批判，就会故步自封，不能虚心吸收外来的先进东西，就不能打破游击队、土八路的局限和习性，把自己提升到全球化大公司的管理境界；没有自我批判，我们就不能保持内敛务实的文化作风，就会因为取得的一些成绩而少年得志、忘乎所以，掉入前进道路上遍布的泥坑陷阱中；没有自我批判，就不能剔除组织、流程中的无效成分，建立起一个优质的管理体系，降低运作成本；没有自我批判，各级干部不讲真话，听不进批评意见，不学习不进步，就无法保证做出正确决策和切实执行。只有长期坚持自我批判的人，才有广阔的胸怀；只有长期坚持自我批判的公司，才有光明的未来。自我批判让我们走到了今天；我们还能向前走多远，取决于我们还能继续坚持自我批判多久。（来源：《从泥坑里爬起来的人就是圣人》，2008）

自我批判是无止境的，就如活到老学到老一样，陪伴我们终身。学到老就是自我批判到老。学了干什么？就是使自己进步。什么叫进步？就是改正昨天的不正确。正是因为我们坚定不移地坚持自我批判，不断反思自己，不断超越自己，才有了今天的成绩。自我批判，不是自卑，而是自信，只有强者才会自我批判。也只有自我批判才会成为强者。自我批判是一种武器，也是一种精神。是自我批判成就了华为，成就了我们今天在世界的地位。我们要继续提高竞争力，就要坚持自我批判的精神不变。（来源：《从泥坑里爬起来的人就是圣人》，2008）

我们提倡自我批判，但不压制批判。为什么不提倡批判？因为批判是批别人的，多数人掌握不了轻重，容易伤人。自我批判是自己批自己，多数人会手下留情。虽然是鸡毛掸子，但多打几次也会起到同样的效果。（来源：《从泥坑里爬起来的人就是圣人》，2008）

人类探索真理的道路是否定、肯定、再否定，不断反思，自我改进和扬弃的过程，自我批判的精神代代相传，新生力量发自内心地认同并实践自我批判，就保证了我们未来的持续进步。（来源：《从泥坑里爬起来的人就是圣人》，2008）

这个时代前进得太快了，若我们自满自足，只要停留三个月，就注定会从历史上被抹掉。正因为我们长期坚持自我批判不动摇，才活到了今天。今年，董事会成员都是架着大炮《炮轰华为》；中高层干部都在发表《我们眼中的管理问题》，厚厚一大摞心得，每一篇的发表都是我亲自修改的；大家也可以在心声社区上发表批评，总会有部门会把存在的问题解决掉，公司会不断优化自己的。（来源：《用乌龟精神，追上龙飞船》，2013）

最好的防御就是进攻，进攻就是进攻我们自己，永不停歇，直到死的那天。每日三省吾身，坚持自我批判。全世界美国和日本自我批判的精神最强，他们天天骂自己，美国大片里描述的不是美国打输了，就是白宫被夷为平地了；日本也天天胆战心惊，如履薄冰。这实际上就是一种批判，现在我们很多人就容不得别人说半句坏话，进攻就是进攻自己，永无止境。（来源：《风物长宜放眼量》，2014）

在继续前进的过程中，不能沿着过去成功的老路走下去，首先要自我批判，想到自己与别人相比还有哪些不足，一定要好好向别人学习、改进。自我批判就是纠偏。（来源：任正非在消费者BG 2015 年中沟通大会上的讲话）

缩略语表 ABBREVIATIONS

3GPP，3rd Generation Partnership Project，第三代合作伙伴计划，成立于1998年，由许多国家和地区的电信标准化组织共同组成，是一个具有广泛代表性的国际标准化组织，是3G技术的重要制定者。

ASIC，application-specific integrated circuit，专用集成电路。

BG，business group，是华为公司2011年组织改革中按客户群维度建立的业务集团。

BOM，bill of materials，物料清单。通常情况下，该清单是在产品设计阶段生成的，供计划、采购、订单管理、生产、发货、成本核算等部门使用。

BP，business plan，业务计划，指华为公司一年发展规划。

BU，business unit，业务单元，指按产品或解决方案维度建立的产品线。

C&C08，是华为公司20世纪90年代推出的数字程控交换机的产品型号。

CBB，common building block，共用基础模块。指那些

可以在不同产品、系统之间共用的单元。

CDMA，code division multiple access，码分多址接入，是指一种扩频多址数字式通信技术，应用于800MHz和1.9GHz的超高频（UHF）移动电话系统。

CEO，chief executive officer，首席执行官。

CFO，chief financial officer，首席财务官。

CIMS，computer integrated manufacturing system，计算机集成制造系统。

CMM，capability maturity model，能力成熟度模型。

CRM，customer relationship management，客户关系管理。

CTO，chief technology officer，首席技术官。

DSO，days sales outstanding，应收账款回收期。

EMT，Executive Management Team，经营管理团队。它是华为公司经营、客户满意度的最高责任机构。

ERP，Enterprise Resource Planning，企业资源计划，是一种主要面向制造行业进行物质资源、资金资源和信息资源集成一体化管理的企业信息管理软件包。

Fellow，代表华为公司专业技术人员重大成就的最高称号。在产品、技术、工程等领域做出创造性成就和重大贡献、具备足够业界影响力的华为员工，可被推荐参与华为Fellow的评选。

FU，function unit，职能单元，指提供专业支撑，支持和服务业务的组织。

GTS，Global Technical Service，全球技术服务部。

HRC，Human Resources Committee，人力资源委员会。它是华为集团董事会下设的专业委员会，在董事会授权范围内进行人力资源管理关键政策的制定和决策，以及执行监管。

ICT，information and communications technology，信息和通信技术。

IFS，integrated financial service，集成财经服务。它是支撑和监控企业研究与开发、市场销售、供应链和交付等端到端业务运作的财经流程体系。

IP，internet protocol，互联网协议。

IPD，integrated product development，集成产品开发。它是一套产品开发的模

式、理念与方法，是创新技术研究和产品开发到生命周期管理端到端业务运作的研发管理体系。

IPMT，Integrated Portfolio Management Team，集成组合管理团队，是代表公司对某一产品线的投资的损益及商业成功负责的跨部门团队。

IPR，intellectual property rights，知识产权。

iSales，销售流程的IT主平台。

ISC，integrated supply chain，集成供应链。它是由原材料、零部件的厂家和供应商等集成起来组成的网络，通过计划、采购、制造、订单履行等业务运作，为客户提供产品和服务的供应链管理体系。

IT，information technology，信息技术。

IT S&P，IT strategy & plan，IT战略与规划。

ITO，inventory turn over，库存周转率或库存周转天数。

KPI，key performance indicator，关键绩效指标。

LTC，lead to cash，线索到回款。它是华为从线索、销售、交付到回款的主业务流程。

MKTG，Marketing，市场营销，华为公司负责营销的部门。

MRP II，manufacturing resources planning II，制造资源计划系统II。它是以物料需求计划为核心，覆盖企业生产活动所有领域、有效利用资源的生产管理思想和方法的人–机应用系统。

MU，marketing unit，市场单元。指面向区域或客户维度的组织。

NGN，next generation network，下一代网络，是一种业务驱动型的分组网络。

PDT，Product Development Team，产品开发团队。它是一个跨功能部门的团队，负责对产品从立项，开发，到推向市场的整个过程管理，保证产品在财务和市场上取得成功。

PFM，Project Financial Management，项目财经管理。它是IFS变革子项目之一。

PIRB，Product Investment Review Board，产品投资评审委员会，现简称IRB，Investment Review Board，投资评审委员会。它是华为公司负责产业的产品与解决

方案的投资组合管理、决策和端到端协同的委员会。

PMS，Project Management Summit，全球高端项目经理研讨会。

PO，purchase order，采购订单。

PPM，part per million，定义为百万分之一，常用在衡量生产品质上。

PSST，Products & Solutions Staff Team，产品和解决方案实体组织办公会议，是研发实体组织进行日常业务决策与运营管理的平台。

QCC，Quality Control Circle，质量控制圈又叫品管圈，是由基层员工组成，自主管理的质量改进小组。

SBG，service business group，服务BG，公司面向服务的业务运营中心。

SDN，software-defined networking，软件定义网络，是一种新型网络创新架构，其核心技术OpenFlow通过将网络设备控制面与数据面分离开来，从而实现了网络流量的灵活控制。

SIC，System Integration Center，系统集成中心。

SO，sales order，销售订单。

SP，strategy plan，战略规划，指公司及各规划单元的中长期发展规划。

SPDT，Super Product Development Team，超级产品开发团队。它作为一个独立产业的经营团队，直接面向外部独立的细分市场，对本产业内的端到端经营损益及客户满意度负责。

WiMax，worldwide interoperability for microwave access，全球微波互连接入，也叫802.16无线城域网或802.16。它是一项新兴的宽带无线接入技术，能提供面向互联网的高速连接。

后 记

EPILOGUE

本书是在华为公司轮值CEO徐直军先生领导编写的《业务管理理念：以客户为中心卷》（简称《理念卷》）基础上补充修订成书的。徐直军先生对《理念卷》从编写宗旨、章节结构、内容取舍、初稿的修订等各个方面，提出了一系列具体的指导意见，并逐字审定了《理念卷》终稿。在此基础上，本书编写组按照《以客户为中心：华为公司业务管理纲要》的编写要求，对原《理念卷》的章节结构做了适当的充实和完善，对小节的标题做了进一步提炼，并补充了最新的内容。原《业务管理理念：以客户为中心卷》编写组的组成是：主任：徐直军；副主任：陈朝晖；编委：黄卫伟、周智勇、殷志峰、夏忠毅、申胜利、张霞、洪祖鸣、江立勇、马奔腾、杨大跃、郝健康、王伟军、涂文杰、谢凤伟、梅守君、陆宝强、齐彩霞、毕红琳；责任编辑：周智勇、夏忠毅、申胜利、殷志峰、张霞。本书《以客户为中心：华为公司业务管理纲要》编写组的组成是：主编：黄卫伟；编委：殷志峰、周智勇、夏忠毅、苏宝华、朱广平、王维滨；责任编辑：夏忠毅、申胜利、李世雯。

《业务管理理念：以客户为中心卷》自 2012 年 1 月通

过后，作为华为公司高级管理研讨班的教材已经使用了 4 年。高级管理研讨班迄今已举办了逾 100 期，其中针对业务管理的专题研讨班超过 40 期，参加培训的中高级管理者多达 1500 余人。学员们对《理念卷》中的每一个主题和许多重要观点，结合自身的经验、案例和大量的最新数据，运用相关理论进行了深入的研讨和激烈的辩论。学员们丰富的经验、新颖的视角和思想碰撞的火花不仅促进了《理念卷》的进一步完善，也对本书的编写做出了重要的思想贡献，这里要特别对他们表示感谢。

编写组
2016 年 3 月 23 日